**O que é que a baiana tem?
Dorival Caymmi na Era do Rádio**

Stella Caymmi

O que é que a baiana tem?

Dorival Caymmi na Era do Rádio

1ª edição

CIVILIZAÇÃO BRASILEIRA

Rio de Janeiro
2013

Copyright© Stella Caymmi, 2013

Capa
Diana Cordeiro

Maquiagem da autora na foto de capa
Carolina Caymmi

Produção de fotografia
Marina Caymmi

Encarte
Axel Sande/Gabinete de Artes

Créditos das fotos
Desenho da baiana na capa: Acervo Denise Caymmi; Imagem 2: Annemarie Hemrich; imagens 11 e 14: Zélia Gattai/Acervo Fundação Casa de Jorge Amado; todas as demais imagens: Arquivo Stella Caymmi e Acervo Dorival Caymmi (Rosa Morena edições musicais/MIS/Instituto Antonio Carlos Jobim).

Direitos de Carmen Miranda licenciados por Carmen Miranda Licenciamentos Ltda (CQ Rights)

Todos os esforços foram feitos para localizar os fotógrafos das imagens e os autores das músicas reproduzidas neste livro. A editora compromete-se a dar os devidos créditos numa próxima edição, caso os autores as reconheçam e possam provar sua autoria. Nossa intenção é divulgar o material iconográfico e musical que marcou uma época, sem qualquer intuito de violar direitos de terceiros.

CIP-BRASIL. CATALOGAÇÃO NA FONTE
SINDICATO NACIONAL DOS EDITORES DE LIVROS, RJ

Caymmi, Stella, 1962-
C378q   O que é que a baiana tem? Dorival Caymmi na Era do Rádio/Stella Teresa Aponte Caymmi. – Rio de Janeiro: Civilização Brasileira, 2013.

Inclui bibliografia
ISBN 978-85-200-1131-7

1. Caymmi, Dorival, 1914-2008. 2. Musica popular – Brasil.
3. Musica popular – Bahia. I. Título.

CDD: 782.421640981
CDU: 78.067.26(81)

12-6669

EDITORA AFILIADA

Todos os direitos reservados. Proibidos a reprodução, o armazenamento ou a transmissão de partes deste livro, através de quaisquer meios, sem prévia autorização por escrito.

Este livro foi revisado segundo o novo Acordo Ortográfico da Língua Portuguesa.

Direitos desta edição adquiridos pela
EDITORA CIVILIZAÇÃO BRASILEIRA
Um selo da
EDITORA JOSÉ OLYMPIO LTDA
Rua Argentina 171 – Rio de Janeiro, RJ – 20921-380 – Tel.: 2585-2000

Seja um leitor preferencial Record.
Cadastre-se e receba informações sobre nossos lançamentos e nossas promoções.

Atendimento e venda direta ao leitor:
mdireto@record.com.br ou (21) 2585-2002

Impresso no Brasil
2013

Dedico este livro aos amigos queridos
Jairo Severiano, Bruno Tolentino (in memoriam),
Abel Cardoso Júnior (in memoriam),
Maria Cecília Barreto Parreiras Horta (in memoriam) e
Millôr Fernandes (in memoriam).

Sumário

Prefácio   11
  Sérgio Cabral

Introdução   13

1. A música popular na Era do Rádio: aspectos tecnológicos   21
2. Renovação da Música Popular Brasileira   47
3. Direito autoral, editoras de música, DIP e Getúlio Vargas   81
4. Vocação para ser livre   107
5. Aspectos negativos da fama: "um negócio que deu muita inveja"   147
6. *Joujoux e...*   181
7. *... balangandãs*   211

Notas   259

Referências bibliográficas   273

Agradecimentos   279

Índice onomástico   283

... Não chores, meu filho;
Não chores, que a vida
É luta renhida:
Viver é lutar.
A vida é combate,
Que os fracos abate
Que os fortes, os bravos,
*Só pode exaltar...**

Gonçalves Dias, "Canção do tamoio"

Mamãe me deu uns conselho
Na hora de eu embarcá
Meu filho ande direito
Que é para Deus lhe ajudá

Dorival Caymmi, "Peguei um ita no Norte"

Pobre de quem acredita
na glória e no dinheiro para ser feliz.

Dorival Caymmi, "Saudade da Bahia"

---

*Dorival e Stella Caymmi, mulher do artista, gostavam de (re)citar este trecho da "Canção do tamoio".

Minha professora
Sérgio Cabral

Velho contador de histórias da nossa música popular — já lá se vai mais de meio século, o tempo passa! —, adoro pegar um livro cheio de novidades para mim, embora aborde exatamente o assunto do qual, por falta de modéstia, julgo-me profundo conhecedor. Em outras palavras, querido leitor, confesso que aprendi muito ao ler este livro da nossa querida Stella Caymmi.

E olha que *Caymmi na Era do Rádio* cuida essencialmente de um dos meus temas preferidos, a relação da nossa música com os veículos de comunicação, um tema presente em alguns dos meus livros, que aproveito o prestígio desta página para divulgar: *No tempo de Almirante*, *No tempo de Ary Barroso* e *A MPB na Era do Rádio*, além de muitos artigos e reportagens, especialmente um que trata das relações de Getúlio Vargas com a música brasileira e outro sobre a Rádio Nacional.

Por tudo isso, guardarei este exemplar como uma fonte permanente de consulta, o que será imediatamente comprovado na bibliografia dos meus próximos trabalhos. O que sinto é muito orgulho de ver Stellinha — que sempre tive como uma sobrinha querida — brilhando na vida acadêmica e, ao mesmo tempo, contribuindo com quem deseja conhecer a história da nossa música popular, valendo-se da vida e da obra do seu extraordinário Dorival Caymmi. Ela viaja em torno dele para revelar fatos fundamentais sobre a própria história do Brasil no século XX. Este livro, por exemplo, é o resultado de sua tese de doutorado (intitulada *O é que é que a baiana tem — Dorival*

Caymmi na Era do Rádio) para a PUC do Rio de Janeiro, onde passou pelo mestrado, em 2004, e pelo doutorado, em 2006. Lecionou literatura no Departamento de Letras da PUC e já nos proporcionara ensinamentos com os livros *Dorival Caymmi: o mar e o tempo* e *Caymmi e a bossa nova*.

Em todos os livros, Stella Caymmi revelou-se, ao lado da excelente pesquisadora, uma escritora maravilhosa, com um texto mais do que correto, criativo e, ao mesmo tempo, delicioso. Asseguro que, ao elogiar o seu trabalho, não cumpro a obrigação, aceita por muitos pesquisadores, do elogiar o autor da obra. Mas não escondo um sentimento tão grande de admiração, que a melhor maneira que encontro para defini-lo é dar uma volta até a época em que Dorival Caymmi cantava no auditório entusiasmado da Rádio Nacional, de onde retiro a expressão que, neste momento, substitui a de titio: sinto-me, de fato, macaco de auditório de Stella Caymmi.

Introdução

O que é que a baiana tem? — Dorival Caymmi na Era do Rádio é um ensaio crítico sobre o período que costuma ser chamado de Era do Rádio, sob a perspectiva geral da Música Popular Brasileira e sob a perspectiva de Dorival Caymmi, em particular. Por essa razão, por privilegiar o testemunho do artista, compositor da Música Popular Brasileira, outros aspectos importantes do período ficarão de fora, como a radionovela ou o radiojornalismo, por exemplo, pois não dizem respeito ao tema central deste trabalho.

A Era do Rádio costuma compreender os anos de 1930, 1940 e início de 1950 e tem o rádio como veículo de comunicação catalisador de um complexo de comunicação de massa que, além do rádio propriamente dito, congrega vários setores, como a imprensa, o mercado fonográfico, o cinema, as editoras de música, as representações de classes, os teatros, clubes e outras tantas atividades correlatas dos profissionais envolvidos com o veículo e que tiveram grande crescimento no período. O rádio é o primeiro veículo de massa no território nacional e vai ter profundo impacto sobre a vida dos brasileiros e, em diversas oportunidades, sobre os destinos do país, sobretudo na primeira metade do século XX. A Música Popular Brasileira e toda a indústria que a acompanha ao longo do século XX muito provavelmente não teriam alcançado o grau de complexidade, sofisticação e desenvolvimento que obtiveram sem o rádio.

Dorival Caymmi iniciou sua vida profissional em 1938, no Rio de Janeiro. Por essa razão, a Introdução e os três primeiros capítulos deste livro abordam de forma panorâmica o rádio e a Música Popular

Brasileira, em seus principais aspectos, tanto na formação quanto na consolidação de ambos, no período anterior ao início da carreira artística do compositor, preparando, portanto, o contexto cultural e artístico, social e político em que Caymmi circulará no então Distrito Federal e no qual protagonizará os principais episódios que serão tratados entre os capítulos 4 e 7.

No capítulo 1, são abordados os aspectos tecnológicos mais relevantes para a invenção do rádio, a implantação, o crescimento e a consolidação do veículo no Brasil, personagens que se destacaram no período e o desenvolvimento da sua programação. O capítulo 2 é dedicado à Música Popular Brasileira na Era do Rádio, sobretudo à renovação que ela sofreu na passagem do maxixe para o samba — e seu desenvolvimento até a forma com que se consolidou — e no surgimento da marchinha, no início dos anos 1930, os dois gêneros musicais que dominaram a maior parte do período estudado, marcado pela emergência de grandes talentos entre compositores, cantores, músicos e arranjadores da época. Também são mencionadas a ampla difusão que esses gêneros e os artistas tiveram com o rádio e toda a indústria cultural que se constituiu ao seu redor, sublinhando o importante papel do carnaval nesse contexto. No capítulo 3, são apresentados algumas situações e eventos que deixam entrever conflitos, caracterizados por ambiguidades, entre artistas e proprietários das emissoras de rádio no Rio de Janeiro, passando por importantes questões ligadas ao direito autoral, à regulamentação da profissão do compositor e das sociedades de classe. Também são mencionadas as relações, fortemente ambíguas, que a classe artística manteve com Getúlio Vargas a partir da Revolução de 30 até o fim do Estado Novo, período em que o Departamento de Imprensa e Propaganda (DIP) exerceu forte controle e censura sobre a produção cultural.

Nos capítulos seguintes, são investigados os episódios relativos à carreira e à obra de Dorival Caymmi, relatados a partir dos depoimentos que o compositor deu à autora, ao longo de dez anos, para a biografia lançada em 2001 (*Dorival Caymmi: O mar e o tempo*). Grande parte dessas entrevistas permanece ainda hoje inédita. São mais de setenta entrevistas que dão a oportunidade de conhecer a fundo a vida artística do baiano — falecido em 16 de agosto de 2008 — cuja carreira teve seu auge em plena Era do Rádio.

A partir das entrevistas mencionadas, mas contando também com o acervo reunido pela autora nos seus mais de vinte anos de pesquisa do tema,* além da pesquisa no Arquivo Dorival Caymmi, foi feita uma seleção crítica de episódios vividos e relatados pelo compositor que pudessem aprofundar a compreensão da Era do Rádio nos seus aspectos mais relevantes. Foram priorizados exemplos de tensões vividas pelo artista da música popular da época na construção da carreira. Caymmi serve aqui de personagem modelar e, ao mesmo tempo, um guia pelos meandros do período. Isso não quer dizer que as carreiras ou as oportunidades se equivalessem — sem falar no fator sorte, impossível de avaliar —, mas o objetivo deste trabalho é dar uma amostragem das "regras do jogo". São priorizados nos capítulos seguintes os embates em que Caymmi se viu envolvido, nas suas diversas áreas de atuação, seja no ambiente profissional propriamente dito — rádios, gravadoras, cinema, espetáculos diversos —, seja em áreas adjacentes à vida profissional, como as relacionadas ao direito autoral, ao poder político — sobretudo no tocante a Getúlio Vargas e ao Estado Novo — e mesmo nas relações de amizade, enfatizando as que o baiano travou com os grupos que se formaram em torno do escritor Jorge Amado e do empresário Carlos Guinle, de modo a oferecer também um leque amplo de questões. Cada tema selecionado poderia ser, ele próprio, objeto de um livro, mas este trabalho tem, desde a sua concepção, a vocação ensaística, e seu objetivo é, tão somente, introduzir temas que não costumam ser debatidos — não, ao menos, com a frequência desejável — na academia e nas pesquisas sobre Música Popular Brasileira.

Antes, entretanto, de dar um panorama geral dos capítulos seguintes, é preciso esclarecer que, em um primeiro momento, imaginou-se, para efeito deste trabalho, que os episódios selecionados seriam abordados conforme a carreira e a obra de Caymmi fossem se constituindo

---

*A primeira entrevista gravada com Dorival Caymmi data de 6 de novembro de 1991.

ao longo das quase duas primeiras décadas de sua vida profissional, ou seja, de 1938 a 1955, o que coincide com grande parte da Era do Rádio. Assim, inicialmente, pretendia-se tratar de várias questões a partir de determinados episódios ligados às obras do compositor produzidas e lançadas no período. Porém, a investigação tomou rumo diferente e, para melhor aproveitamento do tema e alcance dos seus objetivos, este livro acabou se concentrando quase que exclusivamente em torno de "O que é que a baiana tem?", samba de Dorival Caymmi lançado por Carmen Miranda no filme *Banana da terra* e no 78 rpm em 1939 — a gravação do disco foi realizada em duo, com a participação do cantor e compositor. Assim, pode-se considerar que os capítulos de 4 a 7 são, quase na sua inteireza, um estudo de caso da Era do Rádio, com base em "O que é que a baiana tem?",* ainda que algumas outras músicas

---

*Para se ter uma dimensão da força no imaginário popular do sucesso de "O que é que a baiana tem?", lançada em 1939, o samba foi evocado na campanha de carnaval da Hortifruti, uma rede de supermercados, em fevereiro de 2010, ou seja, distante 71 anos do seu lançamento, às portas da década de 10 do século XXI. A campanha publicitária denominada "Ritmos em clima de carnaval" fez dois anúncios divertidos, um em que uma banana aparece diante de um microfone antigo de rádio com a frase *O que é que a banana tem?* e outra, dessa vez com um mamão e a frase *Mamão eu quero*, brincando com outro sucesso de carnaval da Era do Rádio, de 1932, "Mamãe, eu quero", marchinha de Jararaca (da dupla Jararaca e Ratinho) e Vicente Paiva. No *website* da empresa o uso das duas canções na campanha vem assim justificado: "As peças mostram duas estrelas da rede — mamão e banana — cantando versos de canções que fizeram sucesso nos bailes e blocos durante a folia." Disponível em: http://www.hortifruti.com.br/blog/categorias/posts.

"O que é que a baiana tem?", na interpretação de Carmen Miranda, foi incluída em 2008 na prestigiosa e exclusiva lista da Library of Congress of the USA pelo National Recording Board Registry da National Recording Preservation. São apenas 25 músicas registradas por ano — "O que é que a baiana tem?" é a sétima na lista. A inclusão do samba é explicada no site (em inglês) da instituição americana. Em tradução livre para o português: "'O que é que a baiana tem?', Carmen Miranda (1939) — Essa gravação, com uma viva troca entre a cantora e dançarina Carmen Miranda e sua banda, retrata os méritos das músicas de Carnaval brasileiras. 'O que é que a baiana tem?' (*What does the Bahian Girl Have?*) foi um enorme sucesso gravado no Brasil, que celebra as raízes culturais da Bahia e solidifica o estilo samba na música popular brasileira. Essa gravação ajudou a lançar o ritmo de samba e Carmen Miranda para as audiências americanas. Foi também a primeira música gravada de Dorival Caymmi, que se tornou um grande compositor e artista" (http://www.loc.gov/rr/record/nrpb/registry/). Dori Caymmi, filho do artista, que reside em Los Angeles, foi comunicado da honraria e concedeu um entrevista gravada para registro na Library of Congress. Em entrevista concedida a Stella Caymmi, em 24/08/2012, Dori relata, entre outras coisas, o que disse aos pesquisadores da instituição americana: "Expliquei que meu pai era praticamente o responsável pelo traje da baiana estilizada da Carmen Miranda, que vem da própria letra da canção."

e temas sem ligação direta com o samba tenham sido ocasionalmente mencionados ao longo do trabalho. Mesmo os assuntos tratados que não pareçam evidenciar direta relação com o samba são considerados sobre o pano de fundo do grande sucesso que o samba e seu autor alcançaram, principalmente nos anos de 1938 a 1940, período em que este ensaio se deteve com mais vagar.

No capítulo 4, seguindo os passos dos primeiros meses de Dorival Caymmi no Rio de Janeiro, quando se deu o início da sua profissionalização como cantor e compositor, até o decisivo encontro com Carmen Miranda e profissionais ligados à cantora, são relatados como ocorreram os primeiros contatos com as várias emissoras de rádio pelas quais o compositor passou, o encontro com o grupo ligado ao produtor de cinema Wallace Downey e à cantora Carmen Miranda, a inclusão de "O que é que a baiana tem?" no filme *Banana da terra*, as repercussões do enorme sucesso do samba na vida artística do compositor, entre outros aspectos. Também são mencionadas as diversas dificuldades enfrentadas pelo artista para se profissionalizar e para manter sua carreira, assim como é esmiuçado, através de relatos de Caymmi, o processo de composição de "O que é que a baiana tem?", revelando suas fontes de inspiração e outros elementos da estética do compositor.

O capítulo 5 continua investigando muitas das questões abordadas no capítulo anterior, principalmente no que tange à importância que Caymmi teve na carreira de Carmen Miranda e vice-versa, ampliadas pelo delicado tema da competição no meio artístico e questões problemáticas ligadas à fama, além de tocar em alguns aspectos a propósito da cobertura da imprensa. Nele também é aproveitada a curta mas rica experiência profissional da cantora Stella Maris — nome artístico de Adelaide Tostes, que viria a se casar com Dorival Caymmi em 1940, quando decidiu abandonar a carreira — para acrescentar novos aspectos e nuances ao tema estudado.

Nos capítulos 6 e 7, o livro vai se dedicar às implicações e repercussões que determinados grupos sociais, selecionados a partir do testemunho de Caymmi, tiveram na carreira do compositor, analisando a influência que exerceram sobre ele. O critério de seleção dos grupos e episódios, nesses capítulos, assim como nos demais, sempre parte do peso que o próprio artista avaliou que pessoas, grupos e eventos tiveram em sua carreira e vice-versa. O espetáculo beneficente *Joujoux e balangandãs*, organizado pela primeira-dama Darcy Vargas, foi especialmente selecionado para exemplificar as suscetíveis relações da classe artística com o Estado Novo no período. Como é um episódio rico, que permite levantar, discutir e analisar vários pontos (e tensões) importantes para este trabalho e trazer à luz vários temas caros à Era do Rádio — o papel da classe artística nas suas relações com o poder político, econômico e social, as interpenetrações sociais, por assim dizer, debates do modernismo a propósito da música brasileira na questão da nacionalidade, o conflito entre a música de concerto e a música popular ou de massa etc. —, ocupou a maior parte dos dois capítulos. Além desse episódio, este trabalho ainda se debruça sobre três outros grupos que exerceram forte presença e, por que não dizer, atração na carreira de Caymmi: o grupo de Jorge Amado, ou melhor, o grupo de intelectuais de esquerda ligado ao escritor; o grupo do empresário Carlos Guinle, com forte poder econômico e acesso a bens culturais sofisticados; e o grupo de compositores envolvidos na luta pelo direito autoral, pela Constituição e pelo fortalecimento das suas representações de classe, visando a assegurar direitos relativos à sua atividade profissional. Nunca é demais enfatizar que todos esses temas tratados não o foram com a pretensão de se fazer uma análise exaustiva. Só o espetáculo *Joujoux e balangandãs*, para ficar unicamente neste exemplo, mereceria uma investigação mais abrangente, profunda e crítica, por toda a sua significação e força simbólicas, no contexto particular do período que aponta para muito além de uma simples montagem teatral feita por amadores da alta sociedade. Também é necessário frisar que todo o livro foi arquitetado a partir dos depoimentos de Caymmi. Se algum ponto considerado importante ficou de fora, foi porque, muito forçosamente, Caymmi não tocou nele ao longo das entrevistas.

    Uma advertência se faz necessária. Este livro não pretendeu esgotar os principais temas tratados, ou seja, a Música Popular Brasileira, a Era do Rádio ou mesmo a vida e obra de Caymmi; tampouco pretendeu cobrir o período da Era do Rádio em toda a sua duração, que os pesquisadores costumam estimar em torno de 25 anos, mais ou menos de 1930 a 1955, com a decadência do veículo, mas que pode sofrer variações conforme o critério no estabelecimento dos marcos que iniciam o auge e o declínio do rádio no Brasil. A ideia inspiradora deste trabalho foi fazer uma seleção crítica de temas importantes e centrais a partir dos depoimentos de Caymmi, sobretudo os que acarretaram tensões e dificuldades na sua carreira, que pudessem revelar algumas das suas características fundamentais e iluminar um pouco mais aquela fase.

Algumas observações adicionais são importantes. Há certo consenso entre pesquisadores da área — Jairo Severiano, Zuza Homem de Mello, Sérgio Cabral, Ricardo Cravo Albin, Ary Vasconcelos, para citar alguns — sobre um período que costuma ser denominado de Época de Ouro da Música Popular Brasileira, que, em geral, coincide, um pouco mais ou um pouco menos, com o primeiro governo de Getúlio Vargas, de 1930 a 1945. Entretanto, costuma-se marcar o início da Época de Ouro um ano antes, em 1929. Neste trabalho, optou-se por trabalhar com o conceito de Era do Rádio, pela importância do veículo para todos os acontecimentos e questões tratados e porque a referida denominação não apresenta, na sua periodicidade, uma coincidência tão estreita — e artificialmente tão exata — com o período político, como ocorre com a Época de Ouro. Sem desconsiderar a imensa importância que os fatos políticos tiveram sobre a música popular e o rádio e, logicamente, sobre tudo mais que se referia à vida brasileira do período, não se quer aqui submetê-los, o rádio e a Música Popular Brasileira, a uma equivalência desnecessária e empobrecedora, ainda que se entenda perfeitamente sua eficiência para fins didáticos.

Uma última observação. Foi feita uma pesquisa rigorosa sobre as entrevistas que Caymmi concedeu à imprensa escrita ao longo de sua vida. O material foi selecionado a partir de recortes de jornais e revistas desde a década de 1930 até os dias atuais. Entretanto, para fins deste trabalho, muito pouco desse material pôde ser aproveitado, infelizmente, porque as entrevistas, com algumas exceções, eram muito repetitivas, chegando mesmo a obedecer a certo padrão de perguntas e, provavelmente em consequência disso, de respostas de Caymmi — já que um artista de modo geral, a partir de certo patamar que alcança em sua carreira, concede, ao longo da vida, muitas entrevistas e, por vezes, acaba por elaborar um repertório padrão de respostas. O fato é que muito pouco dessas entrevistas pôde ser aproveitado neste trabalho, que se deteve nas entrevistas feitas para a sua biografia. Estas, além do arco de interesses mais abrangente e de ter contado com a colaboração e disponibilidade do entrevistado por mais de dez anos de pesquisa, aprofundaram e esmiuçaram diversos aspectos de sua obra, carreira e vida. O compositor chegou a conceder várias entrevistas sobre o mesmo assunto, mais de uma vez, o que foi não só de enorme valia para a sua biografia, mas de vital importância para a tese que deu origem a este livro.

Refletindo um pouco sobre a diferença entre esses depoimentos e as entrevistas dadas pelo compositor à chamada grande imprensa (a pesquisa não abrangeu televisão, rádio, cinema ou sites), é preciso concordar com Santuza Cambraia Naves, grande pesquisadora da Música Popular Brasileira, falecida prematuramente em 2012, quando acentua o caráter ensaístico desse instrumento, desde que respeitadas certas condições metodológicas, essencialmente dialogal que é a entrevista, "que permite um processo constante de criação enquanto dura o jogo de perguntas e respostas".[1] Ressalvando a necessidade de que o pesquisador "assuma suas opiniões", entre as condições de legitimação da entrevista como instrumento de investigação, considerada um documento tão válido quanto os documentos habitualmente prezados pela pesquisa historiográfica, Naves afirma que as entrevistas podem chegar mesmo a se tornar "obras de referência para determinados assuntos".[2] Não significa aqui afirmar que seja o caso dos depoimentos a mim concedidos por Dorival Caymmi. Seria muita pretensão. Fica a critério do leitor. O que se quer sublinhar é, tão somente, a importância da entrevista para a pesquisa acadêmica.

1. A música popular na Era do Rádio: aspectos tecnológicos

Dorival Caymmi, desde muito jovem, era um profundo admirador de Thomas Alva Edison. Por essa razão, quando teve a oportunidade de fazer uma pequena nota para uma revista, foi sobre o inventor que escreveu. O episódio aconteceu em 1938, quando Brício de Abreu, editor e dono da revista *Dom Casmurro*, que tinha em seu quadro de colaboradores jornalistas do peso de Carlos Lacerda, Jorge Amado e Danilo Bastos, o convidou para escrever na edição comemorativa do periódico. Caymmi havia travado amizade com estes alguns meses depois de sua chegada ao Rio de Janeiro, naquele mesmo ano, e costumavam se reunir no Bar da Brahma, na Galeria Cruzeiro, no centro da cidade, quartel-general informal dos jornalistas — o capítulo 7 voltará a mencionar a relação do compositor com esses intelectuais e profissionais da imprensa. Abreu pediu a Caymmi que escrevesse sobre a música do século anterior, usando uma linguagem próxima da época, pois queria que aquela edição especial evocasse as publicações do período.

O compositor baiano pediu o auxílio do amigo Carlos Lacerda para saber como dar conta da tarefa — Lacerda ainda não se dedicava à política *stricto sensu* na época. É Caymmi quem relata o episódio:

"Carlos, como é que eu vou fazer uma nota dessas, que tenha forma de um assunto daquela época?" Então veio a aula: "Você dá um salto ali defronte, na Biblioteca Nacional, procure um jornal da época, veja uma notícia ligada à música e faça uma nota", instruiu Lacerda. "Eu saí dali feito um louco, fui à biblioteca, tomei informações, procurei saber da época e encontrei a joia: era uma reportagem sobre a demonstração para D. Pedro II da descoberta de Edison, a música gravada num cilindro que reproduzia a voz humana", confessa Caymmi. Feita a nota, foi mostrá-la para o jornalista. "Perfeito. Pode mandar para a redação", disse Lacerda para um Caymmi radiante. "Fiz uma nota e saiu bonita. Pequena e boa", revela o baiano, que, para alívio dos fãs que fez ao longo da vida, desistiu da carreira de jornalista.[3]

A paixão de Caymmi pelas novas tecnologias que despontavam no início do século XX se justificava. Ainda em Salvador, nos anos 1930, ele se apresentava nas pioneiras rádios da cidade — Rádio Clube da Bahia, Rádio Sociedade e Rádio Comercial — sozinho ou com o grupo amador Três e Meio, que mantinha com o irmão Deraldo e os amigos de infância Zezinho (José Rodrigues de Oliveira) e Luizinho (Luís Rodrigues de Oliveira, irmão menor de Zezinho, o "meio" do título). A nova tecnologia atraía não só os mais jovens, mas todos que podiam ter um receptor em casa para escutar as rádios cariocas. Conforme o compositor descobriu em sua pesquisa na Biblioteca Nacional, a instalação do rádio no Brasil se devera muito ao espírito científico de D. Pedro II, que em 15 de novembro de 1879 criou a Companhia Telefônica do Brasil. Consta — são muitas as versões — que o imperador estava presente na demonstração do invento do alemão Alexander Graham Bell, na Exposição do Centenário da Independência dos Estados Unidos, na Filadélfia, em 1876, quando teria exclamado: "Meu Deus, ele fala!" — expressão que passou para o folclore da descoberta. Edison, herói de Caymmi, por sua vez, além dos inúmeros inventos largamente conhecidos, fez aperfeiçoamentos que simplificaram a radiotelegrafia e aumentaram a nitidez das ligações telefônicas.

Na verdade, a série de descobertas e invenções que resultaria na criação da radiofonia começou em 1864, em Cambridge, Inglaterra, quando o escocês James Clerk Maxwell provou "matematicamente que um fenômeno elétrico era capaz de produzir efeito a considerável distância e vaticinou que a energia eletromagnética poderia expandir-se para fora de sua fonte em ondas que se moveriam à velocidade da luz".[4] O próximo passo decisivo na direção da invenção do rádio foi dado pelo alemão Heinrich Rudolf Hertz, que em 1888 provou as teorias de Maxwell quando produziu equipamentos capazes de emitir e captar ondas de rádio, que foram batizadas com seu nome: ondas hertzianas (a medida que se usa para as ondas de rádio é dada em "hertz"). Foram os estudos de Hertz que "abriram caminho à futura ordem de invenções da telegrafia sem fio — do rádio e da TV".[5] Treze anos depois, em 12 de dezembro de 1901, o italiano Guglielmo Marconi realizou a grande façanha da "primeira transmissão radiotelegráfica transatlântica, numa distância de 3.200 quilômetros",[6] entre os Estados Unidos e a Inglaterra. Foi Marconi quem inventou e desenvolveu a telegrafia sem fio.

Finalmente, entre 1903 e 1906, as pesquisas do inglês John Ambrose Fleming e do americano Lee Forest permitiram a criação da válvula eletrônica, peça fundamental para o funcionamento do rádio. Não se pode deixar de mencionar ainda o brasileiro Roberto Landell de Moura, padre jesuíta que parece ter sido, segundo pesquisadores brasileiros, um inventor à altura dos desafios científicos de sua época. Nascido em 1861, já aos 16 anos Landell construiu um telefone, um ano depois de Bell expor seu invento, que o gaúcho desconhecia. Entre suas invenções estavam a radiotelefonia (junho de 1900) e um aparelho mais aperfeiçoado de radiotelegrafia. Para além disso, foi "o precursor da invenção da lâmpada de três elétrodos, peça fundamental no desenvolvimento da radiodifusão".[7] Há patentes do padre Landell de Moura nos Estados Unidos datadas de 1904.*

---

*"Padre Landell é precursor do teletipo, ou mesmo do controle remoto pelo rádio, e um dos pioneiros no desenvolvimento da televisão" (Mário Ferraz Sampaio, *História do rádio e da televisão no Brasil e no mundo: memórias de um pioneiro*, p. 53), além de ter desenvolvido diversos aparelhos para telecomunicações. As patentes obtidas nos Estados Unidos em 1904 foram para o transmissor de ondas, telefone sem fio e telégrafo sem fio. (Reynaldo C. Tavares, *Histórias que o rádio não contou: do rádio galena ao digital, desenvolvendo a radiodifusão no Brasil e no mundo*, p. 25.)

Retomando a saga de Marconi, empresas dos Estados Unidos, em competição com os ingleses que controlavam mundialmente a telegrafia com fio, compraram

> mais da metade das ações da Companhia Marconi americana, perdendo desta forma os ingleses o controle exercido na América. Foi daí que nasceu a nova empresa, a Radio Corporation of America (RCA), a qual, além de explorar a radiotelegrafia, adentrou-se pela radiofonia em 1919, produzindo transmissores e receptores de rádio.[8]

Implantação do rádio no Brasil

Para se ter uma dimensão do pioneirismo do Brasil na área da radiofonia, basta comparar a data de inauguração da primeira rádio comercial americana, a KDKA, de Pittsburg, na Filadélfia, em 2 de novembro de 1920, e a inauguração da Rádio Sociedade,* primeira rádio brasileira, de propriedade de Edgar Roquette Pinto** e Henrique Morize (Henri Charles Morize), sediada no Rio de Janeiro,*** em 20 de abril de 1923. No dia 1º de maio do mesmo ano são iniciadas as transmissões da Rádio Sociedade do Rio de Janeiro. Meses depois, em São Paulo, em 30 de novembro, é a vez da Sociedade Rádio Educadora Paulista. Ainda no mesmo ano foi criada a Rádio Clube do Brasil, na então capital federal, com o engenheiro Elba Dias à frente do empreendimento. As duas emissoras do Rio de Janeiro fizeram um acordo segundo o qual funcionariam em dias alternados, com a Rádio Sociedade irradiando sua programação às segundas, quartas e sextas, enquanto às terças, quintas e sábados seria a vez da Rádio Clube do Brasil — aos domingos, nenhuma das duas funcionava.

---

*A Rádio Sociedade do Rio de Janeiro foi originalmente SPE, depois passou a ser conhecida como PRA-2.
**Roquette Pinto é chamado *o pai do rádio brasileiro*, e o dia do seu nascimento, 25 de setembro, é considerado o Dia Nacional da Radiodifusão.
***Em 1923, os Estados Unidos já contavam com 569 emissoras. O processo de implantação do rádio no Brasil foi bem mais demorado.

O primeiro contato dos brasileiros com a radiodifusão havia sido em 1922, por ocasião da Exposição do Centenário da Independência do Brasil, no Rio de Janeiro. O Brasil entrava com atraso na prática das feiras, que já aconteciam nos Estados Unidos desde o século XIX. Aspirava-se à modernização do país, e as feiras ofereciam oportunidades para o aparecimento de novas tecnologias. No dia 7 de setembro, por meio de "um sistema de telefone-alto-falante" no Morro do Castelo, onde foram montados os pavilhões da exposição, conforme Reynaldo C. Tavares (1997), aconteceu a primeira demonstração do rádio no Brasil, através da emissora experimental montada no Morro do Corcovado. Essa operação envolveu a Rio de Janeiro e São Paulo Telephone Company e as americanas Westinghouse International Company e Western Electric Company. O discurso inaugural do presidente da República Epitácio Pessoa foi ouvido, na ocasião, não só nas instalações da Exposição como também em São Paulo, Petrópolis e Niterói, através de oitenta "aparelhos receptores, que foram trazidos pelos americanos, distribuídos nas cidades já mencionadas".[9] *O guarani*, ópera de Carlos Gomes, irradiado do Theatro Municipal, também pôde ser ouvido ao vivo, assim como um *Te Deum* solene na Catedral Metropolitana.

Roquette Pinto, em palestra na Associação Brasileira de Telecomunicações, em 1953, contou como foi essa primeira transmissão de rádio: "Os discursos e músicas [eram] reproduzidos em meio de um barulho infernal, tudo roufenho, distorcido, arranhando os ouvidos."[10]

A má qualidade do som emitido foi muito provavelmente o motivo da indiferença do público em relação ao invento. Após os eventos comemorativos, os Correios e Telégrafos encamparam a estação transmissora do Morro do Castelo, chamada Estação Sumaré (SQE), e procuraram mantê-la funcionando, dentro de suas possibilidades, com uma programação incipiente que incluía a cotação das bolsas de açúcar e de café, previsão do tempo, música e declamação. Alguns pesquisadores consideram a Estação Sumaré, e não a Rádio Sociedade, a primeira emissora de rádio implantada no Brasil.

Entretanto, ainda segundo Roquette Pinto, a emissora comprada pelo governo, que daria origem à Rádio Sociedade, foi a montada na ocasião pela Western Electric na Praia Vermelha, enquanto a do Morro do Corcovado, construída pela Westinghouse, foi desmontada.[11] A partir desse episódio, foram organizadas as primeiras sociedades de rádio em vários estados do país, como Pernambuco (Rádio Clube de Pernambuco, 1923),* São Paulo (Rádio Educadora Paulista, 1923), Rio Grande do Sul (Rádio Sociedade Rio-Grandense, 1924), Minas Gerais (Sociedade Rádio Mineira, 1927) e Bahia (Rádio Sociedade da Bahia, 1924). Dorival Caymmi frequentou a Rádio Sociedade da Bahia e a Rádio Clube da Bahia durante sua adolescência em Salvador. O compositor baiano relembrou em entrevista como foi seu primeiro contato com o rádio, em companhia do amigo de infância Zezinho:

> Uma tarde, perambulando pelas ruas de Salvador, deram com um sobrado na avenida Sete, com uma tabuletazinha indicando "Rádio Clube da Bahia". Avistaram uma escada e, não resistindo, subiram. Encontraram um rapaz de estatura mediana, muito gentil, chamado Vivi, que se apressou a mostrar as instalações simples da rádio. "Na sala tinha apenas um microfone de pedestal e uns armários. Numa outra, tinha uma discoteca, uma coisa desarrumada, já é o feitio de rádio" — reconhece o compositor, prosseguindo — "ele mostrou aquilo tudo e de repente disse assim: 'Vocês fazem alguma coisa, cantam? Este rapaz — e apontou um rapaz num canto — ainda agora há pouco tocou. Se quiser, acerta com ele, experimente a voz.'" Zezinho, que não queria cantar, disse: "Cante você, Dorival." Foi nesse clima de informalidade que ele cantou pela primeira vez no rádio. Como não havia gravador na época, Dorival não tinha a menor ideia de como era a sua voz. "E aí, gostou?" — perguntou a Zezinho. "Sua voz é igual à do Francisco Alves" — garantiu empolgado o amigo. Vivi não cometeu os mesmos exageros, mas convidou-os para que voltassem no domingo.[12]

---

*Há quem considere a Rádio Clube de Pernambuco a pioneira da radiofonia no Brasil. Mas, de acordo com Luiz Artur Ferraretto (*Rádio: o veículo, a história e a técnica*, p. 95), "no dia 6 de abril de 1919, jovens da elite recifense fundaram a entidade em um velho sobrado do bairro de Santo Amaro. Nos anos seguintes eles se dedicariam a experiências com recepção radiotelefônica. [...] os sócios da Rádio Clube adquirem alguns equipamentos da Westinghouse durante a Exposição do Centenário da Independência. Com um aparelho radiotelegráfico adaptado à emissão de sons, mais um amplificador e um transmissor de 10 watts da indústria norte-americana, transmitem de modo irregular a partir de 17 de outubro de 1923". Segundo Ferraretto, "a primeira emissora regular, portanto, foi a Rádio Sociedade do Rio de Janeiro".

O dono da Rádio Clube, Volney de Barros Castro, "um sulista louro, meio estrábico", como recorda Caymmi, era um capitão do Exército, apaixonado pelo novo veículo de comunicação. Era, segundo o artista baiano, um patriota e costumava transmitir pequenos textos de exaltação ao Brasil e coisas do gênero na parca programação da Rádio Clube. Dorival Caymmi conta que ele era um faz-tudo na emissora: "Ele corria para lá e botava o disco e corria para o microfone." A rádio tinha um único anúncio comercial, o do remédio Urodonal. A instabilidade financeira era tanta que, nos três anos em que Caymmi frequentou a rádio, ela mudou de endereço três vezes. Da avenida Sete a emissora foi para a Ladeira da Palma, para logo em seguida mudar para a Mangueira. Em certa ocasião, o rapaz passou por lá e Castro pediu-lhe ajuda: "Caymmi, fica falando alguma coisa aí, você fala enquanto eu boto os discos." Então, o baiano lia uns cartõezinhos com dizeres tais como "Sirva a Pátria, não esqueça".

No Rio de Janeiro, além da Rádio Sociedade e da Rádio Clube do Brasil, três emissoras foram criadas nos anos seguintes: a Mayrink Veiga, em 20 de janeiro de 1926; a Educadora, em 11 de junho de 1927; e a Philips, em março de 1930.* Almirante, *A Maior Patente do Rádio* — como era conhecido o grande radialista, pesquisador e compositor Henrique Foréis Domingues —, descreve como as rádios sobreviveram nos primeiros tempos:

> Segundo normas da Companhia dos Telégrafos, durante um ano nenhuma emissora podia transmitir anúncios. Seus dirigentes, sem a menor renda, criaram um sistema de associados, com cobradores de rua, que pagavam como colaboração 5 mil-réis por mês. O comércio colaborava e suas firmas eram citadas numa extensa lista lida no início e no final das transmissões.[13]

---

*De acordo com Luiz Carlos Saroldi e Sonia Virgínia Moreira (*Rádio Nacional: o Brasil em sintonia*, p. 21-22), a ordem das primeiras rádios no Brasil é: Rádio Sociedade do Brasil (1923), Rádio Clube do Brasil (1924), Rádio Educadora do Brasil (1926), Rádio Mayrink Veiga (1926), Rádio Philips (1930).

Ainda assim, a sobrevivência dessas rádios era muito difícil. A impossibilidade de veicular anúncios era o maior problema. Mesmo as sociedades e os clubes formados pelos aficionados do novo veículo não eram suficientes para sustentá-las. Não havia grandes diferenças entre as rádios fundadas no Brasil nos anos 1920. Reynaldo C. Tavares explica como eram as rádios de então:

> [...] eram empreendimentos não comerciais (não transmitiam anúncios), de grupos aficionados do rádio, geralmente de classes mais abastadas, e que se utilizavam dos mesmos muito mais para a diversão dos membros daquelas sociedades e clubes de rádio do que dos próprios ouvintes, uma vez que pagavam mensalidades para manter as estações, cuidavam de fazer a programação (doando discos), escrevendo, tocando, cantando e ouvindo eles mesmos (afinal um aparelho receptor era bastante caro na época) aquela programação, que por sinal era bastante elitista.[14]

Sobre a programação dessas rádios pioneiras, Renato Murce descreve que elas transmitiam "muita música clássica, muita ópera, muita 'conversa-fiada' e a colaboração graciosa de alguns artistas da sociedade".[15] Havia exceções, como Roquette Pinto, que fez o primeiro programa jornalístico da rádio brasileira:

> Com tal gabarito foi elaborado, que depois jamais houve outro que a ele igualasse em profundidade, alcance e qualidade. Esse noticioso de rádio tinha o título de "Jornal da Manhã". Nele, o Mestre distribuía fartamente informações, como devem ser consideradas em seu sentido. Não era um relato puro e simples dos acontecimentos; era a notícia comentada, esmiuçada, interpretada no seu conteúdo e nos seus reflexos no sistema social do Brasil e do mundo.[16]

Jairo Severiano enumera alguns dos problemas que as emissoras enfrentavam: improvisações, desacertos, falhas técnicas, baixa qualidade artística. Entretanto, menos de dois anos depois da Revolução de 30, no dia 1º de março de 1932, Getúlio Vargas assinou um decreto que permitia a veiculação de anúncios comerciais remunerados, o que possibilitou às rádios se capitalizarem e melhorarem a qualidade de suas transmissões. Jorge Caldeira esclarece a importância estratégica do controle do rádio para a política de Vargas:

> Em troca do "favor", transformava em concessão estatal o direito de operar as emissoras.
>
> Amigos do governo foram privilegiados nas concessões e montaram uma programação voltada para os consumidores de música popular, a única capaz de atrair publicidade. E quase todas as emissoras apoiavam o governo, que lhes garantia o mercado através de concessões. O impacto da mudança foi violento, dando início, em pouco tempo, à "era do rádio". A audição garantida pelos músicos populares fez com que muitos adquirissem os aparelhos receptores e isto, por sua vez, acabou tornando viável o investimento publicitário.
>
> O rádio transformou-se então num elemento fundamental para a divulgação da Música Popular Brasileira. [...] O êxito desses compositores populares revelou algo novo: o início da era da comunicação de massa, sob o controle do governo. [...]
>
> O Estado Novo foi o primeiro governo no Brasil a se preocupar de maneira sistemática com a autopromoção. [...] Para tanto criou, em dezembro de 1939, o Departamento de Imprensa e Propaganda para fazer censura e propaganda. O DIP* lançava mão tanto do poder policial (cada jornal tinha seu censor) e do econômico (o papel de imprensa era importado pelo governo, que decidia a cota de cada jornal). O rádio ficou sob o controle do DIP, assim como o teatro, o cinema e a música popular.[17]

Dorival Caymmi contou, em entrevista, que Dr. Lyra, diretor da Rádio Comercial, foi quem iniciou a profissionalização das atividades da rádio na Bahia, introduzindo o cachê para quem se apresentava na emissora, além de uma programação mais estável, com concer-

---

*Antes do DIP, havia o Departamento de Propaganda e Difusão Cultural (DPDC).

tos, cantores amadores, meninos prodígios e anúncios. "O primeiro anúncio de Toddy foi feito nessa estação, nos anos 30, numa pergunta no ar assim: 'Toddy, o que será Toddy?'. Então ficou um tempo essa pergunta no ar", recorda o compositor. A implantação da publicidade e a do pagamento de cachê aos artistas que se apresentavam nas emissoras baianas foram decisões inspiradas nas práticas comerciais já adotadas no Rio de Janeiro. Mas isso só foi realizado mais tarde.

Consolidação do rádio

Getúlio Vargas, já em sua campanha eleitoral, quando assassinaram João Pessoa, seu vice na chapa para concorrer à presidência da República, tinha a consciência da força da Música Popular Brasileira, do rádio e das gravadoras — um tripé imbatível. Foram muitas as músicas compostas sobre o episódio, conforme relata Sérgio Cabral, angariando simpatia para a Revolução de 30 (sem mencionar as compostas durante o período eleitoral).* As gravadoras tratavam de lançar discos com a farta safra produzida no período. Logo depois da posse do novo governo, a Odeon lançou o "Hino a João Pessoa", de Eduardo Souto e Osvaldo Santiago. Seguiu-se pela mesma gravadora o disco *Oração a João Pessoa*, com o discurso de Pinheiro Chagas, político de Minas Gerais; "Juarez Távora" (Batatinha, Júlio Casado e O. Rodarte), samba em homenagem ao líder da revolução no Nordeste; "Três de outubro" (Francisco Pezzi), marcha do início da revolução; "Brasil vitorioso" (Donga), marcha gravada por Patrício Teixeira, um dos cantores mais conhecidos naquela fase; "Lenço vermelho" (Maria Amélia Macedo Galdo), batuque que aludia ao traje típico dos revolucionários gaúchos; "Hino da Legião Mineira"

---

*"Marcada para 1º de março de 1930, a eleição serviria de tema a várias músicas de carnaval daquele ano. As letras comentam, com muito senso de humor, as peripécias vividas pelos protagonistas da ruidosa campanha eleitoral. Deixando o âmbito estadual para projetar-se no nacional, Getúlio seria, pela primeira vez, objeto da atenção dos compositores, figurando em três dessas canções: "Harmonia, harmonia", "Comendo bola" e "É sopa" (Jairo Severiano, *Getúlio Vargas e a música popular*, p. 4).

(Eduardo Souto e Osvaldo Santiago), gravado por Francisco Alves, um dos maiores cantores do país. A Victor lançou "Revolução Getúlio Vargas" e "A morte de João Pessoa", ambas modas de viola de Zico Dias e Ferrinho; "Rebentô a Revolução" e "Isidoro já vortou", as duas de autoria de Manuel Rodrigues; "Heróis brasileiros" (Roberto Splendore e Orfeu) e "Liberdade" (Roque Vieira e Décio Abramo). A Columbia, por sua vez, lançou "Legião Revolucionária" (Mira e José Nicollini) e "Leão do Norte" (João Petrillo), marchas interpretadas por Paraguaçu; "Heróis do Norte" (Acácio Faria e Manuel do Carmo), com Céu de Câmara; e "Nova era" (José Nicollini), com a Jazz Band Columbia. A gravadora Parlophon também aderiu à moda, lançando, na voz de Almirante, as marchas de Lamartine Babo o "Barbado foi-se", referindo-se ao ex-presidente Washington Luís, e "Gegê — seu Getúlio", cuja letra chamou a atenção para o papel do rádio naqueles acontecimentos:

> Só mesmo a revolução
> Graças ao rádio e ao parabelo
> Nós vamos ter transformação
> Neste Brasil verde e amarelo[18]

Ainda mais duas gravadoras contribuíram para a onda de exaltação à revolução. A Brunswick lançou um disco de Gastão Formenti, com o hino "24 de outubro", composto por Henrique Vogeler e Catulo da Paixão Cearense; e a Ouvidor, gravadora paulista, apresentou "Seu Getúlio foi o vencedor", marcha de João Bonfim.

A propósito das gravadoras, é importante voltar um pouco no tempo. O primeiro disco gravado no Brasil, asseguram os pesquisadores, data de 1902 e trazia o lundu "Isto é bom",* interpretado pelo cantor Baiano (Manuel Pedro dos Santos). A gravação foi feita pela Casa Edison, do tcheco naturalizado norte-americano Fred Figner — até 1928 era a maior gravadora brasileira. Lundu, explica Sérgio

---
*Os discos do período continham apenas uma música num dos lados.

Cabral, "é um gênero musical de origem rural que, em meados do século XIX, chegou às grandes cidades".[19] Jairo Severiano completa:

> [...] o lundu surgiu da fusão de elementos musicais de origens branca e negra, tornando-se o primeiro gênero afro-brasileiro da canção popular. Na verdade, essa interação de melodia e harmonia de inspiração europeia com a rítmica africana se constitui em um dos mais fascinantes aspectos da música brasileira. Situa-se, portanto, o lundu nas raízes de formação de nossos gêneros afros, processo que culminaria com a criação do samba.[20]

Os discos podiam ser ouvidos no gramofone. Até 1925, as gravações eram feitas através do rudimentar sistema mecânico. A qualidade fonográfica, inicialmente, deixava muito a desejar e o rádio era a melhor opção para o público, ao menos nas transmissões ao vivo. O veículo atingia uma qualidade suficiente na emissão dos seus programas, além de cobrir grande parte do território brasileiro, tornando-se em poucos anos o principal fator de integração nacional. Além da Casa Edison, a gravadora mais importante do período, havia também a Favorite Record, a Grand Record Brasil, a Discos Phoenix e a Disco Gaúcho. Em 1925, a Columbia americana fez

> a primeira sessão de gravação elétrica comercial, com o pianista Art Gilham. [...] Com o novo sistema atingiu-se, então, notável melhoria de qualidade do som gravado, o que desencadeou verdadeira revolução no mercado fonográfico.
>
> Foi a Odeon que trouxe a gravação elétrica para o Brasil, em julho de 1927. Seu primeiro disco elétrico (nº 10001) mostrava Francisco Alves cantando duas músicas de Duque, a marcha "Albertina" e o samba "Passarinho do má". Além de Alves, que aparecia em mais três faces de discos, participaram desse suplemento histórico o violinista Anselmo Zlatopolsky (dois discos), o bandolinista Francisco Neto, o cantor Carlos Serra, o violonista Canhoto (Américo Jacomino), o Trio Odeon e a Orquestra Pan American, num total de nove discos.[21]

A partir daí, novas gravadoras surgiram, como a inglesa Parlophon, que se instalou primeiro no Rio, em 1928, depois em São Paulo. Em 1929, foi a vez da Columbia Phonograph, em São Paulo, tendo em sua equipe o americano Wallace Downey, que viria a ter uma participação importante no início da vida profissional de Dorival Caymmi, o que será mencionado no capítulo 4. A Victor Record veio a seguir e se instalou na capital na segunda metade daquele ano, tendo como diretor artístico Rogério Guimarães, que contratou, entre outros, Pixinguinha, Sylvio Caldas e Carmen Miranda — os dois últimos antes mesmo de alcançarem a fama. Com isso, a Victor era uma das poucas gravadoras em condições de competir com a Odeon. Carmen Miranda, no mesmo período, gravou na Brunswick, outra que se instalou em dezembro de 1929 no Rio de Janeiro. Essa gravadora, aliás, teve vida curta, encerrando suas atividades no início de 1931. Apesar disso, além de Carmen Miranda, ela lançou Benedito Lacerda e o Bando da Lua, nomes que se tornaram famosos. Com o crescimento do mercado fonográfico, a imprensa começou a dedicar espaço, ainda que muito restrito, aos discos que eram lançados, no jornal O *País* e nas revistas O *Cruzeiro* e *Phono Arte* — esta última, especializada no assunto. Mario Ferraz Sampaio enumera os principais artistas lançados pelas gravadoras no período seguinte:

> Nelas figuravam astros como Sylvio Caldas, Gastão Formenti, Aracy de Almeida, Francisco Alves, Henrique Batista e o seu maior orquestrador e genial compositor Pixinguinha, Patrício Teixeira, Estefânia de Macedo, Albenzio Perrone, Elisinha Coelho, o violonista Rogério Guimarães, o Bando de Tangarás, do Almirante, competindo com Os Gaturanos, de Renato Murce, Augusto Calheiros, a "patativa do norte", com os Turunas da Mauriceia, vindos do Recife.[22]

Os jornais da época costumavam promover concursos que agitavam a opinião pública. Em 1930, Renato Murce relata que o *Diário Carioca* fez um concurso para eleger a Rainha da Canção Brasileira e o Príncipe dos Cantores Regionais do Brasil, evento que movimentou o meio musical brasileiro:

No naipe feminino seria uma "barbada" para Carmen Miranda (*embora ela não fosse propriamente uma intérprete de canções*).* Isso se ela não se desentendesse com os organizadores do concurso e retirasse seu nome do mesmo. Proporcionou a Jesy Barbosa (uma excelente cantora, por sinal) sagrar-se vencedora. Do lado masculino, concorrendo Francisco Alves, Gastão Formenti, Sílvio Caldas, Breno Ferreira, Antônio Fernandes, Georges Fernandes e outros, o vencedor, para surpresa geral, fui eu, Renato Murce. Surpresa porque os disputantes eram quase todos mais credenciados do que o rabiscador destas linhas.[23]

Além da proliferação das gravadoras, com o advento da gravação elétrica, outro avanço tecnológico, o cinema falado, veio sacudir o mercado de entretenimento. Em 1926, nos Estados Unidos, a Western Electric desenvolveu o sistema Vitaphone, que passou a ser utilizado nos filmes da Warner Bros. Em 6 de outubro de 1927, a Warner lançava o filme falado *O cantor de jazz*,** protagonizado pelo cantor-ator Al Jolson, abrindo uma corrida pela modernização das demais companhias de cinema, como a Paramount, a United Artists e a Metro, que optaram pelo Vitaphone. A Fox-Case Corporation, surgida no período, desenvolveu o sistema Movietone, superior ao Vitaphone, e também em 1927 lançou o clássico *Aurora*, de Murnau, utilizando a inovação.

O Brasil se beneficiou rapidamente desse novo invento. Em 13 de abril de 1929, foi exibido em São Paulo o filme *Alta traição*, no cinema Paramount. Uma curiosidade era o curta com o cônsul do Brasil em Nova York apresentando antes do filme a novidade do cinema falado. Pouco tempo depois, em 20 de junho do mesmo ano, foi apresentado ao público carioca, no Palácio Teatro, na Cinelândia, com grande pompa e a presença do presidente Washington Luís, o musical *Melodia da Broadway*. Ao desenvolvimento das rádios e da emergente indústria fonográfica se juntou o cinema falado na divulgação da Música

---

*Ao contrário do que Renato Murce afirma, Carmen Miranda era excelente intérprete. No texto, Murce usa o termo "canção" como sinônimo para valsas, baladas, toadas etc., gêneros diferentes do samba e da marchinha, que eram os mais constantes no repertório da cantora.
**Até então eram utilizados dois tipos de sonorização: sonorização em disco (*sound-on-disc*) e sonorização em filme (*sound-on-film*), usada em curtas.

Popular Brasileira, sobretudo com a produção de filmes musicais carnavalescos, que serão mencionados adiante. Entretanto, o impacto inicial do cinema falado foi devastador para os músicos que tinham nas salas e antessalas de cinema seu principal ganha-pão. Noel Rosa, que fazia verdadeiras crônicas com suas canções, compôs "Não tem tradução", gravado por Francisco Alves, citando o fenômeno: "O cinema falado/ É o grande culpado/ Da transformação."

No princípio da década de 1930, havia 29 emissoras de rádio funcionando no país. Para o governo Vargas, o rádio foi definido como "serviço de interesse nacional e de finalidade educativa",[24] mas com a regulamentação[25] do uso da propaganda comercial foi aberto o espaço para a veiculação de programações voltadas para o lazer e o entretenimento. Ricardo Cravo Albin explica o interesse do governo pelo rádio:

> Getúlio usou o rádio para se comunicar com as massas desfavorecidas, e o fez com enorme eficiência e repercussão. Além disso, o Governo Vargas enxergou no rádio um oportuno fator de integração nacional. Era a primeira *mídia* na cultura ocidental a ter acesso direto e imediato aos lares das pessoas, acompanhando-as em vários momentos ao longo do dia e da noite. A família se reunia em torno do rádio ligado na sala. O rádio era o centro gerador de modas e sonhos. Por tudo isso, e pelo que significou em nossa cultura, como canal da paixão do povo brasileiro, as décadas de 1930 e 1940 (e parte da de 1950) foram, substancialmente, a *Era do Rádio*.[26]

Com a permissão do uso da propaganda, o desafio estava lançado às rádios. Não foi uma transição fácil, mas foi se mostrando inevitável. Roquette Pinto, por exemplo, não permitia a propagação de nenhum tipo de anúncio na Rádio Sociedade. Foi ele quem cunhou a frase "pela cultura dos que vivem nesta terra, pelo progresso maior do Brasil", que se tornou um *slogan* da Rádio MEC (Ministério da Educação).[27] Segundo Hélio Tys,* no Brasil, "o rádio nascia elitista

---

*Fala pronunciada no 1º Congresso Nacional de Comunicação, organizado pela Associação Brasileira de Imprensa (ABI), no Rio de Janeiro, em 1971.

e divorciado da realidade".[28] Roquette Pinto, porém, definia o novo veículo com um ideal bastante democrático: "O rádio é o jornal de quem não sabe ler; é o mestre de quem não pode ir à escola; é o divertimento gratuito do pobre; é o animador de novas esperanças; o consolador do enfermo; o guia dos sãos, desde que o realizem com espírito altruísta e elevado."[29] Entretanto, para grande parte das sociedades e clubes que se organizaram em torno da radiofonia, ele era um passatempo de uma nascente sociedade urbana.

Assim, apesar de todo o idealismo dos pioneiros da radiodifusão brasileira, não houve como deter a enorme mudança que se seguiria no veículo, com a introdução de anúncios na sua programação. A verdade é que até aquele momento não se tinha atentado realmente para as possibilidades lucrativas do rádio. Iniciava-se a Era das Comunicações de Massa no Brasil. As emissoras trataram de se modernizar e uma das novidades foi a criação dos "quartos de hora", programas de 15 minutos que podiam apresentar um cantor, um músico, um ator — este em geral com um número humorístico. O modelo dos "quartos de hora" foi um sucesso e atravessou praticamente todo o período da Era do Rádio — até meados da década de 1950, quando o veículo começou progressivamente a decair —, mas no início da sua implantação ainda se podia ouvir o famoso chavão da fase amadora do rádio "de passagem pelos nossos estúdios..." interrompendo a programação para apresentar algum artista ocasional. Com a propaganda, as emissoras de rádio passaram a enfrentar um problema inesperado, os falsos corretores:

> Corretores desonestos faziam a permuta da publicidade de programas alheios por móveis e utensílios domésticos para arrumarem suas próprias casas. Esse expediente afugentou muitos anunciantes dos nossos programas e quando queríamos obter suas verbas tínhamos que ir pessoalmente (eu, o Casé e outros) procurá-las.[30]

No Brasil, na década de 1930, já atuavam algumas agências de propaganda americanas, como a J. Walter Thompson e a McCann-Erickson. Técnicas usadas nos Estados Unidos foram adotadas no

Brasil, como por exemplo associar o produto a um determinado programa de rádio, fazer promoções oferecendo fotografias de artistas em troca do envio do rótulo de um certo produto ou ainda um programa lançar um novo produto na praça. Foi, a propósito, nesse contexto que Dorival Caymmi conheceu sua futura mulher, a cantora Stella Maris, quando ela participava de um programa de calouros patrocinado por um inseticida: *Raio K em Busca de Talentos*, da Rádio Nacional.

Dois programas de rádio que gozavam de grande popularidade em 1932 foram imensamente beneficiados com a liberação da propaganda nas rádios e fizeram história: *Esplêndido Programa*, de Valdo de Abreu, e o *Programa Casé*, de Ademar Casé. O mais antigo era o *Esplêndido Programa*, dominical da Rádio Mayrink Veiga. Com a permissão do uso do anúncio, o programa de Valdo de Abreu ganhou mais tempo no ar, chegando a ser transmitido desde a manhã até a noite. Os famosos cantores da época, como Carmen Miranda, Francisco Alves, Albênzio Perrone, Elisa Coelho, Sylvio Caldas, entre outros, se apresentavam ali. O *Programa Casé*, inaugurado em fevereiro de 1932 — um mês antes do decreto de Getúlio Vargas —, entretanto, desbancou o *Esplêndido Programa*. Foi a genialidade de Ademar Casé, que comandava na Rádio Philips do Rio de Janeiro o *Programa Casé*, com as novidades que introduziu na emissora, que o transformou em sucesso absoluto. Alguns pesquisadores defendem que esse foi o mais importante programa da história do rádio brasileiro.

Foi Casé (que antes de se tornar radialista era vendedor de aparelhos de rádio Philips) quem modernizou o rádio, com a contratação de cantores exclusivos, com bons cachês e a adoção do ritmo dos programas americanos e ingleses, que ouvia através do rádio de ondas curtas e dos quais era fã. Ele foi o primeiro a valorizar os artistas brasileiros, oferecendo-lhes ótimos contratos. Os mais importantes nomes da música passaram a ser exclusivos da Rádio Philips. Com isso, ele atraía a audiência e, por conseguinte, aumentava a publicidade para a emissora. Sérgio Cabral apresenta um exemplo de um dos pontos em que *Esplêndido Programa* perdia em agilidade e inventividade para o *Programa Casé*:

No rádio brasileiro, nem o *Esplêndido Programa* preocupava-se com o silêncio estabelecido entre o momento em que o locutor anunciava a apresentação de um cantor e a apresentação propriamente dita. Preciosos segundos eram consumidos enquanto o cantor se arrumava diante do microfone, quando não tinha também de dedicar mais um tempo pra afinar o seu violão. Ademar Casé percebera que, na Inglaterra e nos Estados Unidos, não era assim: bastava anunciar para a música começar a tocar.[31]

Tudo começou quando Ademar Casé propôs, num arroubo de coragem, à diretoria da recém-inaugurada Rádio Philips (PRAX), fundada no final de 1931, fazer um programa com a qualidade dos programas americanos e europeus. Rafael Casé registra o relato de seu avô sobre o episódio:

> Eu tinha um capital de giro insignificante, mas dava para pagar as primeiras irradiações. O Doutor Borges [Augusto Vitoriano Borges, um dos diretores da emissora] me perguntou se estava louco e se, por acaso, tinha experiência para comandar um programa de rádio. Respondi que nem uma coisa, nem outra, mas que pretendia fazer uma nova experiência nos moldes do programa de maior sucesso da época, o *Esplêndido Programa* de Valdo Abreu, da Rádio Mayrink Veiga, só que com muito mais dinamismo. Ele relutou, disse que ninguém nunca tinha feito aquilo, mas acabou cedendo (não sem antes me alertar que a rádio não teria nenhuma responsabilidade e que os problemas do programa teriam que ser resolvidos por mim). Aluguei o horário das 8 da noite à meia-noite de domingo. O preço: 60 mil-réis por programa.[32]

Outro ponto importante que fez o *Programa Casé* atingir os maiores índices de audiência foi a criação de uma equipe que, operando nos bastidores, alcançava um profissionalismo sem igual na produção e apresentação dos números e anúncios transmitidos. A equipe formada por Ademar Casé contava com contrarregras e roteiristas. Noel Rosa, antes de se consolidar como grande compositor que era, foi contrarregra do *Programa Casé*, assim como Haroldo Barbosa, radialista, compositor e profissional de televisão. Casé tinha entre seus roteiristas e criadores publicitários nomes como Orestes Barbosa, Luiz Peixoto e Antônio Nássara, que também eram compositores. Este último foi autor do primeiro jingle comercial da história do rádio brasileiro. O jingle apresentado ao vivo no *Programa Casé* era para divulgar a Padaria Bragança, que ficava em Botafogo, e tinha uma letra singela:

> Oh, Padeiro desta rua,
> tenha sempre na lembrança.
> Não me traga outro pão
> que não seja o pão Bragança. [*Refrão*]
>
> Pão inimigo da fome.
> Fome inimiga do pão.
> Enquanto os dois não se matam,
> a gente fica na mão.
>
> De noite, quando me deito
> e faço a minha oração,
> peço com todo respeito
> que nunca falte pão.[33]

Ademar Casé também inovou ao ser o primeiro a montar um programa no estilo americano, planejado antecipadamente, "com roteiro especial, [...] instrumentistas, locutores e radioatores".[34] O radialista esteve à frente do programa, que passou por diversas emissoras cariocas, ao longo de trinta anos. Ele também foi pioneiro nas radionovelas. As emissoras transmitiam radioteatro, mas quem inventou a radionovela em capítulos foi Ademar Casé. Seu programa também abrigava o quadro "Curiosidades musicais", de outro grande radialista, Almirante, *A Maior Patente do Rádio*. Almirante era o apelido do cantor Henrique Foréis Domingues, que foi do Bando de Tangarás, junto com Braguinha* e Noel

---

*Carlos Alberto Ferreira Braga, também chamado de João-de-Barro (nome do passarinho). No presente trabalho, fica convencionado que será tratado pelo apelido com que se popularizou e como foi chamado pela grande imprensa até o fim da vida: Braguinha.

Rosa, entre outros. Uma curiosidade é que entre os locutores que passaram pelo *Programa Casé* estava o futuro governador da Guanabara,* Carlos Lacerda, na época estudante de Direito.

Outro radialista de grande projeção surgido no cenário da época foi Renato Murce,[35] que produziu o programa de variedades *Horas do Outro Mundo*, também na Rádio Philips. A propósito, foi nesse programa que o compositor Ary Barroso descobriu seu grande talento para o rádio, onde seguiu carreira dividida com a música.

Em *Horas do Outro Mundo* se

> apresentava a nata dos artistas presentes no Rio: Ary Barroso, a dupla Joel e Gaúcho, Zezé Fonseca, Manezinho Araújo, Silvio Vieira, Luiz Barbosa, Hervê Cordovil Junior, o acordeonista Antenógenes Silva, Léa Silva, Luiz Americano, o maestro Chiquinho e Amélia Oliveira.[36]

Antes de *Horas do Outro Mundo*, Murce havia organizado com Raul Bruce (Gramury), cronista de teatro e turfe, o *Rádio Miscelânea*, um programa de variedades com meia hora de duração. Segundo o radialista, *Rádio Miscelânea* foi inspirado pelo que é considerado o primeiro programa de humorismo da época, *Manezinho e Quintanilha*, surgido na Rádio Sociedade, em 1931, com dois atores cômicos de teatro, Artur de Oliveira e Salu de Carvalho. O humorístico durava três minutos e se apoiava preferencialmente em anedotas, além da publicidade de uma pasta de dentes. Depois de um ano no ar no *Rádio Miscelânea*, apresentando música, esquetes, poesia, piadas e sátiras, Murce transferiu-se para a Rádio Philips, onde produziu *Horas do Outro Mundo* com grande êxito. Com uma hora de duração, o programa veiculado inicialmente às quartas-feiras, às 21h, passou a três vezes por semana. O programa recebeu esse nome porque o radialista imaginou "as irradiações supostamente feitas do planeta Saturno para todo o universo. Transmitiríamos, assim, nossos esquetes,

---

*Em 1960, com a mudança da capital do país para Brasília, a cidade do Rio de Janeiro passou a ser o estado da Guanabara.

nossas piadas, nossas canções e uma publicidade mais eficiente".[37] O programa não sofria com a imensa popularidade do *Programa Casé*, porque os dois eram transmitidos em dias diferentes. *Horas do Outro Mundo* ocupava três dias da semana, das 21h às 22h, enquanto o *Programa Casé* era dominical. Porém o programa de Renato Murce teve de aumentar o "teto dos cachês" em função da concorrência do programa de Ademar Casé, que pagava bem aos seus artistas. Só em *Horas do Outro Mundo* surgiram, entre 1932 e 1934, nomes como

> Araci de Almeida, Manezinho Araújo, Joel e Gaúcho, Olinda Leite de Castro, Ecila Jopert, Zezé Fonseca (como cantora, depois viria a ser uma grande radioatriz), Sílvio Vieira, Luís Barbosa (o inventor do breque com o chapéu de palha), Hervê Cordovil, Olga Nobre (também depois grande radioatriz), Zaira de Oliveira Santos (esposa de Donga), Ogarita Dell'Amico, Alda Verona, Dario Murce. Ainda noutras modalidades artísticas: Ari Barroso, Amélia de Oliveira, Ismênia dos Santos, Salu de Carvalho, Barbosa Júnior, Antenógenes Silva, Léa Silva, Alma Flora, Luís Americano, Francisco Duarte e o famoso Maestro Chiquinho.[38]

O radialista que elevou a Rádio Mayrink Veiga à preferida do público foi César Ladeira (César Rocha de Brito Ladeira), contratado por uma verdadeira fortuna na época para ser o diretor artístico da emissora, onde recebia dois contos de réis por mês e 5% sobre os anúncios que lesse. O profissional se destacou durante a Revolução Constitucionalista de São Paulo, em 1932, contra o governo de Getúlio Vargas. A censura proibiu que as emissoras do país dessem qualquer informação contra a insurreição. A Rádio Record (PRB-9), porém, conseguiu burlar a censura e transmitia as palavras de ordem e os pronunciamentos dos chefes rebeldes através de três *speakers*, como se dizia na época: Nicolau Tuma, Renato Macedo e César Ladeira. Sérgio Cabral considera Ladeira "provavelmente o melhor locutor do rádio brasileiro de todos os tempos"[39] e conta ainda um episódio da censura nesse período, no *Programa Casé*, na Rádio Philips:

Chegou a ponto de mandar um agente à Rádio Philips para vigiar os improvisos que Noel Rosa e a cantora Marília Batista [...] faziam sobre o samba *De babado* (Noel Rosa e João Mina), no *Programa Casé*. Os versos improvisados eram uma das atrações do programa, pois eles brincavam com os acontecimentos do dia e até com fatos ocorridos na própria emissora. Noel e Marília agradavam tanto, improvisando versos, que foram convocados para atuar na parte publicitária do programa, exaltando as virtudes de um dos seus patrocinadores, a loja O Dragão. Naqueles dias em que ocorria a Revolução Constitucionalista, o policial da censura decidiu ficar dentro do estúdio para saber se os artistas cariocas faziam algum sinal para os revoltosos de São Paulo. [...] Rendeu, pelo menos, um dos improvisos de Noel Rosa: "Eu não falo de São Paulo/ Sem tomar o meu xerez,/ O censor aí do lado/ Me levando pro xadrez./ (breque)/ E eu não quero ir pro xadrez."[40]

As tropas paulistas foram derrotadas — mas conseguiram que fossem convocadas eleições para a Constituinte no ano seguinte — e César Ladeira transferiu-se, em 1933, para o Rio de Janeiro, onde alcançou o topo da carreira. O interessante da Rádio Record no episódio da Revolução Constitucionalista foi que na época a rádio não estava funcionando. A Record foi comprada por Paulo Machado de Carvalho em junho de 1931, do advogado Álvaro Liberato de Macedo, dono da Casa de Discos Record. O novo proprietário da emissora, não se sabe por quê, não a manteve no ar até a Revolução.

César Ladeira também ficou famoso pelos títulos que dava aos artistas, alguns muito divertidos e que estavam na boca do povo e dos jornalistas: Carmen Miranda, *A pequena notável*; Francisco Alves, *O rei da voz*; Carlos Galhardo, *O cantor que dispensa adjetivos*; Sylvio Caldas, *O caboclinho querido*. Muito engraçado foi o título que deu ao pianista Nonô (Romualdo Peixoto), *O Chopin do Samba*. Com o compositor baiano, saiu-se com "Dorival Caymmi, *O Colombo dos balangandãs*" e, mais tarde, inventou outro: *O homem que mandou o samba para os Estados Unidos*. Muitos desses títulos se mantêm até hoje, mencionados em livros, na imprensa e até pelo público. A

Mayrink Veiga manteve a liderança entre as emissoras cariocas na preferência do público até o início da década de 1940, quando se tornou a principal emissora do país.* Ruy Castro comenta que a emissora "foi a primeira a trocar os cachês por contratos de trabalho, com horários e vencimentos fixos e direito a férias — e os benefícios abrangiam todo mundo: redatores, locutores, contrarregras, arranjadores, músicos, cantores".[41]

Ainda sobre Ladeira e a renovação que operou à frente da Mayrink Veiga, escreveu Saint-Clair Lopes:

> Chegou exuberante de entusiasmo, espalhando alegrias e oferecendo novos panoramas à radiodifusão carioca graças ao emprêgo de novos processos de programação. A presença do locutor paulista oferecia aos rádio-ouvintes uma perspectiva animadora e que se tornou realidade em pouco tempo. César Ladeira, além de locutor, era o Diretor Artístico da Mayrink Veiga e nessa função deu um nôvo ritmo à programação, dividindo-a em horários definidos e especializados. Dedicou quartos de hora e meias horas aos artistas do seu elenco [...] Deu ao radioteatro uma nova dimensão, criando o grande e o pequeno teatro; instituiu e despertou o gôsto dos rádio-ouvintes para a crônica vibrante, o editorial e o comentário. Dividiu a programação como quem pagina um jornal, situando cada especialidade no horário determinado; difundiu programas lítero-musicais de fim de noite estimulando a cultura.[42]

Os programas de calouros, dos preferidos do público, surgiram em 1935, na Rádio Cruzeiro — inaugurada em 1933 — "sob o comando de Edmundo Maia e Paulo Roberto, logo seguidos pelos de Heber de Bôscoli e, finalmente, Ary Barroso".[43] Outro fenômeno da Era do Rádio foi a transmissão direta dos auditórios, permitindo que o público participasse do programa. Os programas de auditório foram se popularizando de tal

---

*Márcio Nascimento defende, em seu livro *PRA-9 Rádio Mayrink Veiga: um lapso de memória na história do rádio brasileiro*, p. 12, que a importância da Rádio Mayrink Veiga no período é subestimada pelos "autores consagrados", que "insistem em contar a história do rádio a partir da década de 1940", sem avaliar a liderança da emissora antes do apogeu da Rádio Nacional.

maneira ao longo do período que se tornaram verdadeiros espetáculos. José Ramos Tinhorão faz uma descrição desse tipo de programa:

> Mistura de programa radiofônico, show musical, espetáculo de teatro de variedades, circo e festa de adro (o que não faltavam eram sorteios), esses programas chegaram a alcançar uma dinâmica de apresentação que conseguia manter o público dos auditórios em estado de excitação contínua durante três, quatro e até mais horas. Para isso, os animadores contavam não apenas com a presença de *cartazes* de sucesso garantido junto ao público, mas ainda com a colaboração de grandes orquestras, conjuntos regionais, músicos solistas, conjuntos vocais, humoristas e mágicos, aos quais se juntavam números de exotismo, concurso à base de sorteios e distribuição de amostras de produtos entre o público.[44]

De acordo com Luiz Artur Ferraretto,[45] sobre os programas de auditório, "o primeiro deles foi inaugurado pela Rádio Kosmos, em 1935". Em 1933, Celso Guimarães já produzia atrações que fariam parte dos programas de auditório. Na Rádio Cruzeiro do Sul, em São Paulo, ele mantinha um espaço para novos talentos. Ary Barrroso, na época, foi trabalhar na Rádio Cruzeiro do Sul carioca lançando o programa *Calouros em desfile*, que depois veio a ser chamado *Calouros do Ary*. Renato Murce, na Rádio Clube do Brasil, também lançou, em 1940, *Papel carbono*, em que os calouros tinham de imitar um cantor de sucesso. Ary e Murce fizeram muito sucesso com seus programas, mas foi na Rádio Nacional que os programas de auditórios ganharam características massivas, como se verá à frente.

Voltando ao ano de 1935, foi instituída pelo governo a *Hora do Brasil*, programa que, no começo, transmitia informações, pronunciamentos e música popular. Os idealizadores da *Hora do Brasil* pretendiam divulgar os feitos do governo — com a ditadura do Estado Novo, o programa tornou-se obrigatório, sendo transmitido em rede nacional, de segunda a sexta-feira, das 18h45 às 19h30.* Em 20 de fevereiro

---

*Apesar da redemocratização e do fim da censura prévia da programação das rádios, o presidente Eurico Gaspar Dutra decidiu manter o programa *Hora do Brasil*, que a partir de 6 de setembro de 1946 passou a se chamar *Voz do Brasil*.

de 1936, Lourival Fontes, diretor do Departamento de Propaganda e Difusão Cultural — e futuro diretor do DIP —, em entrevista a Jayme Távora, para a *Voz do Rádio*, publicação especializada no veículo, deixava entrever o interesse do governo no uso político-social do rádio:

> Dos países de grande extensão territorial, o Brasil é o único que não tem uma estação "oficial". Todos os demais têm estações que cobrem todo o seu território. Essas estações atuam como elemento de unidade nacional. Uma estação de grande potência torna o receptor barato e, portanto, o generaliza. [...]
> Não podemos desestimar a obra de propaganda e de cultura realizada pelo rádio e, principalmente, a sua ação extraescolar; basta dizer que o rádio chega até onde não chegam a escola e a imprensa, isto é, aos pontos mais longínquos do país e, até, à compreensão do analfabeto.[46]

Em setembro de 1936, o Brasil já contava com 65 emissoras de rádio, sendo 12 no Rio de Janeiro e 8 em São Paulo. Em 1935, foram inauguradas a Rádio Jornal do Brasil e a Rádio Tupi, de Assis Chateaubriand,* no Rio de Janeiro, entre outras. No início do ano seguinte, foi inaugurada a Rádio Transmissora, que, tempos depois, se tornou a Rádio Globo. Em setembro, a Rádio Nacional foi inaugurada pelo grupo que controlava o jornal *A Noite*, as revistas *Noite Ilustrada*, *Carioca* e *Vamos Ler*. A Rádio Nacional havia comprado o transmissor de 25 KW da Rádio Philips, que fechou a emissora para se dedicar à venda de receptores de fabricação própria. As empresas jornalísticas, no caso o *Jornal do Brasil*, o grupo Diários Associados, de Chatô, e o jornal *A Noite*, percebendo a importância do novo veículo de comunicação, começaram a ampliar seu poderio, inaugurando também emissoras de rádio. Assim analisam Luiz Carlos Saroldi e Sonia Virgínia Moreira:

---

*Francisco de Assis Chateaubriand Bandeira de Melo, também conhecido pelo apelido de Chatô, construiu ao longo da vida os Diários e Emissoras Associados, um importante conglomerado de comunicação. A Rádio Tupi foi a primeira emissora do grupo.

O fato reflete a avassaladora expansão da "radiomania" no país — espécie de epidemia sinalizada por antenas montadas em bambus sobre os telhados, em busca de melhor recepção para os aparelhos de rádio. [...]
Pressionados pelo interesse dos leitores, os grandes e pequenos jornais abrem páginas para os assuntos radiofônicos, em colunas e reportagens. Ao mesmo tempo, surgem publicações especializadas, prontas a satisfazer a curiosidade dos ouvintes a respeito de astros, estrelas e as novas atrações do chamado *broadcasting*. Por outro lado, o interesse dos empresários da mídia impressa na concessão de um canal de ondas médias mostra a importância dos decretos sobre radiodifusão baixados por Getúlio Vargas ao chegar ao poder.[47]

As novas emissoras eram inauguradas com toda a pompa. A Rádio Jornal do Brasil promoveu uma festa com a presença de Rosalina Coelho Lisboa, escritora, Herbert Moses, presidente da Associação Brasileira de Imprensa, Agamenon Magalhães, ministro do Trabalho, e Lourival Fontes, então diretor de Turismo da prefeitura do Distrito Federal. Assis Chateaubriand, por sua vez, não fez por menos para chamar a atenção para a sua Rádio Tupi, apresentada como "Cacique do Ar", e levou para a inauguração da nova emissora um convidado muito especial, o inventor Guglielmo Marconi. Segundo Ferraretto, a "'Cacique do Ar' começava como a segunda mais potente da América do Sul, perdendo apenas para a Farroupilha, em Porto Alegre".[48] A Rádio Farroupilha foi inaugurada em 1935 e pertencia a Luiz e Antonio Flores da Cunha, filhos do governador do estado do Rio Grande do Sul. E, de inauguração em inauguração, o sistema radiofônico foi se consolidando no país e ampliando cada vez mais o seu mercado. As emissoras, sobretudo as da Capital Federal, que se desenvolveram e cresceram ao longo da década de 1930, serão, como se verá no próximo capítulo, o principal meio de divulgação da Música Popular Brasileira no período.

2. Renovação da Música Popular Brasileira

A renovação da Música Popular Brasileira veio com o surgimento do samba — libertado da herança do maxixe — e da marchinha. Este foi, sem dúvida, um dos fatores mais importantes da Era do Rádio na década de 1930. O samba tornou-se o gênero musical mais gravado, impulsionando a indústria fonográfica no país. A marcha também aparecia em número cada vez mais expressivo de gravações, movimentando igualmente a produção de cinema pré-carnavalesco.

O maxixe nasceu na década de 1870, juntamente com o tango brasileiro e o choro, em um processo de fusão das danças importadas com o batuque feito pelos músicos populares. O batuque, por sua vez, era o nome genérico que se dava às formas nativas de origem africana. Eram comuns as rodas de batuque, como descreve Hiram Araújo. Note-se, no comentário a seguir, que Araújo caracteriza a música e a dança dos negros no Brasil em termos essencialistas quando usa a palavra "dolente" — que faz lembrar a famosa "preguiça baiana" que Caymmi soube explorar a seu favor:

> A dança habitual do negro é o batuque. A batida cadenciada das mãos é o sinal de chamada. O batuque é dirigido por um figurante, cuja dança consiste em movimentar o corpo de modo que as ancas se agitem em balanço, enquanto o dançarino estala a língua e os dedos, acompanhando com um canto dolente, ao mesmo tempo em que os outros participantes, fazendo roda à sua volta, repetem em coro um refrão: "É o samba de roda, ou umbigada" (isto porque, ao trocarem de lugar — um figurante da roda, outro do centro —, o faziam através de um roçar de umbigos).
>
> [...] Aqui no Rio de Janeiro, essas rodas de batuque tiveram os nomes de caxambu, jongo, partido alto e, mais tarde, de rodas de samba e batucadas.[49]

Paralelamente ao surgimento do maxixe, a técnica de execução de instrumentos pelos músicos também se abrasileirava com o violão, o cavaquinho e o piano. Esclarece um pouco mais o pesquisador de música popular Jairo Severiano:

> Descendendo ainda do tronco habanera-tango espanhol, adaptado à sincopação afro-brasileira, e com seu aparecimento ocorrido na citada década de 1870, o maxixe entrou para a história como a primeira dança urbana brasileira. Bem mais importante como dança do que como música, o maxixe começou a ser dançado ao ritmo de outros gêneros como a polca, o tango e, principalmente, a polca-lundu, o tango-lundu e o tango-batuque, híbridos que revelavam o vasto processo de miscigenação musical que se desenvolvia na época.[50]

Como se viu, o maxixe surgiu primeiro como dança, ao som de outros gêneros musicais, para depois surgir a música maxixe, pelos músicos populares. Era uma dança sensual e muito ritmada. Os músicos, então, foram intensificando a sincopação das polcas, tangos e habaneras para animar os passos dos dançarinos, acabando por criar o gênero musical maxixe. O termo maxixe foi ignorado por muitos compositores da época por ter uma origem chula, significando "ordinário, chinfrim, desprezível — preferindo chamar os seus maxixes de polcas-lundu, tangos-lundu ou simplesmente tangos".[51] José Ramos Tinhorão ressalta que o maxixe "marca o advento da primeira grande contribuição das camadas populares do Rio de Janeiro à música do Brasil".[52]

A partir da década de 1930, o maxixe foi perdendo a força até praticamente desaparecer por completo. Uma das razões foi o surgimento do samba, que também permitia, e até incitava, uma dança sensual. Outra razão apontada por Severiano foi o fato de não ter surgido nenhum especialista em maxixe que se destacasse realmente no gênero, de modo a mantê-lo vivo por mais tempo. Chiquinha Gonzaga e Sinhô são as poucas exceções. De todo modo, o gênero esteve presente na Música Popular Brasileira por quase cinquenta anos.

O samba surgiu da síntese de várias influências como o maxixe, o lundu e várias formas de samba folclórico, que eram tocados nas rodas de batuque. O samba urbano carioca, oriundo dessa fusão, resultou num "gênero musical binário, sincopado, fixado por compositores populares".[53] O compositor e historiador Nei Lopes dá sua versão para a origem da palavra samba:

> O vocábulo [samba] é africaníssimo. [...] Legitimamente banto, das bandas de Angola e Congo. "Samba", entre os quiocos (*chokwe*) de Angola, é verbo que significa "cabriolar, brincar, divertir-se como cabrito". Entre os bacongos angolanos e conguenses, o termo designa "uma espécie de dança em que um dançarino bate contra o peito do outro". E essas duas formas se originam da mesma raiz banta que deu origem ao quimbundo "*di-semba*", umbigada — elemento coreográfico fundamental do samba primitivo.[54]

Apesar da possível matriz africana do samba, como defende Nei Lopes, o gênero é compreendido também como uma invenção urbana do Rio de Janeiro. Musicalmente, entretanto, há quem defenda, por exemplo, que o samba tem sua origem na Bahia, como está no "Samba da bênção", de Vinicius de Moraes e Baden Powell: "Porque o samba nasceu lá na Bahia/ E se hoje ele é branco na poesia (*bis*)/ Ele é negro demais no coração." O fato é que "Pelo telefone", de Donga — apelido de Ernesto dos Santos — e Mauro de Almeida (os autores oficiais), foi considerado o primeiro samba, gravado em 1917.* Esse samba está ligado a um episódio histórico bastante conhecido. Os pesquisadores contam que as tropas que combateram na Guerra dos Canudos trouxeram baianas, com quem os soldados constituíram família, que se instalaram no antigo Morro da Providência, no Rio de Janeiro. Como a maioria dessas baianas provinha, sobretudo, de um morro no Arraial de Canudos, chamado Favela, o lugar passou a se chamar Favela também. Com o tempo, o povo passou a chamar os conjuntos de moradias pobres espalhados pelos morros cariocas igualmente de favela.** Atribui-se a essas baianas radicadas no Rio uma das influências que levaram à criação do samba. "Pelo telefone" foi composto na casa da baiana Ciata (Hilária Batista de Almeida), casada com o médico negro João Batista da Silva. Sua casa era localizada na rua Visconde de Itaúna, 117, no centro da cidade, e este samba foi criado numa das muitas rodas de batuque que a dona da casa, a popular "Tia Ciata", costumava promover. Nesta roda em particular estavam, conforme o historiador Edigar de Alencar,[55] Donga, Germano Lopes da Silva, Hilário Jovino Ferreira, Sinhô (José Barbosa da Silva), João da Mata e a própria Tia Ciata. Ao longo dessa roda, que durou vários dias, eles compuseram "O roceiro", que Donga registrou com o título de "Pelo telefone" e que foi gravado pelo

---

*De acordo com Sérgio Cabral, a propósito de "Pelo telefone" ser considerado oficialmente o primeiro samba gravado: "É indiscutível que, antes de 'Pelo telefone', foram gravados sambas sem que o disco informasse no selo tratar-se de sambas, foram gravados outros gêneros que não eram sambas com o nome de samba e foram até gravados sambas com a identificação de samba. Portanto, seria fácil eleger qualquer desses discos como o do primeiro samba gravado, se 'Pelo telefone' não fosse aquele que desencadearia o processo através do qual o samba assumiria, como gênero musical, a hegemonia das músicas gravadas no Brasil" (Sérgio Cabral, *As escolas de samba do Rio de Janeiro*, p. 32-33).
**O fim da Guerra de Canudos, em 1897, foi um dos motivos para a onda migratória de considerável população negra e mestiça para o Rio de Janeiro. São apontados também, entre outros fatores, o término da Guerra do Paraguai, em 1870; o declínio das lavouras de café no Vale do Paraíba; a grande seca do Nordeste entre 1877 e 1879 e, principalmente, a Abolição da Escravatura, em 1888 (Jairo Severiano, *Uma história da música popular brasileira: das origens à modernidade*, p. 69).

cantor Baiano e a banda da Casa Edison. O samba foi o primeiro a ter sucesso em todo o país, popularizando definitivamente o gênero. São muitas as controvérsias em torno da autoria de "Pelo telefone", registrada, como se viu, nos nomes de Donga e Mauro de Almeida, mas que, ao que tudo indica, teve uma autoria coletiva — "Entre os que se declararam coautores, figuravam João da Mata, mestre Germano, Tia Ciata,* Hilário Jovino e Sinhô"[56] —, produzindo um samba muito diferente do que se tornou efetivamente o gênero que ajudou a consolidar:

> "Pelo telefone" possui uma estrutura ingênua e desordenada, apresentando cada uma de suas partes melodias e letras que nada têm em comum. A impressão que dá é a de que foi sendo construído aos pedaços, juntando-se melodias escolhidas ao acaso com trechos de cantigas folclóricas, como a da quarta parte ("Ai a rolinha/ sinhô, sinhô..."), originária do Nordeste. Mas "Pelo telefone" caiu no gosto do povo, ganhou perenidade e transformou-se, pelo que representou como sucesso, no marco zero da história do samba urbano, mesmo não se constituindo um modelo a ser imitado pelos sambistas pioneiros.[57]

Não se constituiu de fato. Para provar que a fixação do gênero não foi tão simples como pode parecer, Hermano Vianna cita uma discussão ocorrida entre Donga e Ismael Silva, em 1960, em que "[Ismael] dizia que 'Pelo telefone', composição 'de' Donga, não era samba e sim maxixe; e aquele [Donga] dizia que 'Se você jurar', composição de Ismael Silva, não era samba e sim marcha. Quem tem a verdade do samba?".[58] Foi Sérgio Cabral quem provocou o diálogo dos dois compositores, a que Vianna se refere, quando, em uma das salas da SBACEM (Sociedade Brasileira de Autores, Compositores e Escritores

---

*Não seria improvável crer que Tia Ciata fosse também mãe de santo de culto afro-brasileiro e, em razão da perseguição que os seguidores das seitas africanas sofriam, omitisse o fato. Talvez fosse para disfarçar sua prática religiosa — é uma suposição — que ela tenha ficado conhecida como "Tia", em lugar de Mãe Ciata, como as "mães de santo" costumam ser chamadas.

de Música), onde os três estavam, perguntou qual era o verdadeiro samba. Cabral, que lamenta não ter gravado o acalorado debate, o reproduz em seu livro *As escolas de samba do Rio de Janeiro*:

> DONGA — Ué, o samba é isso há muito tempo: "O chefe da polícia/ Pelo telefone/ Mandou me avisar/ Que na Carioca/ Tem uma roleta para se jogar".*
> ISMAEL SILVA — Isto é maxixe.
> DONGA — Então, o que é samba?
> ISMAEL SILVA — "Se você jurar/ Que me tem amor/ Eu posso me regenerar/ Mas se é/ Para fingir, mulher/ A orgia assim não vou deixar".
> DONGA — Isto não é samba, é marcha.[59]

Claudia Matos, a propósito da autoria de "Pelo telefone", sublinha que "a versão mais aceita atualmente parece ser a defendida por Almirante: Mauro de Almeida teria criado os versos e a melodia seria efetivamente criação conjunta de vários sambistas que reclamaram coautoria, inclusive o próprio Donga".[60] Vianna sublinha que o golpe de Donga "rendeu muitas desconfianças e até inimizades entre os sambistas pioneiros".[61]

De todo modo, passados dez anos da gravação de "Pelo telefone", o primeiro samba, a indústria fonográfica já gravara dezenas de músicas neste gênero. Nos anos 1930, essas cifras aumentariam consideravelmente devido "à promoção que o rádio passou a fazer da nossa música popular".[62] Um disco de sucesso vendia cerca de cinco mil cópias — as tiragens comparadas às de hoje eram, claro, muito pequenas. A difusão radiofônica será a grande responsável pelo incremento do mercado

---

*Sérgio Cabral comenta: "Curiosamente, ao cantar 'Pelo telefone', Donga não optou pela letra original de Mauro de Almeida ("O Chefe da folia/ Pelo telefone/ Mandou me avisar/ Que com alegria/ Não se questione/ para se brincar"), mas por uma paródia, escrita pelo mesmo Mauro de Almeida a propósito de uma reportagem do jornal *A Noite*, cujos repórteres montaram um jogo de roleta no largo da Carioca e fotografaram a jogatina, procurando, assim, desmoralizar o chefe da polícia, que anunciara ter eliminado todo tipo de jogo nas ruas da cidade. A paródia, com o tempo, ocupou o lugar da letra original" (Sérgio Cabral, *As escolas de samba do Rio de Janeiro*, p. 37).

consumidor de "samba e gêneros adjacentes [...], em todas as camadas sociais".⁶³ Sérgio Cabral apressa-se a esclarecer a origem do samba para afastar equívocos — um deles reza que o gênero nasceu no morro: "O samba nasceu e cresceu no Centro do Rio de Janeiro e não nos morros e nos subúrbios, por onde se espalhou".⁶⁴

A marchinha carnavalesca, por sua vez, deve a três compositores sua fixação na década de 1920: Eduardo Souto, Freire Júnior e José Francisco de Freitas, que trabalhavam e compunham para o teatro musicado. A marchinha descende da polca-marcha e incorpora elementos das marchas portuguesas e de ritmos americanos em voga no período, como o *one-step* e o *charleston*. Jairo Severiano explica:

> Com seu ritmo binário, vivo, saltitante, suas melodias alegres e ao mesmo tempo sentimentais, suas letras brejeiras, maliciosas, a marchinha invadiu o carnaval na década de 1920, passando a dividir a hegemonia da canção carnavalesca com o samba. Ao contrário deste, porém, oriundo das camadas mais humildes da população, ela é uma invenção de compositores de classe média, ligados ao teatro de revista carioca [...].⁶⁵

Mas foi na década de 1930, principalmente com os talentos de Lamartine Babo e Braguinha, que a marchinha se consolidou. Tudo começou quando Lamartine adaptou "Mulata", um frevo dos irmãos pernambucanos Raul e João Valença, para o gosto carioca, compondo uma nova introdução e segunda parte, aproveitando, sobretudo, o estribilho que era muito bom. Assim, nasceu o megassucesso (até hoje tocado nos bailes de carnaval) "O teu cabelo não nega", transformado em marchinha pelo mestre do gênero, que "pegou" no carnaval de 1932. Infelizmente, Lamartine "'esqueceu-se' de incluir os nomes dos autores originais no selo do disco, irregularidade que só foi corrigida mais tarde por decisão judicial".⁶⁶ Foi com "O teu cabelo não nega" que Lamartine Babo abrasileirou a marchinha, livrando-a da influência inicial do *charleston* e do *foxtrot*, inaugurando a fase de ouro do gênero na Música Popular Brasileira.

"É em 1930 que tem lugar o primeiro concurso de músicas carnavalescas, promovido pela Casa Edison", como salientou Claudia Matos, observando que tal fato era "sinal de uma tendência progressiva à institucionalização dos festejos momescos",[67] o que era de fato inevitável, se for considerada a importância que o carnaval vinha assumindo no cenário carioca, seja no âmbito social, econômico ou político. Entretanto, na mesma ocasião, 1930, a revista *O Cruzeiro* em conjunto com a gravadora Columbia também realizava um concurso idêntico ao da Casa Edison, podendo até ter sido o primeiro.* Matos nota, a propósito do samba,** que o gênero "adquire novos atributos aos olhos das classes mais abastadas e daqueles que detêm poder político, pois passa a constituir mercadoria de peso, enriquecendo as gravadoras, os canais de comunicação etc.". É importante ressaltar que, se a música popular era rentável para as gravadoras, emissoras de rádio, editores de música, mercado cinematográfico, arrecadadoras de direito autoral, imprensa, cassinos, clubes e demais casas de espetáculo, e todo o amplo complexo de entretenimento em cujo meio circulava e movimentava — e, sem dúvida, estava sujeita a múltiplos interesses, inclusive políticos, que estavam longe de serem chamados de altruístas —, também é certo que se tornou igualmente meio de renda para a classe artística (ainda que os dois lados da balança fossem bastante desiguais), que ganhou em popularidade e valorização da carreira, dispondo de meios tecnológicos de massa para divulgar seu trabalho. É bem verdade que havia um imenso desafio para a categoria, que precisaria cada vez mais se organizar na luta

---

*Segundo consta no volume 2 da *Discografia brasileira 78 rpm: 1902-1964*, de Alcino Santos, Gracio Barbalho, Jairo Severiano e M. A. de Azevedo (Nirez), p. 287, "Macumba de Mangueira", de Almirante, "Eu sou do amor", de Ary Barroso, e "Bota feijão no fogo", de Lamartine, obtiveram respectivamente o terceiro, o segundo e o primeiro lugar no concurso de músicas de carnaval promovido pela revista *O Cruzeiro* em parceria com a gravadora Columbia. A gravação das três músicas vencedoras, pela Columbia, aconteceu em março de 1930.
**Claudia Matos se refere principalmente ao samba denominado por ela de "samba malandro", com sua "forma musical originalmente proletária, negra ou mestiça", que, para a autora, "começa desde os anos 20 a 'descer o morro' e vai encontrando um lugar para si no palco sociocultural" (Claudia Matos, *Acertei no milhar: samba e malandragem no tempo de Getúlio*, p. 88).

para fazer valer os seus direitos em todas essas frentes de trabalho e diante de fortes interesses econômicos em jogo.

No carnaval brasileiro, a marchinha e o samba dividiram a preferência do público durante as décadas seguintes. Até o surgimento desses dois gêneros, o carnaval brasileiro dividia sua trilha sonora entre ritmos estrangeiros (polca, valsa, tango, mazurca, *schotishes*, *charleston* e *fox-trot*) e nacionais (maxixe, moda, marcha, cateretê e desafio sertanejo). Segundo Hermano Vianna, "nenhum desses estilos musicais, apesar de suas modas passageiras, parecia ter fôlego suficiente para conquistar a hegemonia no gosto popular da época". Ainda sobre Braguinha e Lamartine,* tanto um quanto o outro, apesar de compositores de grandes sucessos carnavalescos, não se limitaram a essa frente de trabalho. Braguinha também atuou no mercado fonográfico, cinema e em entidades de direitos autorais, onde trabalhou igualmente Lamartine, que se tornou também um grande radialista — *Trem de Alegria*, programa de sucesso do compositor, em seus 15 anos de existência, passou pelas rádios Mayrink Veiga, Globo, Tupi, Clube do Brasil e Mundial. Em meados dos anos 1930, Haroldo Lobo surge como "um dos nossos maiores compositores carnavalescos, capaz de transformar motivos paupérrimos — o calor do Saara, o cotidiano da mulher do leiteiro ou o retrato do presidente — em bem-sucedidas marchinhas", como destaca Jairo Severiano.[68] São elas, respectivamente, "Alá-la-ô", em parceria com Nássara (1941), "A mulher do leiteiro", com Milton de Oliveira (1942), e "Retrato do velho", com Marino Pinto (1951). Haroldo Lobo vai completar, com Lamartine e Braguinha, a "Santíssima Trindade da Marcha Carnavalesca, que tinha ainda muitos santos, mas esses eram deuses do gênero", como afirmou Sérgio Cabral, comentando a qualidade e a permanência da obra do compositor menos famoso do trio.**

---

*Lamartine Babo compôs os hinos dos clubes de futebol cariocas, razão pela qual são todos em ritmo de marchinha.
**Sérgio Cabral fez o referido comentário no programa *Arquivo N*, da Globo News, dedicado às "marchinhas de carnaval que fizeram história no Rio de Janeiro" e levado ao ar às 23h no dia 3/2/2010. Disponível em: http://globonews.globo.com/Jornalismo/GN/0,MUL1474258-17665-303,00.html.

Já nos anos seguintes ao êxito de "Pelo telefone", outros sambas fizeram muito sucesso — "Quem são eles"* (1918), de Sinhô; "Já te digo" (1919), de Pixinguinha e China; "Fala meu louro" (1920), de Sinhô; além das marchinhas "Pé de anjo" (1920), de Sinhô; "Ai amor" (1921), de Freire Júnior; "Eu só quero é beliscá" (1922), de Eduardo Souto —, mostrando que a canção carnavalesca estava definitivamente incorporada à música popular. Até o aparecimento de "Pelo telefone" não havia o costume de se compor para a festa de Momo. No final da década de 1930, a música de carnaval já representaria 40% das gravações realizadas. Os compositores aderiram ao gênero e o povo passou a cantar nos bailes de carnaval, ocasião em que, até então, apenas se dançava.

Dorival Caymmi, de uma geração bem posterior, comentou a diferença entre o samba carioca e o baiano, em entrevista ao crítico e jornalista Tárik de Souza:

> Nos contatos com a vida musical do povo baiano, nos festejos, consegui tirar, por instinto, uma fórmula pessoal em torno do samba de rua. Esse tipo corridinho, mexidinho, de "quando você se requebrar caia por cima de mim", sabe? Aquele jogo de palavras com música, uma maneira muito local, condicionada naquele ambiente negro, mestiçado, do azeite de dendê, das festas da Conceição da Praia, da Ribeira. Isso aliado à voz do povo, sem alto-falante, aquele tipo de som puro, solto, era uma música em bruto. Já o samba carioca tem uma forma especial, uma malícia de ritmo que obedece a um sincopado que nada tem a ver com o remelexo do samba baiano.[69]

Ainda rapazinho, na Bahia dos anos 1920 e início dos anos 1930, Caymmi já participava da vida cultural do período, que tinha no Rio de Janeiro, a capital do país, o seu centro irradiador. Ele e amigos da sua geração eram ávidos ouvintes de programas gerados na capital e que chegavam aos receptores baianos de rádio. "Tatu subiu no pau",

---

*"Quem são eles" é a primeira música de Sinhô editada e gravada.

de Eduardo Souto, classificada por Jairo Severiano como samba à moda paulista, sucesso de 1923, foi a música com que o baiano começou a aprender a tocar violão por conta própria:

> Dorival aprendeu a tocar violão sozinho. Seu pai tinha um violão e um bandolim napolitano, cheio de fitas, que ficava exposto na sala de visita. Durval tinha ciúme de seu violão, que encomendara por 18 mil-réis à loja Guitarra de Prata, no Rio de Janeiro. O que ele não desconfiava é que o filho costumava pegá-lo escondido. Até que um dia seu pai o flagrou tentando tocar o samba "Tatu Subiu no Pau", sucesso de Eduardo Souto, de 1923, já mostrando inclinação por temas folclóricos. "Eu botei o dedo assim e fui passando para lá e para cá e harmonizou: 'Tatu subiu no pau, é mentira de mecê/ tatu subiu no pau, é mentira de mecê/ lagarto ou lagartixa isso sim que pode sê.' Quando eu estava no violão proibido de papai, ele me pegou de surpresa: 'Quem mandou você pegar o violão? Aliás, você está tocando errado, você tá tirando pitada, não está tocando violão. Não é pra isso. E aqui você não está completando o tom. Você precisa botar esse dedo, porque você tá botando só em cima, nas duas cordas para completar o tom. Aqui é o dó maior, você bota o dedo aqui.' Quando ele acabou de dar essa lição, por instinto, eu já estava dominando o dó maior. Aí foi 'Tatu Subiu no Pau' completo" — relata Dorival risonho.[70]

A primeira geração de sambistas, além do próprio Donga, era formada também por Pixinguinha, José Luís de Morais (o Caninha), Luís Nunes Sampaio (o Careca) e Sinhô, a figura de proa da geração, que sistematizou o samba e alcançou maior popularidade. Na década de 1920, destacam-se ainda os compositores que brilhavam também em outros gêneros: Pedro de Sá Pereira, Zequinha de Abreu, Américo Jacomino (Canhoto), Marcelo Tupinambá, Hekel Tavares e Pixinguinha.

Pixinguinha, a propósito, comentou sobre a diferença de status entre o samba e o choro, nos anos iniciais do primeiro: "O choro tinha mais prestígio naquele tempo. O samba, você sabe, era mais cantado nos terreiros, pelas pessoas humildes. Se havia uma festa, o choro era tocado na sala de visitas, e o samba, só no quintal, para os empregados".[71] A razão pode estar no fato de que, apesar de ambos os gêneros terem sido cultivados por músicos negros e mestiços, não gozavam inicialmente da mesma aceitação por parte da classe média branca, o que não significa que houvesse conflito; pelo contrário, eles coexistiam. Claudia Matos oferece uma explicação para o fenômeno: "O samba se constrói, sobretudo no início de sua história, sobre uma estrutura rítmica bem simples, possibilitando a participação de todos os presentes, pelo menos no bater de palmas. O choro, desde o seu aparecimento, exige e exibe alta sofisticação musical na execução."[72]

Os grandes cantores do período são Francisco Alves — só em 1928, gravou 141 fonogramas — e Vicente Celestino. Fizeram sucesso também Baiano (o mesmo que gravou "Pelo telefone"), Fernando Albuquerque (constava nos seus discos apenas como Fernando), Patrício Teixeira, Pedro Celestino (irmão de Vicente Celestino), Paraguaçu, além de Mario Reis e Gastão Formenti, que apareceram no final dos anos 1920. No time das cantoras, a de maior projeção no período é Aracy Cortes (Zilda de Carvalho Espíndola), que brilhava nos teatros de revista — fonte de muitas músicas de sucesso e localizados, em sua maioria, na praça Tiradentes, no Centro do Rio. Para Jairo Severiano e Zuza Homem de Mello, a projeção de Aracy Cortes se deve ao fato de ela ser:

> Possuidora de voz aguda, cheia de musicalidade, mas de extensão reduzida, Araci sabia tirar partido de sua sensualidade e encanto pessoal para reinar no palco (principalmente) e no disco, chegando a influenciar cantoras da geração que se seguiu, como Carmen Miranda e Odete Amaral.[73]

A propósito, o teatro de revista foi outra importante fonte de renovação da Música Popular Brasileira. Originário da França, no início do século XIX, o teatro de revista, costumeiramente encenado no final do ano, enfocava os principais acontecimentos ocorridos no período. Esse gênero teatral chegou ao Brasil em 1859, mas, excetuando-se a peça de estreia (*As surpresas do Sr. José Piedade*, de Justino de Figueiredo Novaes),* só voltou a ser encenado a partir de 1875, quando as peças O *mandarim* (1884) e *Cocota* (1885), de Artur Azevedo e Moreira Sampaio, alcançaram grande sucesso e os autores se tornaram *experts* no gênero. *Cocota* trouxe ainda o lundu "Araúna" ou "Chô Araúna", de autor desconhecido, que se popularizou enormemente. A cançoneta, "gênero leve e espirituoso"[74] que chegou ao Brasil vindo igualmente da França em 1860, foi abrasileirada e adaptada às revistas, tornando-se o gênero musical dominante desse gênero teatral até o surgimento da marchinha. No período de 1912 a 1920, eram encenadas 100 a 120 revistas por ano. Conforme José Ramos Tinhorão, "enquanto não entraram em ação os compositores da geração voltada para a produção de consumo, e por isso logo absorvidos pelo disco e pelo rádio [...], muitas músicas continuaram a sair dos palcos da praça Tiradentes para o sucesso popular".[75] No final dos anos 1920, o teatro de revista conheceu o seu auge. Jairo Severiano explica:

> A grande fase do teatro de revista brasileiro viveu os seus momentos mais altos nesse final dos anos 20, quando alcançou um equilíbrio perfeito entre a graça das cortinas cômicas e a exuberância dos quadros musicais. Concorreu para isso a conjunção de três fatores, que seriam a atuação de bons cômicos interpretando textos realmente espirituosos, a atração exercida sobre o público por um grupo de belas e sensuais atrizes — Aracy Cortes, Margarida Max, Antônia Denegri, Lia Binatti e Otília Amorim — e o aproveitamento maciço do que havia de melhor na música popular. [...] além de ter a seu serviço compositores como Sinhô (o mais requisitado), Eduardo Souto, Pixinguinha, Donga, Freire Júnior, José Francisco Freitas, Henrique Vogeler e os novatos Lamartine Babo e Ary Barroso, maestros-arranjadores como Pedro de Sá Pereira, Antônio Lago, Assis Pacheco, José Nunes, Bernardino

---

*O título e o autor da primeira revista, disponível em: http://www.dicionariompb.com.br/verbete.asp?nome=Teatro+de+Revista&tabela.

Vivas e os estrangeiros Julio Cristóbal e Antonio Rada, a fina flor dos instrumentistas e cantores do porte de Vicente Celestino e Francisco Alves, o nosso teatro musicado ainda absorvia a maior parte das canções, tendo lançado, ou aproveitado, futuros clássicos como "Jura", "Gosto que me enrosco", "Não quero saber mais dela", "A favela vai abaixo", "Amar a uma só mulher" e "Sabiá" (de Sinhô), "No morro" ("Boneca de piche"), "Vamos deixar de intimidade" e "Vou à Penha" (de Ary Barroso), "Linda flor" (de Henrique Vogeler, Luís Peixoto e Marques Porto), "Gavião calçudo" (de Pixinguinha) e "Casa de caboclo" (de Hekel Tavares e Luís Peixoto).[76]

Além da marchinha, outro tipo de canção carnavalesca surgiu na década de 1930 — a chamada marcha-rancho. Caracterizada "por melodias singelas, nostálgicas, sentimentais, executadas em andamento lento, esse gênero inspirou-se no lirismo sereno dos desfiles dos ranchos cariocas",[77] dos quais retirou o seu nome. O rancho, originariamente ligado à tradição folclórica natalina da Bahia, consistia na reunião de um grupo composto por pastores, pastoras, mestres-salas, porta-bandeiras, que "trajando vistosas vestimentas percorre um determinado trajeto em direção a um presépio, objeto de sua homenagem".[78] Esse grupo, acompanhado de uma pequena orquestra, dançava e cantava músicas compostas para a ocasião e pedia dinheiro aos moradores das casas por onde passava.

Voltando ao samba, foi somente em 1929, com os professores do Estácio, os sambistas do bairro que fundaram a Deixa Falar, considerada a primeira escola de samba, que o gênero conseguiu sua autonomia completa, livre da influência do maxixe. Eram chamados "Os Bambas do Estácio", como também ficaram conhecidos Ismael Silva, Nilton Bastos, Rubem Barcelos, Bide (Alcebíades Barcelos) — os dois últimos eram irmãos —, Edgar Marcelino dos Passos (ou dos Santos), Aurélio Gomes, Brancura (Sílvio Fernandes), Baiaco (Osvaldo Vasques), entre outros. A propósito, a denominação "escola" se deve ao fato de os sambistas do Estácio serem tidos como verdadeiros professores do samba. Jairo Severiano acrescenta que o título também se deve ao fato de — além da vaidade dos compositores, que já eram profissionais e se consideravam melhores que seus rivais, autodenominando-se professores — viverem próximos à Escola Normal e serem de fato "criadores de um novo samba".[79] Sérgio Cabral afirma que "Deixa Falar, a primeira escola de samba, nunca foi escola de samba. Foi, na verdade, um bloco carnavalesco".[80] Bloco ou escola de samba, o mais importante é que *os bambas* do Estácio buscaram (e "encontraram") um samba que oferecesse uma

> [...] síncopa carnavalesca aos foliões que desejassem andar enquanto brincavam o carnaval. Foi o que perceberam os jovens sambistas do Estácio, interessados na criação de um bloco carnavalesco que sairia pela cidade cantando as suas músicas, ao qual dariam o nome de Deixa Falar. "A gente precisava de um samba para movimentar os braços para a frente e para trás durante o desfile", disse-me o compositor Ismael Silva, um dos jovens compositores daquela geração do Estácio de Sá.[81]

Muitos dos elementos dos antigos ranchos foram incorporados às escolas de samba, como a "comissão de frente, as alegorias de mão, os carros alegóricos, os mestres-salas, as portas-bandeiras e o uso dos enredos temáticos".[82] Interessante notar que pesquisadores, críticos e comentaristas de desfiles de escolas de samba, já há alguns anos, reclamam que seus compositores estão deixando de compor sambas para os sambas-enredos e compondo marchas. Não seria uma volta às origens? Fred Góes* discorda. Para o pesquisador e especialista em carnaval, o aceleramento do samba-enredo atual o aproxima mais da maratona olímpica do que da marcha dos antigos ranchos carnavalescos, caracterizada pela dolência. O fato é que muitos justificam que, para ajudar a evolução da escola na avenida, foi preciso compor em andamento menos sacudido. Caymmi era um dos que costumavam reclamar da mudança do andamento nos sambas-enredos atuais. Tinhorão descreve que no primeiro desfile da Deixa Falar, em 1929,

---

*Fred Góes fez esse comentário, em 12 de abril de 2010, como membro da banca de defesa da tese de doutorado *O que é que a baiana tem? — Caymmi na Era do Rádio*, da autora, com orientação de Júlio Cesar Valladão Diniz, pelo Departamento de Letras da PUC-Rio.

a escola teve seu "caminho aberto por uma comissão de frente que montava cavalos cedidos pela polícia militar e tocava clarins".[83]

Retornando aos bambas, o "novo samba" diferenciava-se do antigo, como depois definiu maravilhosamente Babaú, veterano compositor da escola de samba da Mangueira, como "samba de sambar".[84] O fato é que o samba dos professores do Estácio fez um estrondoso sucesso e invadiu avassaladoramente o mundo do disco e do rádio. Quem avalia é Jairo Severiano:

> [...] por toda a década de 1930, nossas gravadoras registraram em disco 6.706 composições, das quais 2.176 eram sambas. Esta cifra — correspondente a 32,45% do repertório gravado — mostra que [...] o samba conquistou muito rapidamente a preferência do povo brasileiro.[85]

Além da decisiva contribuição da turma do Estácio, é preciso mencionar a importância de Noel Rosa no desenvolvimento da Música Popular Brasileira. Morto prematuramente em 1937, ao longo de sua curta atividade profissional de apenas sete anos, Noel compôs mais de 250 músicas — 60% delas são sambas, cujas letras modernizaram o modo de escrever canções, muito próximas da fala popular. Para Francisco Bosco:

> Noel fez uma pequena revolução formal na canção popular: deu à letra uma elaboração criativa sem precedentes, valendo-se, entretanto, do coloquialismo e da oralidade (diversamente dos compositores "pseudo-eruditos", como um Catulo da Paixão Cearense, que também intentavam elevar o valor poético das letras, mas através de uma pomposidade artificiosa), abriu a linguagem da canção aos mais diversos discursos de seu tempo (o cinema, o rádio, a publicidade), foi um virtuose da sintaxe e das rimas, utilizava palavras estrangeiras, gírias e mesmo uma terminologia científica para fins de aproveitamento cômico — em suma, Noel expandiu as possibilidades formais da canção, sobretudo da letra, a limites então impensáveis.[86]

É importante, porém, não valorizá-lo somente por suas letras, pois ele era igualmente brilhante como melodista. De acordo com o pesquisador de música Júlio Diniz, Noel é um dos "inventores" da Música Popular Brasileira. Jairo Severiano comenta a genialidade do "Poeta da Vila":

> Sem nunca ter pretendido mostrar-se como modernista, Noel adotava em sua poética elementos que o identificavam com o movimento de 1922, como o *nonsense* ("E o meu titio/ faz vergonha a todo instante/ foi ao circo com fastio/ e engoliu o elefante...", da marcha "Prato fundo", com João de Barro), o verso livre de métrica irregular ("O maior castigo que eu te dou/ é não te bater/ pois sei que gostas de apanhar...", do samba "O maior castigo que eu te dou"), a paródia (a opereta radiofônica *O barbeiro de Niterói*, paródia de *O barbeiro de Sevilha*, de Rossini) e o poema-piada ("Mu... mu... mulher/ em mim fi... fizeste um estrago/ eu de nervoso/ esto... tou fi... ficando gago...", do samba "Gago apaixonado").
>
> Outro procedimento que o distingue dos letristas do seu tempo (à exceção de Lamartine Babo) é a frequente utilização de rimas ricas, extravagantes, inesperadas, como as que misturam palavras portuguesas e estrangeiras ("você-soirée", do samba "Dama do cabaré"). Todas essas características são desenvolvidas num estilo enxuto, realista, de grande poder de síntese, que valoriza a língua do povo e despreza exageros românticos, jamais mitificando o amor ou a mulher.[87]

Com o samba e a marchinha devidamente consolidados e dividindo em importância a preferência do público, da programação das emissoras de rádio e das gravadoras, surgiu a primeira geração de artistas — que Jairo Severiano chama de "Geração de 30" — a brilhar na Era do Rádio (ou, para outros pesquisadores, na Época de Ouro). Entre os destaques desta geração encontram-se Ary Barroso, Noel Rosa, Lamartine Babo e Braguinha, além da Turma do Estácio (Ismael Silva, Nilton Bastos e Bide), entre os compositores;* Mario Reis, Carmen

---

*Outros compositores que se destacaram no período: Cartola, Armando Marçal, Joubert de Carvalho, Custódio Mesquita, André Filho, Alberto Ribeiro — parceiro de Braguinha em 85 músicas —, Antônio Nássara, Osvaldo Santiago, Valfrido Silva, Gadé (Osvaldo Chaves Ribeiro), Eratóstenes Frazão. Igualmente os letristas Orestes Barbosa e Cândido das Neves.

Miranda, Sylvio Caldas, no naipe dos cantores;* Radamés Gnattali, Gaó (Odmar Amaral Gurgel), entre os maestros e músicos; Nonô (Romualdo Peixoto) e Carolina Cardoso de Menezes, na categoria pianistas populares; Benedito Lacerda — líder do conjunto regional mais famoso do período e grande flautista — e Dante Santoro nos instrumentos de sopro.** No campo de cordas dedilhadas, brilha o multi-instrumentista Garoto (Aníbal Augusto Sardinha) e, da mesma forma, Zé Carioca (José do Patrocínio de Oliveira) e Aimoré (José Alves da Silva), os violonistas Meira (Jaime Florence) e Rogério Guimarães, além de Luperce Miranda, chorão, exímio bandolinista e compositor.

Dois outros músicos em evidência nesta fase foram o acordeonista Antenógenes Silva*** e o baterista Luciano Perrone. Três outros, surgidos em fins de 1932, se juntam ao grupo de compositores:**** Herivelto Martins, Wilson Batista e Assis Valente. Artistas vindos do período anterior se uniram à Geração de 30, sobressaindo nessa leva os cantores

---

*Entre os cantores de destaque: Almirante, Gastão Formenti, Augusto Calheiros, Aurora Miranda, Marília Batista, Stefana de Macedo, Jesy Barbosa, Alda Verona (Celeste Coelho Brandão), Elisa Coelho, João Petra de Barros, Luiz Barbosa, Carlos Galhardo, Arnaldo Pescuma, Jorge Fernandes, Castro Barbosa, Jonjoca (João de Freitas Ferreira), Moreira da Silva — fixador do samba-de-breque —, Joel e Gaúcho (dupla formada pelo cantor Joel de Almeida e pelo cantor e violonista Francisco de Paula Brandão Rangel), o Bando da Lua, conjunto vocal pioneiro da MPB.
**Entre os instrumentistas de sopro em evidência nessa fase estão ainda Luís Americano, Ratinho (Severino Rangel) — também humorista e integrante da dupla com Jararaca (José Luis Calazans) — e Bonfiglio de Oliveira. Ao violão, Rogério Guimarães.
***A cantora Stella Maris (Adelaide Tostes Caymmi ou, como se tornou mais conhecida, Stella Caymmi), antes de se casar com Dorival Caymmi e abandonar a carreira, gravou, em 15 de maio de 1939, um solo no disco de Antenógenes Silva, que alcançou em sua época fama internacional. A valsa chamava-se "Saudade profunda". É o único registro da cantora em disco no período — Stella Maris só foi voltar a gravar no disco *Caymmi visita Tom*, em 1964, "Canção da noiva", de Dorival Caymmi, acompanhada ao violão por seu filho Dori.
****Outros compositores que surgiram na década de 1930: Vadico (Osvaldo Gogliano) — principal parceiro de Noel Rosa —, Alcyr Pires Vermelho, a dupla J. Cascata (Álvaro Nunes) e Leonel Azevedo — que muito compuseram para Orlando Silva —, Mário Lago (também ator e escritor), Marino Pinto, Bororó (Alberto de Castro Simoens da Silva), Geraldo Pereira, José Maria de Abreu, Roberto Roberti, Arlindo Marques Júnior, Cristóvão de Alencar, Pedro Caetano, Zé da Zilda (José Gonçalves), Sinval Silva, Sivan Castelo Neto (Ulisses Lelot Filho), Evaldo Rui, Antônio Almeida (parceiro de Dorival Caymmi em "Tem dó", com Alberto Ribeiro e Braguinha, em "Doralice" e "O que é que eu dou"), Newton Teixeira, Hervê Cordovil, Peterpan (José Fernandes de Paula), Dunga (Valdemar de Abreu). E ainda os letristas David Nasser, Mario Rossi e Jorge Faraj.

Francisco Alves, Vicente Celestino, Patrício Teixeira, Aracy Cortes e Paraguaçu, os instrumentistas Pixinguinha, Bonfliglio de Oliveira, Josué de Barros, Donga, Nelson Alves, Tute (Artur de Souza Nascimento) e João da Baiana (João Machado Guedes), os compositores Zequinha de Abreu, Hekel Tavares, Cândido das Neves, Heitor dos Prazeres e os letristas Luiz Peixoto* e Olegário Mariano. Ao final da década, em 1938, surge Dorival Caymmi, recém-chegado da Bahia, cuja participação no contexto da época será abordada no próximo capítulo.

O primeiro da Geração de 30 a se destacar foi Mario Reis. O cantor muito se beneficiou com a novidade da gravação eletromagnética, que podia captar com qualidade, através dos microfones e alto-falantes, vozes de menor extensão, em detrimento da gravação mecânica. Até então, predominava o chamado "vozeirão", tenores e barítonos de voz empostada como Vicente Celestino e Francisco Alves. De modo geral, os pesquisadores de Música Popular Brasileira concordam com Jairo Severiano e Zuza Homem de Mello quando afirmam que "Mário criou um estilo coloquial para a interpretação da música popular, rompendo com a tradição do bel-canto italiano, que imperava até então. Com isso, simplificou nossa maneira de cantar, que se tornou mais natural, mais espontânea".[88] Luís Antônio Giron, biógrafo de Mario Reis, afirmou que o cantor — oriundo do *high society* carioca — "introduzira o samba ao madamismo da República",[89] querendo dizer que ele foi o responsável pela popularização do gênero entre os membros da classe abastada do período. Não é provável que ele tenha sido exatamente o (único) responsável por isso — essas análises não são de fácil comprovação, valendo mais como hipóteses —, mas, certamente, Mario Reis contribuiu muito para a penetração do samba nos ambientes mais refinados do *grand monde* carioca.

Ary Barroso, por sua vez, é um dos grandes compositores da Música Popular Brasileira que surgiu no século XX. É o autor de "Aquarela do Brasil", que rivaliza com o Hino Nacional e, muitas vezes, sai ganhando

---

*Duas curiosidades: Luiz Peixoto casou-se com uma prima de Dorival Caymmi; Heitor dos Prazeres dividiu uma tela de pintura com o compositor de "O que é que a baiana tem?".

na preferência quando se quer exaltar o Brasil musicalmente. Tal fato só é comparável, respeitando as devidas proporções, à "Cidade Maravilhosa", marchinha de André Filho, sucesso na voz de Aurora Miranda (irmã de Carmen) em 1934 e que se tornou o hino oficial da cidade Rio de Janeiro. Só na década de 1930, Barroso produziu clássicos da Música Popular Brasileira como "No rancho fundo" (em parceria com Lamartine Babo), "Malandro sofredor", "Faceira", "Na batucada da vida" (em parceria com Luiz Peixoto), "Tu",* "Inquietação", "Boneca de piche", "Na Baixa do Sapateiro", "Camisa amarela", "No tabuleiro da baiana", além de "Aquarela do Brasil", que, a propósito, inaugurou o "gênero" samba-exaltação, uma denominação especial para sambas grandiloquentes e musicalmente requintados que enaltecem o país ou, como resume Jairo Severiano, que fazem "uma declaração de amor ao Brasil".[90] "Aquarela do Brasil", "a obra mais representativa da grande fase da sua carreira (1938-1943)",[91] fez um percurso extraordinário, tornando-se famosa também no exterior, quando, em 1943, foi incluída na trilha sonora do filme *Alô amigos*, de Walt Disney e, no mesmo ano, gravada nos Estados Unidos, por Xavier Cugat, alcançou a impressionante marca de um milhão de execuções naquele país.** Múltiplo e extremamente talentoso, Ary Barroso, além de compositor e pianista, foi um dos mais bem-sucedidos radialistas do país, atuando como locutor esportivo e apresentador de programa de calouros.***

Apesar do êxito indiscutível do samba, que se tornou ao longo do tempo o gênero — e seus subgêneros**** — mais importante da

---

*"Tu" era uma das músicas de Ary Barroso preferidas de Caymmi, que a gravou duas vezes: uma no LP *Ary Caymmi Dorival Barroso: um interpreta o outro*, que dividiu com o compositor mineiro em 1958, pela Odeon; a outra para o volume 3 da coleção de CDs "Songbook Ary Barroso", da gravadora Lumiar Discos, gravado entre junho e dezembro de 1994.
**"Aquarela do Brasil", que nos Estados Unidos recebeu o título "Brazil", teve sua versão para a língua inglesa assinada por S.K. Russell.
***Além de Noel Rosa, Mario Reis (cantor) e Ary Barroso, já mencionados, Ataulfo Alves e Roberto Martins são compositores de relevo que surgem em meados da década de 1930.
****Segundo Claudia Matos, foi no início dos anos 1930 que "o samba acentuou sua diversificação, criando-se várias modalidades de melodia, ritmo e poética", com a temática lírico-amorosa entrando na pauta também dos sambistas (Claudia Matos, *Acertei no milhar: samba e malandragem no tempo de Getúlio*, p. 44).

Música Popular Brasileira, ele sofreu toda espécie de preconceitos, inclusive da imprensa. Um exemplo dado por Sérgio Cabral foi o ataque ao samba de morro feito, em março de 1935, por Almeida Azevedo, publicado na *A Voz do Rádio*, revista especializada da época: "O horrível samba de morro, que à força de ser maltratado, seviciado, anda por aí desamparado, sem juiz de menores que olhe por ele, sem polícia de costumes que o proteja, maltrapilho, sujo, malcheiroso."[92]

Os compositores tentaram reagir e o fizeram também através da música, mas, mesmo antes da existência do DIP (Departamento de Imprensa e Propaganda), a censura se fazia sentir através da polícia, que "se encarregava, por conta própria, de vetar músicas".[93] Como exemplo temos o samba "Liberdade", de Ismael Silva e Francisco Alves, cantado pelo próprio Alves, que foi vetado pelo uso do refrão do Hino da Proclamação da República na introdução da música e pelo fato de, ao seu final, o cantor ainda repetir como breque "independência ou morte", famoso brado de D. Pedro I. A censura também não facilitou com "Se o morro não descer", de Herivelto Martins e Dalva de Oliveira, no carnaval de 1936, cuja letra registra a insatisfação da classe:

> Se a turma do morro
> Fizer greve e não descer,
> A cidade vai ficar triste,
> Carnaval vai morrer.[94]

Mas não era só o samba de morro que era combatido. O rádio também sofria duras críticas. Uma delas aconteceu em 1937 na revista *Som* (órgão da Sociedade de Cultura Musical do Rio Grande do Norte), quando Luís da Câmara Cascudo, respeitado folclorista brasileiro, escreveu um artigo em que atacava pesadamente o rádio:

> Aqueles que esperavam ter no Rádio um elemento educador estão se desiludindo. As estações emissoras brasileiras, com exceções raras, cumprem um programa de perfeita banalização musical, irradiando, com lamentável insistência, sambas e sambas, sambas e sambas. [...] O samba tem a sua função e sua beleza segura. Mas, sem auxílio do espírito, e com as finalidades meramente "emissoras", sem direção, sem escolha de linguagem e de moral, o Rádio está, como o esporte, deseducando e preparando uma dúzia de futuros "gozadores".[95]

Entretanto, as primeiras décadas do século XX assistiram à ascensão social do samba sem que, segundo Hermano Vianna, ninguém tenha dado uma explicação satisfatória para o que o autor descreve como "o grande mistério do samba", isto é, a passagem de ritmo maldito, perseguido e restrito a certas camadas populares para a sua transformação em gênero oficial do Brasil, fenômeno sobre o qual ele se debruçou em seu livro O *mistério do samba*:

> Hoje, em praticamente todas as tentativas de se escrever a história do samba, é reproduzida uma mesma narrativa de descontinuidade, como se os sambistas tivessem passado por dois momentos distintos em sua relação com a elite social brasileira e com a sociedade brasileira de forma geral. Num primeiro momento, o samba teria sido reprimido e enclausurado nos morros cariocas e nas "camadas populares". Num segundo momento, os sambistas, conquistando o carnaval e as rádios, passariam a simbolizar a cultura brasileira em sua totalidade, mantendo relações intensas com a maior parte dos segmentos sociais do Brasil e formando uma nova imagem do país "para estrangeiro (e para brasileiro) ver". Aí está o grande mistério da história do samba: nenhum autor tenta explicar como se deu essa passagem [...].[96]

Carnaval e *musical carnavalesco*

Em 1935, a prefeitura do Rio de Janeiro — através de Pedro Ernesto, prefeito na época — oficializou o desfile das escolas de samba, que era realizado desde 1932 na praça Onze, no centro da cidade.* Chamou a atenção da então prefeitura do Distrito Federal (PDF) o expressivo aumento do público que comparecia ao desfile. A partir daquele ano, a PDF resolveu apoiar o evento, quando já apoiava outros dois desfiles no carnaval carioca: o das grandes sociedades e o dos ranchos. As chamadas grandes sociedades, depois denominadas grandes clubes carnavalescos, remontam à segunda metade do século XIX:

> Foi em 1855 que se iniciou o carnaval das grandes sociedades, novidade anunciada em 14 de janeiro daquele ano pelo jornal *Correio Mercantil* — em crônica assinada pelo romancista José de Alencar. Constituídas por um grupo de oitenta foliões dos mais diferentes ramos de atividades, as grandes sociedades prometiam promover, no domingo de carnaval, sua grande promenade pelas principais ruas do centro da cidade do Rio de Janeiro.
> A riqueza e o luxo dos trajes, a música, as flores e o aspecto original do grupo tornaram interessante o desfile de máscara.[97]

Os clubes mais antigos são o Zuavos Carnavalescos (denominado, em 1904, Tenentes do Diabo), o Democráticos Carnavalescos (mais tarde, Clube dos Democráticos),** o Clube dos Fenianos e o Pierrôs da Caverna. O desfile consistia, sobretudo, na apresentação de carros alegóricos com os chamados "pufes", "descrições literárias em versos, com os quais as grandes sociedades procuravam exaltar seus méritos, criticar os adversários e descrever os carros alegóricos".[98] Os Ranchos Carnavalescos, como já se disse, surgiram no final do século XIX, oriundos das camadas mais pobres e negras da população. No princípio, seus desfiles se desenvolviam com elementos bem próximos do

---

*O jornal *Mundo Esportivo* foi quem promoveu o primeiro desfile das escolas de samba no Rio de Janeiro, no carnaval de 1932. A agremiação vencedora foi a Deixa Falar, cujo enredo foi a Revolução de 30. Mário Filho (Mário Rodrigues Filho), dono e diretor do jornal, foi quem teve a ideia do concurso. É atribuída também a Mário Filho — que mais tarde deu nome ao estádio do Maracanã — a criação da crônica esportiva moderna no Brasil, além de ter escrito vários livros sobre o futebol brasileiro.
**O Clube dos Democráticos foi o primeiro a ter um carro alegórico no carnaval.

folclore nordestino, principalmente baiano.* Em 1908, surge o rancho Ameno Resedá, que alterou o desfile dos ranchos. Hiram Araújo cita Jota Efegê: "Libertando-se dos moldes afro-religiosos, seus dirigentes procuraram um tema, deram-lhe uma concepção alegórico-musical e fizeram-no desfilar exibindo sua ambiência e revivendo seus personagens." Havia também os cordões, que eram uma maneira de o carioca brincar o carnaval em grupo. De acordo com Sérgio Cabral, "cordão era o nome genérico de vários tipos de agrupamentos e tanto podiam [sic] reunir carnavalescos dos bairros mais elegantes quanto escravos".[99] Nos anos 1920 e 1930, as sociedades e ranchos foram as grandes atrações do carnaval carioca. Os desfiles ocorriam na avenida Rio Branco. Essas agremiações entrariam em declínio na década de 1940. Tinha chegado a vez das escolas de samba. É preciso lembrar que o carnaval foi beneficiado pela

> [...] onda de liberalização de costumes que se espalhou pelo mundo após a Primeira Grande Guerra e que no Brasil tornou o carnaval mais democrático, atenuando as barreiras entre ricos, remediados e pobres, frequentadores, respectivamente, do corso, das batalhas de confete e dos desfiles de blocos.[100]

No carnaval, os corsos provocavam a animada adesão das pessoas. Em Salvador, por exemplo, eles eram uma espécie de precursores dos trios elétricos que surgiriam tempos depois. Sobre esta festa a irmã de Caymmi, Dinahir, descreve para a biografia do compositor sua experiência no carnaval da Bahia dos anos 1930:

> Algumas famílias, quando tinham dinheiro, alugavam bondes para enfeitar, que saíam com as moças dançando. Tinha aqueles corsos de automóvel, passando na rua, com carro aberto, capotas arriadas. Nós jogávamos confete e serpentina neles. Era muito bom.[101]

---

*O baiano Hilário Jovino Ferreira, tenente da Guarda Nacional (extinta em 1910), é considerado pelos pesquisadores o idealizador dos ranchos carnavalescos no Rio de Janeiro. Mas ele próprio, em entrevista, afirma que antes de fundar o rancho Rei de Ouros já havia o Dois de Ouros, ambos localizados na Saúde, bairro do Rio de Janeiro.

Isso sem falar nos cordões que desfilavam pelas ruas com todo tipo de fantasia. "Havia lindas baianas, com aquelas saias engomadas, farfalhando. Uma beleza", continua Dinahir.[102] Fred Góes fornece mais detalhes das origens do corso:

> O corso consistia em uma espécie de passeata de carros abertos das famílias de poder aquisitivo mais elevado onde exibiam suas fantasias caras e brincavam jogando confete, serpentina e lança-perfume uns nos outros. A música não parecia ser um elemento primordial nesta forma de divertimento, e a participação das camadas de poder aquisitivo mais baixo era nula.
>
> A maior parte da população limitava-se a assistir ao desfile e a aplaudir os grupos mais bonitos. [...] Durante a primeira metade do século, o carnaval da capital baiana se caracterizava pela estrutura de desfile de grandes sociedades, dos préstitos e seus carros alegóricos, e pelo corso, sendo esta última a forma mais moderna.[103]

Mas as escolas de samba viriam para ficar. Em 6 de setembro de 1934, quando foi criada a União das Escolas de Samba (UES), havia 28 agremiações no Rio de Janeiro. Dentre elas, a Estação Primeira (Mangueira), Vai Como Pode (depois Grêmio Recreativo Escola de Samba Portela), Para o Ano Sai Melhor e Unidos da Tijuca, campeãs do carnaval de 1932, primeiro desfile promovido pelo jornal *Mundo Esportivo*. Foi a UES que reivindicou a oficialização dos desfiles à prefeitura. Com isso, ela teria acesso a uma subvenção oficial, já usufruída, como se viu, pelas grandes sociedades, ranchos e blocos. Obtida a permissão, a UES ficou responsável pela distribuição da verba entre as escolas, sob a supervisão da Diretoria Geral de Turismo. Mas não sem efeitos colaterais, como salientou Claudia Matos, ao afirmar que "a partir de 1932, a organização dos desfiles de escolas de samba em forma de competição e a progressiva centralização do interesse turístico do carnaval nesses desfiles vieram hipertrofiar a importância das escolas dentro do mundo do samba".[104] Para a autora, o "mundo do samba" era mais amplo e abrigava um "conjunto de manifestações culturais, sociais e políticas, que se relacionam com o samba e todos os que dele participam".[105]

A composição carnavalesca predominou na produção musical de toda a década de 1930. No carnaval daquele mesmo ano de 1934, foi um samba carnavalesco que venceu o concurso promovido pela prefeitura, "Agora é cinza", de Bide e Armando Marçal, considerado um dos melhores de todos os tempos.* Durante a Era do Rádio, o público, em novembro, já tinha conhecimento dos lançamentos para o carnaval seguinte. Emissoras de rádio, gravadoras, cinema (musicais) e imprensa se mobilizavam para o maior evento do ano, que agitava o mercado da música popular. Tanto era assim que se passou a diferenciar as músicas lançadas no meio do ano, chamadas exatamente de "música de meio de ano" e música de carnaval. O que não impedia que uma "música de meio de ano" atravessasse o ano e fizesse sucesso no carnaval, como foi o caso de "Maracangalha", de Dorival Caymmi, lançada como música de meio de ano em 1956 — gravada na Odeon em 22 de junho de 1956 — e que explodiu no carnaval de 1957.

A partir de novembro, o público comprava os discos das suas músicas preferidas e aguardava, ansioso, as estreias das produções cinematográficas para ver seu artista predileto cantá-las. Estas produções eram feitas para serem lançadas especialmente antes do carnaval. Sérgio Cabral relata que "nas noites de Natal, com as famílias reunidas, o fundo musical, geralmente, eram os lançamentos para o carnaval".[106] Numa época sem televisão, para se conhecer o artista havia poucas alternativas. O cinema era uma boa opção, já que vê-los no auditório das rádios era mais acessível aos cariocas e paulistas, onde se encontravam as emissoras mais importantes com *casts* exclusivos, mas o fã que morava distante já não tinha a mesma oportunidade, a não ser quando um artista era contratado para uma temporada por uma emissora

---

*Em pesquisa para eleger os dez sambas mais bonitos de todos os tempos, realizada pelo *Jornal do Brasil* em 1961 com estudiosos da música popular, "Agora é cinza" foi o único samba carnavalesco mencionado em todas as listas.

de uma capital do país. Foi o caso, por exemplo, da contratação de Caymmi para uma temporada na Ceará Rádio Club, no final de 1941, em Fortaleza. Havia também o esquema promocional da imprensa de enviar ao fã, pelo correio, uma foto autografada do artista. Afora isso, o fã precisava ter a sorte de o seu artista preferido fazer uma turnê por sua cidade ou contentar-se com sua fotografia publicada na imprensa. Daí o enorme sucesso dos musicais, que eram um excelente meio de divulgação do artista e da produção musical corrente e vinham ao encontro do público que ansiava ver seus ídolos cantando, falando e se movimentando. Por isso a presença maciça de todos os grandes cantores nos filmes produzidos entre 1933 e 1957.

É preciso lembrar, porém, que nas primeiras décadas do século XX, quando o cinema não era falado, a música estava presente não só na figura dos músicos que tocavam para acompanhar a fita, mas os cinemas cariocas "costumavam contratar músicos, incluindo nomes importantes, como Ernesto Nazareth, para se apresentarem em suas salas de espera".[107] Tudo começou quando Pixinguinha e mais sete músicos, formando uma pequena orquestra, foram contratados por Isaak Frankel e tornaram-se, no final da década de 1920, atração do Cine Palais, um dos mais elegantes do Centro do Rio de Janeiro. Foi Frankel, dono do cinema, quem lhes deu o nome de "Oito Batutas", cujo repertório era constituído de maxixes, lundus, canções sertanejas, corta-jacas, batuques e cateretês.

O primeiro longa-metragem brasileiro inteiramente falado e cantado foi *Acabaram-se os otários*, uma comédia musical do diretor Luiz de Barros (Lulu), que sozinho escreveu o roteiro, dirigiu e montou o filme para a Synchrocinex, produtora da qual era sócio. Luiz de Barros iniciou sua carreira em 1914, no tempo dos filmes mudos, e foi um dos diretores que mais filmaram no Brasil, encerrando sua carreira em 1977. As músicas apresentadas em *Acabaram-se os otários* eram "Bem-te-vi" e "Sol do sertão", do compositor e cantor Paraguaçu, e o choro "Carinhoso", de Pixinguinha, ainda sem a letra de Braguinha — que se tornaria uma das mais famosas da história da Música Popular Brasileira. O lançamento da película foi um sucesso, com 35 mil espectadores só na primeira semana, em setembro de 1929. Somente dois anos mais tarde foi lançado também em São Paulo aquele que é considerado o primeiro filme musical brasileiro. *Coisas nossas*, dirigido por Wallace Downey, empresário americano radicado no Brasil e ligado à gravadora Columbia, foi produzido pela Byington & Cia. O filme apresentava um desfile de números artísticos de cantores e atores de rádio e de teatro — havia cariocas, mas a maioria do elenco era paulista: Batista Júnior (ventríloquo) e sua filha, Dircinha, Zezé Lara, Alzirinha Camargo, Arnaldo Pescuma, Procópio Ferreira e a dupla Jararaca e Ratinho. Infelizmente, de sua trilha sonora pouco se sabe, como afirma Jairo Severiano:

> [...] tem-se notícias apenas da canção "Saudades" (de Marcelo Tupinambá), com a grã-fina Helena Pinto de Carvalho, dos temas populares "Bambalelê" e "Batuque, dança do Quilombo dos Palmares", arranjados e cantados por Stefana de Macedo, e do choro "Tico-tico no fubá" (de Zequinha de Abreu), com a Orquestra Columbia, dirigida por Gaó. Não é verdadeira a afirmativa de alguns historiadores, que inclui o samba "Coisas nossas", de Noel Rosa, somente composto em 1932.[108]

A propósito de Noel Rosa, a única imagem em movimento do compositor foi descoberta em 1995, em uma loja de antiguidades de Copacabana especializada em cinema, por Máximo Barros, professor do curso de cinema da Faculdade Álvares Penteado, de São Paulo. Barros descobriu um pedaço de um filme feito, em 1929, com o Bando de Tangarás, formado por Braguinha, Almirante, Noel Rosa, Alvinho e Henrique Brito. Almirante mencionou este filme em seu livro *No tempo de Noel Rosa*, sem maiores informações, a não ser o fato de as filmagens terem acontecido na casa de um certo Paulo Benedetti, no Catete, e de o grupo ter cantado exclusivamente músicas do próprio Almirante. No trecho restaurado,* Noel apare-

---

*O trecho do filme foi restaurado por Alexandre Dias da Silva com apoio da Secretaria Estadual de Cultura de São Paulo.

ce ao violão acompanhando a interpretação de Almirante do lundu "Vamos falá do Norte".

No carnaval de 1933, a Cine-Som e a Cinédia, duas produtoras cariocas, lançaram os primeiros musicais de carnaval do cinema brasileiro, respectivamente, *Carnaval de 1933*, um média-metragem, e *A voz do carnaval*, um longa. Este último, um semidocumentário, teve recorde de público e contava com um grande atrativo: a estreia no cinema de Carmen Miranda, que aparecia cantando na Rádio Mayrink Veiga "Goodbye" (Assis Valente) e "Moleque indigesto" (Lamartine Babo). *A voz do carnaval* foi o primeiro com som gravado pelo sistema óptico Movietone. As músicas "Linda morena", "Ai, hein", "Boa bola" — as três de Lamartine, sendo que a última com Paulo Valença —, "Fita amarela" (Noel Rosa), "Vai haver barulho no chatô" (Noel Rosa e Valfrido Silva), "Trem blindado" e "Moreninha da praia" (ambas de Braguinha), "Formosa" (Nássara e J. Rui), "Macaco olha o teu rabo" (Benedito Lacerda e Gastão Viana), além de outras menos conhecidas, desfilavam diante do público em meio a cenas de rua e baile. *A voz do carnaval* tornou-se um marco do cinema nacional porque "estabeleceu o esquema básico do musical carnavalesco, ou seja, quadros musicais entremeados por anedotas, que seria adotado por muitos anos".[109]

Mais modesto, *Carnaval de 1933*, também com cunho documental, foi dirigido por Léo Marten e Fausto Muniz, e apresentava artistas como Genésio Arruda, os irmãos Tapajós e a dupla Jonjoca e Castro Barbosa. É importante também assinalar a produção de dois filmes na época, *Favela dos meus amores* (1935) e *Cidade mulher* (1936), com roteiro e direção de Humberto Mauro, argumento de Henrique Pongetti e produção de Carmen Santos, que também atuou como atriz. Nenhum dos dois era carnavalesco, mas ambos contavam com trilha musical de altíssima qualidade. *Favela dos meus amores* trazia três músicas de Ary Barroso — "Inquietação", "Quando um sambista morre" e "Por causa dessa cabocla", esta última em parceria com Luiz Peixoto —, entre outras. *Cidade mulher*, que homenageava o Rio de Janeiro, vinha por sua vez com seis músicas de Noel Rosa: "Tarzan", "Dama do cabaré", "Morena sereia", "Na Bahia", "Numa noite à beira-mar" e "Cidade mulher". Quem interpretava a música-título eram Orlando Silva e as Irmãs Pagãs.

Mas foi a partir da sociedade entre Ademar Gonzaga e Wallace Downey, com a empresa Waldow-Cinédia, com o filme *Alô, alô, Brasil*, de 1935, que se tornou uma prática do período o lançamento dos musicais dias antes do carnaval. O sucesso das marchas carnavalescas era tal que das 11 músicas* que o filme apresentava dez eram do gênero, incluindo a que viria a se tornar o hino oficial da cidade do Rio de Janeiro, "Cidade maravilhosa", de André Filho (Antônio André de Sá Filho). César Ladeira participava do filme no papel de *speaker* e o roteiro era dos parceiros Braguinha e Alberto Ribeiro. Seguiram-se, da mesma produtora, *Estudantes*** — que não era um musical, ainda que tivesse canções em sua trilha — e *Alô, alô, carnaval*,*** este

---

*As outras canções apresentadas no filme *Alô, alô, Brasil* eram "Ladrãozinho" (Custódio Mesquita), interpretada por Aurora Miranda, irmã de Carmen; "Rasguei a minha fantasia" (Lamartine Babo), com Mario Reis; "Deixa a lua sossegada" (Braguinha e Alberto Ribeiro), com Almirante e Bando da Lua; "Salada portuguesa" (Vicente Paiva e Paulo Barbosa), com Manoel Monteiro; "Menina internacional" (João de Barro e Alberto Ribeiro), com Dircinha Batista e Arnaldo Pescuma; "Fiquei sabendo" (Custódio Mesquita), com Elisa Coelho; "Muita gente tem falado de você" (Mario Paulo e Arnaldo Pescuma), com Pescuma; "Garota colossal" (Ary Barroso e Nássara), com Ary Barroso; "Foi ela" (Ary Barroso), único samba do filme, com Francisco Alves, e "Primavera no Rio" (Braguinha), música que encerrava o filme, interpretada por Carmen Miranda.
**Na trilha musical de *Estudantes* constavam "Linda Mimi" (Braguinha), marcha, "Assim como o rio" (Almirante), uma toada, e "Sonho de papel" (Alberto Ribeiro), uma marcha junina.
***Em *Alô, alô, carnaval* as composições eram "A-M-E-I" (Nássara e Frazão), "Manhãs de sol" (Braguinha e Alberto Ribeiro) e "Comprei minha fantasia de Pierrô" (Lamartine Babo), com Francisco Alves; "Querido Adão" (Benedito Lacerda e Osvaldo Santiago) e "Cantores de rádio" (Lamartine Babo, Braguinha e Alberto Ribeiro), com Carmen Miranda; "Molha o pano" (Getúlio Marinho e Cândido Vasconcelos), com Aurora Miranda; "Teatro da vida" (A. Vitor), "Cadê Mimi" (Braguinha e Alberto Ribeiro) e "Fra Diavolo no carnaval" (Braguinha, Alberto Ribeiro e Carlos A. Martinez), com Mario Reis; "Pierrô apaixonado" (Noel Rosa e Heitor dos Prazeres) e "Maria, acorda que é dia" (Braguinha e Alberto Ribeiro), com Joel e Gaúcho — a atriz Dulce Weytingh participa na segunda —; "Pirata" e "Muito riso, pouco siso" (ambas de Braguinha e Alberto Ribeiro), com Dircinha Batista; "Negócios de família" (Hervê Cordovil e Assis Valente) e "Não resta a menor dúvida" (Hervê Cordovil e Noel Rosa), com o Bando da Lua; "Fox-mix" (Ari Fragoso, mais conhecido como Gato Felix) e "Seu Libório" (Braguinha e Alberto Ribeiro), com Almirante e Lamartine Babo; "Cinquenta por cento" (Lamartine Babo), com Alzirinha Camargo; "Não beba tanto assim" (Geraldo Decourt), com as Irmãs Pagãs. Além dessas, havia ainda três cantorias cômicas: "Tempo bom" (Braguinha e Heloísa Helena), com Heloísa Helena, Sidney Sharp, Jorge Fontenele, Evaldo Ferreira, Armando Couto e Nivaldo Carvalho, "Sonho de amor" (versão de "Rêve d'amour", de Liszt), com Francisco Alves dublando Jaime Costa, e "Canção do aventureiro" (da ópera *O guarani*, de Carlos Gomes), com Barbosa Júnior.

último lançado no verão de 1936, repetindo no roteiro Braguinha e Alberto Ribeiro, que trabalharam em parceria em vários outros filmes. Em *Alô, alô, carnaval* há um desfile interminável de músicas carnavalescas, muitas das quais são cantadas até hoje, como "Pierrô apaixonado", de Noel Rosa e Heitor dos Prazeres. Apesar de o filme ter sido um sucesso absoluto de público e bilheteria, foi o último da Waldow-Cinédia. Wallace Downey, associado dessa vez a Alberto Byington, fundou a Sonofilmes. Infelizmente, *Alô, alô, carnaval* foi o único filme que restou de todos os musicais realizados no período.*

A Sonofilmes produziu, em seguida, *Banana da terra* (1939), *Laranja da China* (1940) e *Céu azul* (1941), além de *Abacaxi azul* (1944) — único musical que não era carnavalesco. Também produziu *Tereré não resolve*, que tampouco era um musical carnavalesco, apesar de ser uma comédia romântica ambientada no carnaval. Já a Cinédia contribuiu com *Samba em Berlim* (1943) e *Berlim na batucada* (1944). Outras duas novas produtoras, Panamerican e Régia, lançaram respectivamente *Vamos cantar* (1941) e *Entra na farra* (1943). De acordo com Jairo Severiano, as duas últimas produções "encerravam, por assim dizer, a primeira fase de nosso cinema musical, a fase da pré-chanchada".[110] Antes disso, porém, em 18 de setembro de 1941, Moacir Fenelon, Alinor Azevedo, Arnaldo Farias e os irmãos Paulo e José Carlos Burle fundaram a Atlântida Empresa Cinematográfica do Brasil S.A., prometendo em manifesto "indiscutíveis serviços para a grandeza nacional".[111] Mais tarde, um sócio de peso se uniu ao grupo, o conde Pereira Carneiro, proprietário do *Jornal do Brasil*. Mas não era só idealismo que movia o grupo:

> [...] seus signatários [do manifesto] acreditavam na eficácia do decreto nº 21.240, assinado pelo presidente Vargas em 30 de dezembro de 1939, que procurava proteger o nosso cinema, obrigando cada sala de exibição a programar pelo menos um filme nacional por ano.[112]

---

*Alice Gonzaga, filha do fundador da Cinédia, Ademar Gonzaga, restaurou o filme parcialmente em 1975 e, em 2002, acrescentou cenas e remasterizou o som com tecnologia digital.

Alice Gonzaga, filha de Ademar Gonzaga, explica a dificuldade que enfrentavam os produtores na época:

> Os filmes brasileiros enchiam os cinemas, mas os produtores continuavam com prejuízos devido à organização do mercado cinematográfico de exibição, pois da receita de um filme brasileiro cabiam aos seus produtores apenas vinte por cento, ficando o restante com os distribuidores, exibidores e os impostos.[113]

A Atlântida lançou *Astros em desfile* (média-metragem) e *Moleque Tião* (longa-metragem) em 1943 e, em 1944, *É proibido sonhar* (longa) — um fracasso de público e crítica —, até se resolver a filmar um musical carnavalesco, buscando uma estratégia mais popular. *Tristezas não pagam dívidas* apresentava artistas famosos interpretando as músicas "Atire a primeira pedra" (Ataulfo Alves e Mário Lago), com Emilinha Borba, "Laura" (Ataulfo Alves), com Sylvio Caldas, "Clube dos barrigudos" (Haroldo Lobo e Cristóvão de Alencar), com Linda Batista, "Embolada da pulga" (Manezinho Araújo), com o próprio Manezinho Araújo, e "Alarga a rua" (de Roberto Martins, Paulo Barbosa e Osvaldo Santiago), com Oscarito. Este foi o primeiro de 13 filmes da dupla de sucesso Oscarito e Grande Otelo — eles já haviam filmado juntos em *Noites cariocas** (produção da Cinédia, de 1935) e *Céu azul*, mas ainda não configuravam uma dupla. Com isso, além de ver os artistas de rádio, o público podia agora contar com uma trama mais elaborada.

A partir de 1947 até a década de 1950, o cinema brasileiro assistiria ao auge da chanchada. Com filmes dirigidos inicialmente por Watson Macedo e depois por Carlos Manga, a Atlântida teve lucros estupendos. Entretanto, a empresa havia passado para as mãos de Luiz Severiano Ribeiro, que na época já era proprietário de um grande laboratório cinematográfico, uma distribuidora de filmes e um circuito exibidor em praticamente todo o país. Sobre os musicais, explica Ricardo Cravo Albin:

---

*Noites cariocas foi o primeiro filme de Grande Otelo.

> Os filmusicais cariocas dos anos 1930 e 1940 eram chamados de *abacaxi* — como nos anos 1950, de *chanchadas* — porque tinham no tênue enredo apenas o pretexto para exibir um grande número de quadros musicais com os intérpretes mais famosos do carnaval de cada ano. Desse modo, dois coelhos eram acertados com uma só cajadada, divulgavam-se as músicas e se exibiam os cantores para todo o país, já que, é claro, ainda não existia a tevê: Os *abacaxis* representavam a grande oportunidade para os fãs brasileiros *verem* os artistas interpretando as músicas que os haviam conquistado, transmitidas pelo rádio.[114]

Dessa forma, assim como as emissoras de rádio tiveram um papel fundamental na divulgação e nos rumos que a Música Popular Brasileira tomou, o carnaval, o teatro de revista, os filmes musicais, abordados aqui, foram coadjuvantes muito importantes para que a Era do Rádio também fosse chamada a "Época de Ouro".

3. Direito autoral, editoras de música, DIP e Getúlio Vargas

Em 1933, Lamartine Babo compôs "As cinco estações do ano". Nessa canção, que foi gravada por Almirante, Carmen Miranda e Mario Reis, além do próprio Lamartine, foram homenageadas cinco emissoras de rádio: Educadora, Philips, Mayrink Veiga, Rádio Sociedade e a Rádio Clube do Brasil. Cada estrofe era destinada a uma delas, respectivamente:

> Antigamente, eu banquei a estação de águas.
> Hoje guardo as minhas mágoas
> Num baú de tampo azul.
> Já fui fraquinha, mas agora estou forte,
> Já fui ouvida lá no Norte,
> Quando o vento está no Sul.
> Transmite a PRAC... C... C...

> Eu sou a Philips do samba e da fuzarca,
> Anuncio qualquer marca
> De bombom ou de café.
> Chegada a hora do apito da sirene,
> Grita logo dona Irene:
> Liga o rádio, vem cá, Zé!
> Transmite PRA X... X... X...

Sou a Mayrink, popular e conhecida,
Toda gente fica louca,
Sou querida até no hospício,
E quando chega sexta-feira, em Dona Clara,
Sai até tapa na cara,
Só por causa do Patrício.
Transmite PRK... K... K...

Sou conhecida nos quatro cantos da cidade,
Sou a Rádio Sociedade.
Fico firme, aguento o tranco,
Adoro o clássico, odeio a fuzarqueira.
Minha gente,
E fui parteira do Barão do Rio Branco.
PRA A... AA... AA...

Eu sou a Rádio Clube,
Eu sou um homem, minha gente,
Futebol me põe doente.
Oh!!
No galinheiro, eu irradio para o povo,
Cada gol que eu anuncio
A galinha bota ovo.
Transmite PRB... B... B...[115]

A primeira estrofe se referia à Rádio Educadora, usando a expressão "estação de águas", como eram chamadas as emissoras que iam mal, segundo Sérgio Cabral.[116] A sirene, que aparece na segunda estrofe, se refere àquela usada na abertura do *Programa Casé*. Patrício, mencionado na terceira estrofe, é o cantor Patrício Teixeira; e Dona Clara é o nome de uma rua em Madureira. A quarta estrofe brinca com a preferência pela música de concerto na programação da Rádio Sociedade, considerada elitista. A Rádio Clube do Brasil foi a primeira a transmitir esportes, daí a menção ao futebol e ao episódio do famoso locutor Amador Santos, que, proibido de narrar o jogo no campo do Fluminense (naquela época, como muitos defendem ainda hoje, temia-se que a transmissão do jogo diminuísse o público pagante nos estádios), irradiou de um galinheiro localizado nas imediações.

De acordo com Sérgio Cabral, "As cinco estações do ano", lançada em agosto de 1933, serviu para abrandar as relações entre compositores e as emissoras de rádio. Isto porque, em junho daquele ano, os empregados das mesmas cinco emissoras entraram em greve, em protesto contra a Sociedade Brasileira de Autores Teatrais (SBAT) — que mantinha um escritório para arrecadação de direitos autorais de música — que aumentou de 90 mil-réis para 500 mil-réis o valor dos direitos autorais pela utilização de músicas em suas programações. Conforme Cabral:

> O compositor Freire Júnior, diretor da SBAT, explicou que o aumento seria o mínimo com que as rádios deveriam remunerar os compositores, pois, pagando apenas 90 mil-réis por mês e transmitindo uma média de 100 músicas por dia, cada execução rendia apenas 3 réis. Pagando 500 mil-réis, os autores passariam a receber aproximadamente 100 réis (ou um tostão) por música executada. Segundo Freire Júnior, tal despesa não faria o menor estrago nos cofres das emissoras de rádio, que cobravam, na época, um mil-réis (dez tostões) por segundo de cada anúncio comercial, além de uma taxa de mil-réis por palavra quando o anúncio passava de 20 segundos.[117]

A imprensa defendeu as emissoras de rádio contra a SBAT. A única exceção foi Orestes Barbosa, que além de compositor era também jornalista do jornal *A Hora*. Ele atacava em sua coluna, sobretudo, Roquette Pinto, a quem responsabilizava pela greve. Foi Ademar Casé quem pôs fim ao conflito, ao ceder às reivindicações da SBAT e aceitar a negociação com a entidade, por entender que o sucesso do *Programa Casé* se devia especialmente às músicas interpretadas ao longo da programação.

A luta pelos direitos autorais estava nos seus primórdios. Os compositores não tinham ainda consciência dos seus direitos e temiam a retaliação das emissoras, caso fizessem exigências que contrariassem seus interesses. No entanto, no episódio da greve, Freire Júnior estava bem alicerçado e apoiava sua reivindicação no Decreto-Lei nº 5.492, de 16 de julho de 1928, de autoria de Getúlio Vargas, quando era deputado. O decreto estabelecia o pagamento de direitos autorais para os que explorassem música comercialmente. Vargas orientou seu ministro da Justiça a intervir no caso. O resultado das negociações foi o término da greve dias depois da intervenção do governo, com o acerto de que as emissoras passariam a pagar 300 mil-réis de direitos autorais à SBAT. Entretanto, houve reação das emissoras, que criaram a Confederação Brasileira de Radiodifusão. Nominalmente, a ideia era defender os interesses dos empresários de rádio, mas uma consequência infeliz foi a criação de uma comissão de censura "com direito a vetar qualquer música, em nome da moralidade e do respeito às autoridades constituídas".[118]

Apesar da crescente conscientização profissional dos compositores, ainda levaria muito tempo para que diminuísse, por exemplo, uma prática comum, que era a venda de músicas. Um episódio famoso une Francisco Alves a Ismael Silva. Um dos "Bambas do Estácio", Ismael Silva tinha 22 anos quando vendeu a Francisco Alves o samba "Me faz carinhos", por 100 mil-réis, sua primeira composição gravada, em 1928. O sucesso de "Me faz carinhos" levou Francisco Alves a propor a Ismael aceitá-lo como parceiro; em contrapartida, o cantor gravaria suas músicas. Ismael aceitou com a condição de incluir Nilton Bastos, compositor com quem já tinha parceria. Feito o acordo, nasceu a parceria entre os três. Durante os sete anos em que durou o acordo, Ismael teve sessenta canções gravadas, entre elas os sucessos "Nem é bom falar", "O que será de mim", "Se você jurar", com Nilton Bastos; "Adeus", "A razão dá-se a quem tem", "Pra me livrar do mal" e "Uma jura que fiz", com Noel Rosa; além de "Rir para não chorar" e "Sofrer é da vida". Jairo Severiano comenta a respeito do acordo:

> Em que pese o ônus da inclusão de Alves na coautoria das composições, o trato foi vantajoso para Ismael, conforme ele mesmo reconheceu no citado depoimento ao MIS [Museu da Imagem e do Som]: "Foi bom pra mim e bom pro Chico. Se não fosse o Chico, talvez eu não chegasse onde cheguei." É justo, aliás, ressaltar a competência e esperteza do cantor, que reconheceu de pronto o valor dos sambas de Ismael, então um principiante, e previu seu sucesso, assegurando para si a exclusividade do repertório.[119]

Mas havia exemplos em contrário. Almirante foi corretíssimo no caso dos direitos da música "Vida marvada". Ele gostou da letra da canção e pensava em gravá-la, mas desejava criar uma outra melodia. Compôs a música e descobriu que o autor da letra era Lúcio Mendonça Azevedo, mineiro da cidade de Patrocínio. Escreveu para ele pedindo autorização para gravar a letra com a nova melodia, com o contrato em anexo, e não obteve resposta. Escreveu outra carta para o escrivão da cidade, que soube ser amigo do letrista. Finalmente, localizou Lúcio, que autorizou a gravação.

A despeito das condenáveis práticas de vendas — e, por vezes, até roubo de músicas —, conforme a produção musical se organizava em seus diversos setores, houve a necessidade de maior formalização da carreira de compositor. Sérgio Cabral descreve:

> Os primeiros anos da década de 30 ficariam marcados ainda pelo início de um processo de conscientização profissional dos compositores. Os dirigentes das gravadoras e das emissoras de rádio, assim como os proprietários das editoras musicais que começavam a se multiplicar, abriram os seus negócios sabendo que estes eram capazes de render lucros incalculáveis. Alguns cantores também percebiam que o ofício escolhido poderia proporcionar recursos suficientes para a sua sobrevivência. Mas os compositores ainda levariam algum tempo para se convencerem de que exerciam uma profissão que poderia ser remunerada.[120]

Os fatos relatados por Cabral são corroborados por Claudia Matos, quando afirma que "é somente a partir do momento em que o samba começa a ser veiculado pela indústria fonográfica e, mais tarde, radiofônica, respectivamente em 1917 [ano da gravação de 'Pelo telefone'] e 1932 [ano do Decreto-lei nº 21.111, de 1º de março, autorizando às rádios o uso de propaganda], que se dá o registro da autoria individual".[121] Essa foi uma das razões por que ainda perduraram por um bom tempo práticas lesivas ao direito autoral do autor de música popular no Brasil — haveria um longo processo de conscientização dos compositores sobre seus direitos. Claudia Matos acrescenta mais um aspecto, apoiada em Muniz Sodré, ressaltando a produção coletiva do samba na origem:

> Essa forma de ver a produção de samba como algo de pertinente a uma realidade comunitária, e não apenas à mera necessidade de vender seu trabalho, pode explicar a facilidade e largueza com que se vendiam, compravam e até presenteavam autorias nas primeiras décadas da indústria fonográfica.[122]

Entretanto, a "realidade comunitária" do samba, defendida por Matos e Muniz, não explica, por exemplo, a obra de Caymmi, que já era autor de seus sambas desde a adolescência, na Salvador dos anos 1920 e 1930 e, portanto, o compositor não parece se adequar a essa chave interpretativa que, para aqueles autores, caracteriza o samba carioca. Uma possível explicação é que, nesse período, o compositor já era influenciado pelas programações das emissoras cariocas, com autores perfeitamente individualizados (ainda que algumas autorias fossem discutíveis, como o caso de Ismael Silva e Chico Alves, e práticas mais flexíveis ainda vigorassem no tocante à autoria), que chegavam aos aparelhos de rádio baianos.

O ato de presentear parcerias, a propósito, pode ter sido o caso de algumas parcerias de Dorival Caymmi e Carlos Guinle, amigos muito chegados até a morte prematura do empresário, aos 36 anos, em 1955, mas cujas composições, grande parte feita já nos anos 1950, foram alvo do humor de Stanislaw Ponte Preta (Sérgio Porto), que parecia não acreditar muito que o milionário tivesse realmente participado da parceria. Muitos tendem a concordar e Caymmi nunca negou o caso peremptoriamente, como se verá no capítulo 7. O fato é que Caymmi e Guinle assinaram sete canções: "Sábado em Copacabana", "Valerá a pena", "Não tem solução", "Tão só", "Ninguém sabe", "Você não sabe amar" e "Rua deserta", as duas últimas com um terceiro parceiro, Hugo Lima, amigo da roda do empresário.

Alguns compositores começaram a defender a ideia de que a atividade de compositor deveria desfrutar de garantias, nos mesmos moldes das que já havia para os artistas de teatro, que contavam com a Sociedade Brasileira de Autores Teatrais. Até então, como já mencionado, os compositores eram representados por um setor da própria SBAT, mas tal fato gerava grande insatisfação no meio musical. É fácil entender o porquê. A maior fonte de arrecadação de direitos da SBAT provinha do teatro, chamado à época de "grande direito". O que era arrecadado da execução das músicas não passava de "pequeno direito". Só esta hierarquização já seria suficiente para desagradar à classe musical. Isto acontecia porque a SBAT já tinha uma estrutura consolidada na área do teatro, enquanto os meios de arrecadação dos direitos musicais ainda davam seus primeiros passos. Os compositores recebiam uma percentagem mínima pelas músicas que eram apresentadas nas peças, enquanto "o rádio pagava quando e quanto queria". Outras fontes que poderiam aumentar a arrecadação do direito do compositor, como bares, cabarés e boates, tinham retorno nulo. Restava a ele o direito autoral pago pelas gravadoras, que apesar de pequeno era certo.

Com o descontentamento diante desse estado de coisas, surgiu a Associação Brasileira de Compositores e Autores (a ABCA), fundada pelo compositor Osvaldo Santiago, em 1938. O tamanho da insatisfação da classe com a SBAT (que chegou a ser comparada a "Saturno", por "destruir seus próprios filiados" — no caso, os compositores) pode ser avaliado pela "História da A.B.C.A.", publicada no impresso "Edição comemorativa do terceiro aniversário" da ABCA, em outubro de 1941, ou seja, três anos depois da sua fundação — que parece não ter sido tempo suficiente para apagar, ou mesmo diminuir, o desagrado que a entidade teatral provocou na classe musical —, no trecho a seguir:

> Em meados do ano de 1938, reunidos nos cafés e nos seus pontos habituais, os compositores de música popular discutiam com gestos e palavras, mostrando-se mais agitados do que de costume.
> Falava-se em direitos autorais, tema empolgante e exclusivo, e acusava-se, sobretudo, a "SOCIEDADE BRASILEIRA DE AUTORES TEATRAIS" — a "S.B.A.T." — que, além de distribuir migalhas, ainda procurava, como Saturno, destruir seus próprios filiados, chamando-os de plagiários e apontando-os à execração pública.[123]

Em 1938, nem todos os compositores deixaram a SBAT, fato que só ocorreu em 22 de junho de 1942, quando então surgiu a UBC, União Brasileira de Compositores, com a reunião desses profissionais oriundos da SBAT com a antiga ABCA. Mesmo assim, as acusações contra a SBAT eram graves e foram relatadas também no impresso comemorativo de 1941 — citado anteriormente —, na mesma seção que conta a história da ABCA:

> Os editores Vicente Mangione e Vicente Vitale, representantes no Rio das firmas E. S. Mangione e Irmãos Vitale, de São Paulo, impressores e editores de música, haviam coligido dados e comprovantes sobre a sonegação de importâncias recebidas no interior do país pela "S.B.A.T." e não distribuídas pela tesouraria.[124]

A diretoria da ABCA, à época em que foi publicado o mencionado impresso, era formada por Osvaldo Santiago (presidente), Saint Clair Senna (vice-presidente), Lamartine Babo (secretário), Arlindo Marques Júnior (subsecretário), Alberto Ribeiro (tesoureiro), José de Sá Roris (subtesoureiro), Roberto Martins (inspetor geral) e Roberto Roberti (subinspetor). Eratóstenes Frazão, Carlos Braga (João de Barro/Braguinha) e Mário Lago eram os suplentes.

O fato é que, sem a anuência do governo — o Brasil estava em plena ditadura do Estado Novo —, nada podia ser feito. Assim, para a criação das novas sociedades (ABCA, depois UBC) foi necessária a autorização do DIP, conforme o relato abaixo:

> A formalização da nova sociedade foi possibilitada pela intercessão de Israel Souto, representante do DIP (Departamento de Imprensa e Propaganda), que autorizou o funcionamento da nova sociedade arrecadadora. A UBC representou uma importante etapa na defesa do direito autoral dos compositores, cada vez mais conscientes dos seus direitos.[125]

Este episódio mostra como fatos que em princípio diziam unicamente respeito ao mercado da música estavam (e estão) intimamente ligados à política, que regulava suas atividades e tinha interesse em se beneficiar da enorme influência que a Música Popular Brasileira exercia sobre a população. O DIP, mais do que um órgão regulador, funcionava como censor de tudo o que podia contrariar os propósitos do Estado Novo. Para se ter uma dimensão do alcance da censura do DIP, em 1940, por exemplo, somente no Rio de Janeiro foram proibidos 108 programas. Renato Murce, em suas memórias, escreveu sobre o DIP:

> Dolorosa memória. Havia poderes discricionários para controlar todos os meios de comunicação então existentes. E, para o cúmulo da sua ação nefasta, Getúlio nomeou como primeiro diretor um homem arbitrário, de temperamento impulsivo: o Capitão Amilcar Dutra de Meneses. Tratou de cercar-se de uma estranha equipe para exercer a mais execrável das censuras nas rádios, jornais e teatros. [...]
> Não se podia, sequer, citar o nome de alguma pessoa que não fosse simpática ao governo.[126]

O peso do governo, já que o DIP o representava, na organização da ABCA, pode ser facilmente verificável ao se folhearem as 36 páginas da "Edição comemorativa do terceiro aniversário", já mencionada.

Logo na primeira página, surge a foto de Getúlio Vargas em traje de gala, homenageado com a seguinte legenda: "O maior estadista americano, Sr. GETÚLIO VARGAS, patrono das leis brasileiras de proteção ao direito de autor e único sócio honorário proclamado pela 'A.B.C.A.'." Na terceira página, vem em destaque o Decreto nº 6.476, de 4 de novembro de 1940, que declara a ABCA de utilidade pública.* Depois se seguem as seções "História da 'A.B.C.A.'", já citada, descrição das diretorias (provisória e efetivas) que administraram a sociedade de 1938 até 1941, a prestação de contas dos exercícios financeiros desde a fundação, um resumo das atas até aquela data, o texto intitulado "Nós e os estrangeiros", estatutos, sucessos internacionais da "A.B.C.A.", o texto "O exemplo de São Paulo", uma relação de sócios da "A.B.C.A.", uma lista de pseudônimos dos compositores e, na terceira capa, uma foto promocional de Carmen Miranda. A foto é autografada pela cantora, dedicando-a à ABCA, com seção trazendo o sugestivo título "O samba em Hollywood". Na legenda da imagem, o texto homenageava a artista, considerada "uma das melhores amigas" da recém-fundada entidade.

Interessante observar o texto "Nós e os estrangeiros", na verdade uma análise, que apresentava uma série de razões que tornavam inconveniente para a sociedade, pelo menos naquele momento, fazer a arrecadação de direitos autorais no Brasil para artistas estrangeiros, além da defesa dos compositores brasileiros representados por ela. Depois de listar as diversas dificuldades enfrentadas até ali para fazer a arrecadação para os estrangeiros, incluindo um prometido apoio da sociedade arrecadadora argentina, a SADAIC, que não veio (segundo o texto, a SADAIC acabou por manter o convênio que tinha com a

---

*Texto contido na referida página: "DECRETO nº 6.476 de novembro de 1940. Declara de utilidade pública a Associação Brasileira de Compositores e Autores. O presidente da República: Atendendo ao que requereu a Associação Brasileira de Compositores e Autores, com sede nesta Capital, a qual satisfez às exigências do art. 1º da Lei nº 91, de 28 de agosto de 1935, e usando das atribuições que lhe confere o artigo 2º da citada lei, decreta: Artigo único — É declarada de utilidade pública, nos termos da mencionada lei, a Associação Brasileira de Compositores e Autores, com sede nesta Capital. Rio de Janeiro, 4 de novembro de 1940, 119º da Independência e 52º da República. GETÚLIO VARGAS [e] FRANCISCO CAMPOS."

SBAT, apesar das promessas em contrário), a ABCA, vendo-se sozinha na luta, se posiciona e aproveita para defender os compositores que eram chamados pejorativamente de "sambistas", evidenciando um forte preconceito:

> Os episódios acima descritos tiveram, porém, uma influência decisiva na formação da nossa mentalidade "nacionalista".
> Chegamos rapidamente à conclusão de que só devíamos contar com nossas próprias forças, com o repertório de nossos "sambistas", como dizem pejorativamente os inimigos da música popular, e passamos a não nos preocupar com representações e sociedades estrangeiras.
> [...]
> O que é essencial, para nós, é que qualquer convênio com sociedades estrangeiras represente um vínculo de reciprocidade, beneficiando também o autor brasileiro.
> Do contrário, será canalisar [sic] nosso ouro para fora do país e deixar os compositores nacionais tomando, no "Café Nice", a eterna média com pão e manteiga...[127]

Como se vê pelo tom firme e, por vezes, virulento deste impresso da ABCA, a sociedade viera para ficar e estava disposta a concentrar seus esforços para lutar em defesa do compositor brasileiro. Dorival Caymmi participou ativamente da defesa dos direitos autorais na música brasileira. Ele foi um dos fundadores da União Brasileira dos Compositores (UBC), em 22 de junho de 1942. Caymmi recorda que um mês antes, em 22 de maio, outros compositores haviam se reunido no Alpino, um bar localizado na rua Gustavo Sampaio, no Leme. Decidiram ali mesmo abandonar a SBAT e se unir à ABCA, formando a UBC. O compositor baiano lembrou que a UBC* começou modesta, numa pequena sala com três máquinas de escrever Remington: "Tudo foi alugado com muito sacrifício, graças à dedicação de Mário

---

*Dorival Caymmi pode ter sido traído pela memória e o citado relato se referir ao início da ABCA, quatro anos antes, e não à UBC.

Lago, Osvaldo Santiago, Ary Barroso, Braguinha, Alberto Ribeiro, Lamartine e tantos outros colegas."[128] Pelos nomes citados, Caymmi pode estar confundindo as primeiras diretorias da ABCA — eles se revezavam nos cargos, pelo que se verifica no impresso já mencionado que presta contas dos três primeiros anos da entidade —, pensando ser a UBC, pois tudo aconteceu em curto espaço de tempo: em 1938, houve a saída de um grupo de compositores da SBAT e a fundação da ABCA; em 1942, sai uma nova leva de compositores que se une à ABCA para formar a UBC, que existe até hoje. A época era de vacas magras pelo que se deduz do depoimento de Caymmi a seguir: "Todos nós entramos com dinheiro. Tudo isso para poder ter acesso à defesa do nosso direito. Era a luta pela garantia moral das gerações que viriam depois. Mas houve toda sorte de aborrecimentos por aí."[129] Alguns dissabores sofridos por Caymmi na esfera da ABCA, mais tarde UBC, serão mencionados no capítulo 7.

Além da ABCA/UBC, havia também o Sindicato dos Artistas de Rádio, do qual Almirante foi tesoureiro, cargo que largou em 1938. Em entrevista à revista *Vida Nova*, em 27 de agosto do mesmo ano, para explicar a razão do seu desligamento das atividades que mantinha no sindicato, o radialista e cantor traça um retrato desfavorável da situação daquela instituição, mostrando as dificuldades de conscientização da classe ante a importância (que poderia ter, ao menos) de seus órgãos representativos:

> Estou cansado, a ponto de perder todas as esperanças quanto à rápida vitória dessa instituição. Há um desinteresse geral. A classe do Rádio terá que encontrar quem queira levar adiante seu Sindicato. Até a mensalidade de 5 mil-réis a maioria se recusa pagar, alegando não ter dinheiro. Para você ter uma ideia do desinteresse, dos 250 associados, apenas 9 apareceram para votar nas últimas eleições.*

---

*Apud Sérgio Cabral, *No tempo de Almirante: uma história do rádio e da MPB*, p. 137. Conforme Cabral, o cobrador do Sindicato dos Artistas de Rádio, no mesmo período, era o compositor J. Cascata.

Havia também as editoras de música que movimentavam o mercado de direitos autorais e de impressão musical. Eram fundamentais na divulgação da música no Brasil, popular ou de concerto. A primeira referência conhecida de obra musical impressa* data de 1824, da tipografia John Fergusson & Charles Crokaat, localizada na rua da Quitanda, 41, no Centro do Rio. Os instrumentistas, cantores e mesmo amadores e fãs compravam as partituras das músicas de sucesso ou as que mais interessavam para aprender a interpretá-las. No mercado musical brasileiro as vendas de partituras representavam um dos seus elementos mais antigos, desde antes do aparecimento do disco e do rádio, e alimentavam os saraus das famílias que podiam contar, por exemplo, com um piano em seus salões. Dorival Caymmi, ao longo de sua carreira, editou suas composições em algumas delas, como a paulista Irmãos Vitale e a carioca Editorial Mangione (originalmente Estevam S. Mangione).** Mário Ferraz Sampaio comenta que "as editoras Mangione, Vitale e Viúva Guerreiro se empenhavam em publicar músicas"[130] dos compositores em ascensão ou de sucesso. Os cantores também eram assediados. Em carta a Carmen Miranda, residente havia pouco nos Estados Unidos, Almirante escreve: "Mangione avisa também que, pelo correio, seguiu o que há de melhor por aqui em músicas. Talvez te agrade alguma."[131]

Mas não eram só estrelas do porte de Carmen Miranda que se beneficiavam das editoras (e se beneficiavam ainda mais de suas amplas vendagens e grande popularidade). Um episódio corriqueiro ocorrido com a cantora Stella Maris, que se tornaria mais tarde mulher de Dorival Caymmi, pode exemplificar como funcionava o comércio das músicas impressas no Rio de Janeiro. Em fins de 1938, Stella acompanhou a amiga Ivone Rabelo a um teste que a violonista faria na Rádio Mayrink Veiga. Antes, porém, passou no escritório da Mangione para comprar uma partitura e ensaiá-la com Sátiro de

---

*Trata-se da referência: "Hino Imperial e Constitucional de S. M. Imperial (D. Pedro I) para piano e cantoria, recentemente gravado e estampado nesta corte" (*Enciclopédia da Música Brasileira*, verbete "Impressão musical no Brasil", p. 370).
**Ou, ainda, E. S. Mangione.

Melo. Era o pianista da casa que, de vez em quando, lhe prestava este pequeno favor. De lá, ela e Ivone foram para a Mayrink Veiga. A amiga não conseguiu passar no teste. César Ladeira, diretor artístico da rádio, ao vê-la com a partitura na mão, pediu-lhe que cantasse. Stella, mesmo despreparada, assentiu e foi acompanhada pelos violonistas Laurindo de Almeida e Garoto. "Foi uma honra — eu já tinha essa consciência — ser acompanhada por dois grandes violonistas brasileiros", reconheceu a cantora, que interpretou "Tudo cabe num beijo", de Carolina Cardoso de Meneses e Osvaldo Santiago. Foi a única contratada naquela tarde.

O contexto político no país sofria graves mudanças. Em 10 de novembro de 1937, Getúlio Vargas instaurou o Estado Novo e dissolveu o Congresso. "O Brasil criou o seu 'modelo crioulo' de totalitarismo",[132] caracterizou o acontecimento o historiador Helio Silva. A nova Constituição promulgada pelo governo, apelidada pelo povo de "Polaca", foi lida por César Ladeira na Rádio Mayrink Veiga num episódio contado por Reynaldo Cesar Tavares:

> [...] um funcionário do DIP (Departamento de Imprensa e Propaganda) compareceu à Rádio Mayrink Veiga PRA-9, na rua do Acre, com a ordem de que aquele documento, que "impunha o Estado Novo", deveria ser levado ao "ar" imediatamente. Era mais um subterfúgio de Vargas para continuar no poder.
> A nova Constituição Brasileira ou a "Polaca" era um calhamaço de mais de oitenta páginas [...].
> O César Ladeira não se perturbou... Colocou aquela papelada toda sobre a mesa do estúdio e, sem pigarrear, com a voz rigorosamente afinada, sem nenhum tropeço ou vacilação, leu tudo aquilo sem nenhum erro ou hesitação; e ainda mais: César leu tudo de primeira, ratificando sua condição de melhor *speaker* do nosso rádio.[133]

Os compositores pareciam já intuir a permanência de Getúlio Vargas no poder. No início de 1937, o jornal *A Noite* promoveu dois concursos especulando quem seria o vencedor do pleito convocado por Getúlio, pois na época não havia institutos de pesquisa para avaliar o desempenho eleitoral dos candidatos. Um foi por meio de cupons publicados no periódico com a pergunta: "Quem será o homem?" Esse foi vencido pelo líder integralista Plínio Salgado, com Getúlio em segundo lugar, seguido de Armando de Sales Oliveira, Osvaldo Aranha e do ex-presidente Artur Bernardes* — "Os integralistas compraram 86.631 exemplares do jornal para lhe dar [a Plínio Salgado] a vitória."[134] O segundo concurso se destinava aos compositores. A ideia era que eles compusessem uma música em resposta à mesma pergunta: "Quem será o homem?" Luiz Peixoto — que, além de compositor, também era teatrólogo, poeta, desenhista e jornalista —, o maestro Radamés Gnattali e o cantor Carlos Galhardo foram os jurados do concurso, em que vários autores se inscreveram. Sérgio Cabral ironiza:

> Curiosamente, os compositores deram quase sempre as mesmas respostas, fazendo crer que eram instruídos pelo jornal ou eram dotados de uma capacidade extraordinária de fazer previsões políticas, e sabiam que aquela história de eleição era uma grande farsa.[135]

O fato é que quase todos apontaram a permanência de Getúlio Vargas. Das várias inscritas, venceu a marcha "A menina presidência",** de Antônio Nássara e Cristóvão de Alencar, única que foi gravada — interpretada por Sylvio Caldas com a Orquestra Odeon:

> [...] O homem quem será?
> Será seu Manduca
> Ou será seu Vavá?(*bis*)
> Entre esses dois meu coração balança
> Porque na hora H
> Quem vai ficar é seu Gegê***[136]

---

*Com o Estado Novo, efetivamente tiveram suas campanhas interrompidas o paulista Armando de Sales Oliveira, o paraibano José Américo de Almeida e o líder integralista Plínio Salgado.
**"Os autores aproveitam a melodia de uma cantiga de roda para [...] dizer que existem três pretendentes ao coração da menina presidência, todos os três chapéus na mão" (Jairo Severiano, *Getúlio Vargas e a música popular*, p. 23). A cantiga de roda original era "Terezinha de Jesus".
***Na letra de "A menina presidência", "Seu Manduca" se refere a Armando de Sales Oliveira e "Seu Vavá" a Osvaldo Aranha, dois presidenciáveis na época. "Gegê", naturalmente, se refere a Getúlio Vargas.

Muitas foram as músicas compostas sobre Getúlio Vargas no período, apelidado de Gegê, fruto da conhecida irreverência carioca. Jairo Severiano registra oito, entre as dedicadas ao presidente durante o Estado Novo: "Marcha para o oeste" (Braguinha e Alberto Ribeiro), "Glórias do Brasil" (Zé Pretinho e Antônio Gilberto), "É negócio casar" (Ataulfo Alves e Felisberto Martins), "O sorriso do presidente" (Alberto Ribeiro e Alcyr Pires Vermelho), "Brasil brasileiro" (Sebastião Lima e Henrique de Almeida), "Quem é o tal?" (Ubirajara Nesdan e Afonso Teixeira), "Diplomata" (Henrique Gonçalez) e "Salve 19 de abril" (Benedito Lacerda e Darci de Oliveira). Obviamente, as músicas eram elogiosas, caso contrário não teriam passado pela censura do DIP. O pesquisador ressalva, porém, que "seria injusto negar o fascínio da personalidade de Getúlio, que, não obstante sua posição de ditador, deve ter sinceramente cativado diversos compositores".[137] É bem verdade que Getúlio Vargas procurava atrair a classe. Um exemplo foi a Lei nº 385, promulgada em janeiro de 1937, "estimulando as atividades artísticas e obrigando a inclusão de autores brasileiros natos em todas as programações musicais".[138] Mas é preciso lembrar, como já foi dito, que, mesmo antes da Revolução de 30, ainda em 1928, o deputado Getúlio Vargas obteve a aprovação para o Decreto-lei nº 5.492, de sua autoria, que determinava o "'pagamento de direitos autorais por todas as empresas que lidassem com músicas'. [...] Estas e outras medidas granjearam para Getúlio uma forte simpatia entre os sambistas de modo geral"[139] ou, melhor dizendo, entre os compositores.

Em 1934, como também se viu no início deste capítulo, ele interveio no episódio da greve das estações de rádio, que resultou em mais um decreto favorável aos compositores. Mas havia a contrapartida. Em 1937, por exemplo, novo decreto de Getúlio determinava dessa vez que

> [...] os enredos de escolas de samba tivessem caráter histórico, didático e patriótico. Os fatos assim se encadeavam em direção a uma interferência cada vez maior no mundo do samba e do carnaval por parte das autoridades, interferência que renderia importantes dividendos políticos a Vargas e se transformaria num dos seus mais eficazes mecanismos de controle da cultura popular e promoção de sua imagem [...][140]

O novo decreto coadunava-se com o contexto de um progressivo controle das manifestações populares pelas autoridades políticas/públicas, que já em 1933 começaram por oficializar o carnaval. Se a todo direito corresponde um dever, a cada decreto ou ingerência, mesmo que em defesa das atividades ditas populares, correspondia uma maior regulação. Eneida da Costa Morais descreve que, a partir daquele ano,

> A Prefeitura, pela sua Comissão de Turismo, traçava os programas dos festejos, que iam desde as batalhas de confetes nas ruas, aos banhos de mar à fantasia, desfiles de ranchos, blocos e grandes sociedades, corsos e bailes. Foi nesse momento que criaram o baile do [Theatro] Municipal, nota alta para a grã-finagem.[141]

Ao mesmo tempo que se realizava o primeiro baile carnavalesco do Theatro Municipal,* segundo Sérgio Cabral, Pedro Ernesto, o interventor no Distrito Federal, apoiou com "subvenções mínimas de dois contos de réis" todas "as chamadas Grandes Sociedades (Tenentes do Diabo, Fenianos, Democráticos), todos os ranchos carnavalescos, vários blocos e escolas de samba".[142]

Eram inegáveis a defesa dos direitos da classe e a progressiva regulamentação da profissão empreendidas por Getúlio, e isso, é claro, atraía para ele a boa vontade (até mesmo a gratidão) de grande parte dos compositores — ainda que mesmo a gratidão fosse

---

*Segundo Hermano Vianna, o primeiro baile foi em 1932 (Hermano Vianna, *O mistério do samba*, p. 124).

marcada por forte ambiguidade, palavra que parece melhor caracterizar a relação do presidente com a classe artística, francamente hierarquizada. Por outro lado, o projeto regulatório era o caminho natural (ao menos dentro de um Estado de direito) da atividade de compositor como, de resto, de outras tantas atividades profissionais. O governante, por sua vez, intuía, muito provavelmente desde o início de sua carreira, o papel decisivo da Música Popular Brasileira e do rádio como poderosas armas de propaganda política e soube usá-las como ninguém. Não por acaso, em 1939 foi instituído o "Dia da Música Popular Brasileira", a ser comemorado em 3 de janeiro com direito a festa patrocinada pelo governo com a nata da classe artística do período. Entre as atribuições do seu novo órgão de imprensa e propaganda, o DIP,* criado em 1939, estava a de "censurar, organizar e patrocinar festas populares com intuito patriótico, educativo ou de propaganda turística", além de "fazer censura ao teatro, cinema, radiodifusão, imprensa".[143] Como bem resume Claudia Matos acerca da enorme popularidade gozada pelo presidente, com acento à ambiguidade de suas ações — no melhor estilo "morde e assopra" —, durante o período:

> Desta sorte, quer porque seu governo tenha promovido medidas de real benefício para as classes populares, quer porque tenham sido acionados mecanismos de propaganda eficazes, Getúlio Vargas gozava de grande popularidade entre as classes proletárias e a grande maioria dos sambistas. Os aspectos ditatoriais de seu governo são obliterados nos sambas da época que frequentemente exaltam a figura do "Gegê".[144]

---

*Conforme Jairo Severiano, o DIP era "sucessor do Departamento Oficial de Propaganda (DOP), criado em 2 de julho de 1931, reorganizado como Departamento de Propaganda e Difusão Cultural (DPDC), em 10 de julho de 1934, e transformado em Departamento Nacional de Propaganda (DNP), no início de 1938" (Jairo Severiano, *Uma história da música popular brasileira: das origens à modernidade*, p. 265). O Departamento de Imprensa e Propaganda foi criado "por decreto de 27 de dezembro de 1939, à semelhança do órgão congênere da Ditadura Fascista de Benito Mussolini" (ibidem, p. 265).

É bem verdade que o DIP, como importante instrumento de propaganda que era para o Estado Novo, não se limitava a controlar a imprensa e as diversões, mas também dava "sugestões" aos compositores. No entanto, a obliteração não é nem pode ser total; por mais fortes que sejam os instrumentos de controle, eles nunca obtêm um domínio completo sobre as consciências. Caso contrário, as ditaduras se perpetuariam, e vê-se que não é assim, ainda que possam durar bastante. Nas canções do período, parece ser mais adequado concordar com Maria Clara Mariani quando diz que: "Sucedem-se, convivem e até se mesclam manifestações espontâneas de percepção popular com fórmulas propostas por organismos oficiais que se propunham a utilizar a música como veículo de propaganda política, principalmente através do rádio."[145]

Em seu livro *Getúlio Vargas e a música popular*, Jairo Severiano selecionou 42 composições, inspiradas ou contendo referências feitas a Vargas, consagradas pela preferência popular, apresentando um vasto painel das impressões causadas por ele em três gerações de compositores. Sobre a produção musical e os lançamentos das gravadoras feitos no calor do momento da Revolução de 30, o autor explica: "É provável que o oportunismo — a perspectiva de agradar aos vitoriosos e, ao mesmo tempo, faturar em cima do assunto do momento — tenha pesado mais do que o entusiasmo dos compositores pela causa revolucionária para justificar tão extensa produção."[146] O período do Movimento Constitucionalista, organizado por São Paulo, foi pródigo em paródias, mais de trinta, "dedicadas" a Getúlio. Como se pode verificar na seleção a seguir, nem só de glorificações vivia a produção musical do período referente ao presidente: "Getúlio", "Ele de papo pro ar", "Chuchu" (apelido de Getúlio na época),* "O ditadô", "Monólogo do Chuchu", "Taí (Eu fiz tudo para o bem do ditador)", "Trepa no Catete", "A-e-i-o-u", "Gosto que me enrosco", "Chuchu subiu no pau", "As mágoas do Chuchu", "Ô... Ô... (Pra que fui sê ditadô)", "Se 'ele' perguntar", "Pelo telefone (Seu Getúlio

---

*Chuchu era grafado na época como xuxu.

mandou dizer)", "Tá com raiva de nós" e "Seu Getúlio vai". A paródia "A-e-i-o-u" é feita sobre a marcha homônima de Lamartine Babo e Noel Rosa:

> A-e-i-o-u
> É angu, é angu   (*bis*)
> O governo do Chuchu... Chuchu...[147]

No período imediatamente anterior ao golpe de 1937, da já citada "A menina presidência", de Nássara e Alencar, destaca-se também a marchinha "Pensão no Catete", de Lamartine Babo e Milton Amaral, em que é feita uma irreverente analogia entre a pensão e o país, no verso "Quem será o homem que vai governar a pensão?". Nela, é citado o cardápio da pensão para quem chegasse primeiro na corrida presidencial, que ainda se acreditava iria ocorrer, na qual havia "café (paulista), requeijão (mineiro) e churrasco (gaúcho)", como no trecho "[...] Tem café pro Gegê/ Requeijão pro Janjão/ Tem churrasco ao JuJu...".[148]

Durante o Estado Novo, por achar que muitas letras de música faziam o elogio da malandragem, o órgão de propaganda do governo "aconselhou", por exemplo, os compositores a exaltarem o trabalho em detrimento da boemia. Foi o caso do samba "É negócio casar", de Ataulfo Alves e Felisberto Martins, que elogia o Estado Novo e trata de um boêmio regenerado:

> Veja só!
> A minha vida como está mudada
> Não sou mais aquele
> Que entrava em casa alta madrugada[149]

O fato é que o DIP exerceria cada vez mais pressão sobre os compositores, interessado em que estes fizessem "sambas positivos", e não "sambas negativos", que faziam apologia à malandragem, à vadiagem e à boemia. Eulícia Esteves Vieira Vasconcelos, na monografia

"Tentou-se organizar a batucada", cita um artigo de Álvaro Salgado, publicado pela *Revista Cultura Política*, editada pelo próprio DIP, em 1941, sobre o assunto:

> [...] O samba, que traz em sua etimologia a marca do sensualismo, é feio, indecente, desarmônico e arrítmico. Mas, paciência: não repudiemos esse nosso irmão pelos defeitos que contém. Sejamos benévolos: lancemos mão da inteligência e da civilização. Tentemos, devagarinho, torná-lo mais educado e social.[150]

O DIP obteve sucesso relativo na tentativa de domesticar o samba, ao menos nas atividades oficiais. De acordo com Claudia Matos, "incentivava-se a participação do sambista no projeto trabalhista e populista do Estado Novo"[151] e censurava-se qualquer incentivo ou glorificação da malandragem. Um exemplo de ingerência do órgão foi o concurso "Noite da Música Popular", que organizou em 27 de janeiro de 1940, em prol das obras sociais da primeira-dama Darcy Vargas. Foram 32 músicas finalistas, 16 sambas e 16 marchas, com o concurso voltado para o carnaval de 1940. O júri, eleito pelos próprios compositores — na tentativa de evitar reclamações posteriores dos derrotados —, foi composto por Villa-Lobos (presidente), Pixinguinha, Luiz Peixoto, Eduardo Brown e Caribé da Rocha (este último substituiu Orestes Barbosa, que desistiu de participar do evento). Venceram o samba "Ó, seu Oscar", de Wilson Batista e Ataulfo Alves, e a marcha "Dama das camélias", de Alcyr Pires Vermelho e Braguinha. Wilson Batista, que "se apresentava como um malandro de lenço no pescoço, navalha no bolso etc. e proclamava que tinha 'orgulho de ser vadio'",[152] fez de "Ó, seu Oscar",* em parceria

---

*Uma curiosidade acerca desse concurso foi que, na categoria samba (havia também a categoria marcha), Ary Barroso concorreu com "Aquarela do Brasil" e perdeu — além da vitória de "Ó, seu Oscar", "Despedida da Mangueira" (Benedito Lacerda e Aldo Cabral) e "Cai, cai" (Roberto Martins) ficaram em segundo e terceiro lugar, respectivamente. Segundo Jairo Severiano e Zuza Homem de Mello, essa teria sido a razão do rompimento de Barroso com Villa-Lobos, presidente do júri; eles só se reconciliariam em 1955 (Jairo Severiano e Zuza Homem de Mello, *A canção no tempo: 85 anos de músicas brasileiras*, vol. 1, p. 178).

com Ataulfo Alves (autor do título e da segunda parte), um samba bem-comportado — pelo menos foi o que pareceu — de um homem trabalhador, embora enganado pela mulher, cuja primeira parte diz:

> Cheguei cansado do trabalho
> Quando a vizinha me chamou:
> Tá fazendo meia hora
> Que sua mulher foi embora...[153]

Para se constatar que, com toda a vigilância do DIP, as brechas eram usadas para escapar das suas determinações, mesmo "Ó, seu Oscar", a aludida música que elogiava o trabalhador, na verdade estava chamando o trabalhador de otário. Severiano e Mello contam, em *A canção do tempo*, que "[o compositor] Roberto Martins [dizia] que o nome 'Oscar' era muito usado na gíria do pessoal que frequentava o Café Nice, como designativo de tolo, paspalhão".[154]

Em 1945, livres do DIP, com a deposição de Getúlio Vargas — que mesmo na sombra, em seu refúgio na cidade gaúcha de São Borja, sua terra natal, continuou influenciando fortemente a política do país —, o fim da ditadura pelos militares e a eleição de Eurico Gaspar Dutra para presidente, os compositores "poderiam então focalizar a figura do cidadão Getúlio Vargas, sem a imposição do elogio ou restrição à crítica".[155] Exemplificando a produção do período, as composições "Palacete no Catete" (Herivelto Martins e Cyro de Souza); "Isto é o que nós queremos" (Ataulfo Alves); "Salada política" e "Marvina" (ambas de Alvarenga e Ranchinho); "João Paulino" (Alberto Ribeiro e José Maria de Abreu) e "Ai! Gegê" (Braguinha e José Maria de Abreu). Esta última, uma marcha irreverente pedindo a volta de Getúlio e criticando a inflação do período:

> Ai, Gegê! Que saudades...
> Que nós temos de você
>
> O feijão subiu de preço
> O café subiu também...[156]

A marcha "Palacete no Catete", por sua vez, foi feita para o carnaval de 1946. Agora, em vez de pensão, a sede do poder é tratada como um palacete desocupado, uma alusão à deposição de Getúlio, "inquilino" que ocupou o "imóvel" por longos 15 anos. A "senhoria", para se precaver de outro "inquilino" longevo, só aceita contrato de seis anos. Gravada pela fábrica Odeon, em 30 de novembro de 1945, por Francisco Alves, com Fon-Fon e sua Orquestra, a canção foi lançada em dezembro do mesmo ano:

> Existe um palacete no Catete
> E consta que foi desocupado
> O vizinho do lado estava informado   [bis]
> Que o seu vizinho
> Já pensava em se mudar
> Este inquilino, apesar dos desenganos
> Morou neste palacete... 15 anos!...[157]

O retorno de Vargas à vida pública, no pleito eleitoral de 1950, teve orientação exclusivamente nacionalista/populista. Aos 67 anos, ele ambicionava concluir a obra do varguismo, mas sofreu forte oposição e acusações até o suicídio, que encerrou sua vida e seu mandato. Entre as 11 músicas selecionadas do período se encontra "Retrato do velho", marchinha divertida de Haroldo Lobo e Marino Pinto, uma menção à volta de Getúlio ao poder:

> Bota o retrato do velho
> Outra vez
> Bota no mesmo lugar...[158]

Uma das características marcantes da Música Popular Brasileira, ao menos até a década de 1980, é a crônica política ou, no dizer de Jairo Severiano, "o registro em canções de fatos da vida do país",[159] como se vê nessa pequena amostra do presente capítulo. Segundo o pesquisador, da tragédia do Aquidabã à proeza aeronáutica do Jaú, das revoluções de 1930 e 1932, o Brasil nas Guerras Mundiais, a conquista da Copa do Mundo, campanhas eleitorais etc., nada ficou de fora do cancioneiro popular. Sem falar no "campo da idolatria pessoal", com músicas dedicadas a Santos Dumont, Rui Barbosa, Rio Branco, Carmen Miranda, Marta Rocha, Pelé, entre outras figuras que se destacaram, por um motivo ou por outro, no cenário nacional. Porém, nada se compara a Getúlio Vargas, que "inspirou o maior número de composições".[160] Não é à toa, portanto, que, volta e meia, surja um político se autoproclamando herdeiro do legado de Getúlio Vargas, ao menos em alguns de seus aspectos, positivos, claro, tamanha a força do seu espectro na política nacional.

Mesmo após seu suicídio — e provavelmente tal ato extremo tenha contribuído muito para isso —, Vargas continuou povoando o imaginário das canções populares pelo Brasil afora, como se pode verificar na toada gaúcha "Adeus, Getúlio Vargas" (Francisco Colman e J. Polidoro), cantada por Lane Silva (um disco independente); no samba carioca "A carta" (Silas de Oliveira e Marcelino Ramos), interpretado pelo rei da malandragem e do samba de breque Moreira da Silva; no rojão nordestino "Ele disse" (Edgar Ferreira), com Jackson do Pandeiro; e em "Presidente imortal", de Silvino Neto e interpretado pelo autor, que faz uma imitação perfeita da voz de Getúlio. Estas músicas, com maior ou menor eficiência, fizeram uma adaptação musical da carta-testamento do presidente ("Adeus, Getúlio Vargas" perde um pouco em comparação às demais, mais bem construídas, destacando-se por ter sido a primeira gravada). O samba-enredo da Mangueira, no carnaval de 1956, foi um perfil biográfico de Vargas, composto por Padeirinho (Osvaldo Vitalino de Oliveira), da ala dos compositores da Estação Primeira. Gravado pelo autor, a curiosidade está em que os percussionistas e instrumentistas foram dirigidos por Cartola. Braguinha, que já havia composto duas outras canções sobre Vargas, saudando a "Marcha para o oeste" (1939) e pedindo a volta de Getúlio em "Ai! Gegê" (1950), lançou, em 1958, o "Hino a Getúlio Vargas", fugindo ao seu estilo leve e informal: preferiu um hino épico.

O apogeu do rádio se situa entre 1940 e 1955, quando "o Estado Novo aproxima-se dos Estados Unidos, país cuja programação radiofônica, via ondas curtas, inspirava os profissionais brasileiros desde a década anterior".[161] Segundo Luiz Artur Ferraretto, com a "política da boa vizinhança", aumenta a influência americana no país, e as emissoras de rádio, a indústria fonográfica e os estúdios cinematográficos da Cinédia e da Atlântida funcionam como um sucedâneo nacional do *star system* hollywoodiano. O entretenimento é produto principal dessa indústria — mas já o era desde a regulamentação da propaganda em 1932, quando o rádio se afastou do amplo projeto educativo sonhado por Roquette Pinto no seu nascedouro —, se é que se pode, no período, referir-se a esses veículos dessa maneira, com a predominância de programas de auditório, radionovelas e humorísticos, além do radiojornalismo — que se desenvolve mais com a Segunda Guerra Mundial — e a cobertura esportiva.

Um dos grandes fenômenos de comunicação do *star system* brasileiro foi, sem dúvida nenhuma, a Rádio Nacional, a famosa PRE-8, que, a partir da década de 1940, reinou soberana por longo tempo na preferência do público. A emissora, inaugurada em 12 de setembro de 1936, pertencia à empresa A Noite, proprietária dos jornais *A Manhã* e *A Noite* e das revistas *Carioca* e *Vamos Ler*. Inicialmente, sua programação concentrava-se em apresentações de artistas ao vivo, noticiário e radioteatro. Entretanto, não se pode ignorar a força, no mesmo período, da Rádio Mayrink Veiga, a PRE-9, como se verá no capítulo a seguir.

4. Vocação para ser livre

Ciranda Cirandinha
Vamos todos cirandar
Vamos dar a meia-volta
Volta e meia vamos dar
O anel que tu me deste
Era vidro e se quebrou
O amor que tu me tinhas
Era pouco e se acabou
Por isso dona Rosa
Entre dentro desta roda
Diga um verso bem bonito
Diga adeus e vá-se embora*

"O que é que a baiana tem?", de Dorival Caymmi, permite compreender o funcionamento do mercado de música popular na Era do Rádio, ainda mais se for considerado o indiscutível sucesso nacional que o samba obteve, tornando-o um produto de primeira linha do período e alavancando uma série de reações, simultâneas e em cadeia, na vida cultural do país.

---

*"Ciranda, cirandinha", cantiga de roda ou, como classifica Luís da Câmara Cascudo (de quem Dorival Caymmi era grande admirador) no *Dicionário do folclore brasileiro*, p. 183, "dança de roda infantil e samba rural no Estado do Rio de Janeiro. É de origem portuguesa, música e letra, e uma das permanentes na literatura oral brasileira, [...] Ó ciranda, ó cirandinha/ Vamos todos cirandar,/ Vamos dar a meia-volta/ Meia-volta vamos dar// E depois da volta dada,/ Cavalheiro troque o par...".

Através do acompanhamento da trajetória de "O que é que a baiana tem?" e da de seu autor, mergulha-se não só no universo que envolve rádio, cinema, mercado fonográfico, direito autoral, imprensa e divulgação (marketing e publicidade), além de outros elementos adjacentes, secundários ou não, do circuito cultural, sempre com ênfase no circuito musical, como também se revelam as pressões e tensões sofridas pelo artista popular no período, nos seus embates no mercado de trabalho, na sociedade, na política e no, por assim dizer, mundo artístico.

"O que é que a baiana tem?" desvenda ainda características relacionadas à obra, ao processo de composição, ideal estético, sentido de liberdade e à autonomia de Dorival Caymmi, assim como ilumina as suas relações com artistas e intelectuais da época, principalmente escritores, jornalistas e compositores. E, não menos importante, o samba aponta para o mistério do sucesso popular, não o sucesso efêmero, bem entendido, mas o mistério do sucesso popular que atravessa os tempos.* O próprio compositor, em costumeiro tom bem-humorado, deu uma pista do ideal que o move, em entrevista à *Revista de Domingo*, do *Jornal do Brasil* (5/1/1986): "Eu demoro [a compor] porque sou pretensioso. Quero fazer músicas tão populares como 'Ciranda, cirandinha'." Sua obra parece que:

> Tem a força das canções folclóricas que perduram sem seus criadores. Décadas depois Caymmi confessou que seu maior desejo era fazer "Ciranda, cirandinha", outra grande alegoria da vida. "Uma coisa que se perca no meio do povo" — como gosta de dizer. Ama tanto a música, que deseja para ela a autonomia completa.[162]

Dorival Caymmi já tinha passado por quatro rádios em 1938 quando "O que é que a baiana tem?" o elevou à condição, no carnaval do ano seguinte, de uma das maiores revelações da Música

---

*A respeito da permanência e originalidade da música de Dorival Caymmi, ver Stella Caymmi, *Caymmi e a bossa nova: o portador inesperado — A obra de Dorival Caymmi (1938-1958)*.

Popular Brasileira, pelas mãos de Carmen Miranda, a mais importante cantora do período, até a sua estreia na Rádio Mayrink Veiga, emissora líder de audiência. A rápida ascensão de Caymmi é notável.

Vindo de Salvador, o baiano desembarcou no Rio de Janeiro, do navio *Itapé*, em 4 de abril de 1938. Em seus primeiros dias na cidade, havia batido sem sucesso na porta da Rádio Mayrink Veiga, com carta de apresentação de Assis Valente, amigo do primo José Brito Pitanga, que o ajudou a se estabelecer na cidade. Esta carta era endereçada a César Ladeira, diretor artístico da emissora, o mesmo que, meses depois, o chamaria de *Colombo dos balangandãs*. É preciso que se diga que naquela audição Caymmi cantou "No sertão" e, talvez, tenha sido a provável inexpressividade desta canção a razão da indiferença do famoso radialista:

> Lá no sertão nasce a vida e a alegria no coração
> Lá no sertão nasce a vida e a alegria no coração
> Nosso amor nasceu pelo São João,
> Na roda brejeira, na fogueira ao soluçar de um violão
> Lá no sertão nasce a vida e a alegria no coração
> Nosso amor morreu, com ingratidão,
> Cinzas de amor e de fogueira, tristezas no meu coração
> Lá no sertão nasce a vida e a alegria no coração
> Lá no sertão nasce a vida e a alegria no coração[163]

Pouco tempo depois, devido a contatos que fizera nas suas esporádicas andanças pelo Café Nice, fez uma participação, para cobrir a falta de atrações, no *Clube dos fantasmas*, programa de Lamartine Babo na Rádio Nacional, transmitido em horário tardio. Interpretou na ocasião "Noite de temporal", canção que impressionou o famoso compositor e radialista carioca, mas sem maiores consequências:

> É noite... É noite...
> Ê lambá ê... Ê lambá...
> Pescador não vá pra pesca
> Pescador não vá pescá
> Pescador não vá pra pesca
> Que é noite de temporá...
> Pescador se vai pra pesca
> Na noite de temporá
> A mãe se senta na areia
> Esperando ele vortá
> É noite... É noite...
> Ê lambá ê... Ê lambá...*

A propósito dessa composição, o artista, em entrevista, procurou explicar a sonoridade diferente do seu violão: "Em 'Noite de temporal', minha primeira canção praieira, procurei tocar acompanhado pelo toque de berimbau de capoeira. Sempre pus esses elementos, por isso meu violão era diferente."[164]

Foi na terceira tentativa, desta vez na Rádio Tupi, que as portas se abriram para o jovem. Ele conseguiu um teste na emissora, através do jornalista Edgar Pereira (outro amigo de seu primo Pitanga), da revista *O Cruzeiro*, que, junto com a Rádio Tupi, fazia parte do grupo Diários Associados, de Assis Chateaubriand. Chatô, como era conhecido o homem mais poderoso da imprensa da época, foi chamado às pressas por Theófilo de Barros Filho, diretor da emissora, impressionado com a apresentação do baiano. Caymmi havia cantado para Barros Filho "Noite de temporal" e "No sertão". Sem imaginar que desta vez estava na presença de Chateaubriand, interpretou "Promessa de pescador", causando um "rebuliçozinho no escritório de Theófilo".[165]

---

*A letra de "Noite de temporal" foi transcrita da gravação de Dorival Caymmi presente nas faixas bônus da reedição do LP *Canções praieiras* — originalmente lançado em 1954 — em *Caymmi, amor e mar*, caixa de sete CDs da Odeon (2000), faixa 11.

E... ê... ê... ê...
E... ê... ê... ê...
A Alodê
Yemanjá, Oiá
Senhora que é das águas
Tome conta de meu filho
Que eu também já fui do mar
Hoje to véio acabado
Nem no remo sei pegá
Tome conta de meu filho
Que eu também já fui do mar
E... ê... ê... ê...
E... ê... ê... ê...
A Alodê
Yemanjá, Oiá
Quando chegar seu dia
Pescador véio promete
Pescador vai lhe levá
Um presente bem bonito
Para dona Yemanjá
Filho dele é quem carrega
Desde terra até o mar
E... ê... ê... ê...
E... ê... ê... ê...
A Alodê
Yemanjá, Oiá*

A reação de Chatô não se fez esperar: "Seu Theófilo, o senhor é um gênio, este homem é um telúrico, é um homem da terra, um poeta... [...] ele é um menino, ele tem que ficar na Taba",[166] disse, referindo-se ao grupo que presidia, com suas costumeiras metáforas indígenas. Afora o impacto causado pelas canções, Caymmi deve ter chamado a atenção daquela pequena audiência, da qual também fazia parte o

---

*A letra de "Promessa de pescador" foi transcrita da gravação de Dorival Caymmi do LP *Caymmi*, da Odeon (1972), faixa 1.

maestro Isaac Feldman, da orquestra da rádio, por ser compositor, cantor e músico — não era comum nos anos 1930 e 1940 o autor interpretar as próprias músicas. Caymmi reconhece que "entrou no sucesso com dois pés direitos" e comenta: "Entrei ganhando tudo."[167] O produtor explicou ao jovem:

> Não cante para ninguém mais, você não assine contrato, não faça nada. A Tupi não tem condições de pagar [de oferecer um contrato], você vai ganhar um cachê de 30 mil-réis, a estreia vai ser agora no dia de São João. Mas, pelo amor de Deus, não cante e nem conte que canta para ninguém.[168]

No dia marcado, o elenco da Rádio Tupi (prefixo PRG-3) — Quarteto Tupã, Herivelto Martins, Dalva de Oliveira, entre outros — se apresentou no barracão do Santo Cristo onde funcionava a emissora. Nessa época, tudo era ao vivo, sem recursos de gravação. Estreante da noite, ao terminar de cantar "Noite de temporal", Caymmi se surpreendeu ao ouvir Carlos Frias, *speaker* da Rádio Tupi, anunciar: "O cantor que acabaram de ouvir encontra-se à disposição dos interessados à rua São José, 35, 1º andar."[169] Era o endereço da pensão onde estava morando. "Eu achei graça naquilo, ser anunciado como uma mercadoria",[170] comentou em entrevista o compositor, que não estava habituado às nascentes práticas da publicidade da Era do Rádio. Ele pensou consigo mesmo: "Eles estão me contratando e me botando na rua! Que coisa estranha!."[171] Theófilo explicou: "Não, é porque você realmente tem muita qualidade, tem um futuro pela frente. E a gente anuncia por uma questão de consciência. Uma rádio dessa ouve você assim de repente e pode querer",[172] disse Theófilo de Barros Filho.

Na verdade, a rádio mal podia pagar o que prometera. O cachê de 30 mil-réis de Caymmi, daquela apresentação, foi rateado por Carlos Frias, Manoel Barcelos, também *speaker* da emissora, pelo jornalista Francisco Rizzini e, para total surpresa do baiano, o dono do botequim em frente aos estúdios da Tupi entrou no rateio com 5 mil-réis. Como se comprova por esse episódio, havia no meio radiofônico uma mistura de informalidade, criatividade, má gestão e instabilidade financeira — e, em se tratando de Chatô, acrescentam-se arrojamento, tino comercial e esperteza. Caymmi recorda:

> E aquele dinheiro todo contadinho: "Está aqui: 30 mil-réis. Agora, no dia tal você vem duas vezes por semana, são 60." Eu fiz o cálculo e pensei: "Ih! A pensão está salva! Duzentos e quarenta?! Ih! Tá de ouro!." Saí por ali sem pensar na fama, só na segurança da pensão, na tranquilidade, sem vaidade. Depois me dei conta, num banheiro qualquer assim de repente, dá aquela ideia, não é? Eu digo assim: "Você está no Rio de Janeiro, virando artista... Que bom!"[173]

Em agosto, Caymmi transfere-se para a Rádio Transmissora (PRE-3), a quarta emissora, sem afetar em nada suas relações com Barros Filho, com quem passou a dividir um apartamento no Edifício Souza, no Centro: "Vai, Caymmi, eles vão pagar mais, vai começar sua carreira melhor, vai ganhar a vida, a amizade não perde por isso", garantiu Barros Filho.[174] Além de oferecerem um salário maior, "um cachê de 200 mil-réis mensais para duas apresentações por semana e 50 mil-réis por domingo, num programa patrocinado pelo Dragão, chamado *Meia Hora do Dragão*",[175] Dermival Costa Lima, conhecido do compositor dos tempos de sua passagem pelo jornal *O Imparcial* da Bahia, Erick Cerqueira (*speaker*) e Eduardo Brown argumentaram que todos os baianos deveriam ficar juntos. Tudo combinado de boca, sem nenhum contrato, com a costumeira informalidade do meio radialista do período. "No dia 2 de outubro de 1938, Caymmi participou da programação especial de domingo, da Rádio Transmissora, junto com Catulo da Paixão Cearense, Ciro Monteiro, Antenógenes Silva, Dircinha Batista, entre outros artistas do *cast* da emissora",[176] do qual também faziam parte Marília Batista, Manoel Reis, Bilu e Eugênio Martins com seu regional. O baiano tinha consciência da importância do rádio para a sua carreira artística:

A rotina era você ser do rádio, principalmente, era o que dava mais notícia. E, consequentemente, ia para o disco. O rádio fazia assim: tem um camarada agradando muito no rádio. Aí chamava para fazer um disco. Se o disco fosse bom, pegava no contrato também, no máximo dois anos e no mínimo um.[177]

O cinema teve importância decisiva para o sucesso de Caymmi no início de sua carreira, época em que o rádio tem uma participação relevante, mas secundária. Foi na Rádio Transmissora, em 1938, que Alberto Ribeiro, Mário Lago e Almirante escutaram pela primeira vez Dorival Caymmi e "O que é que a baiana tem?". Mário Lago contou em entrevista como foi:

> Fomos assistir na Rádio Transmissora à estréia da Orquestra do Fon-Fon (Otaviano Romero Monteiro), que era um grande saxofonista. Ficamos fascinados, eu, Alberto Ribeiro e Almirante com Caymmi. Todo mundo gostou. Caymmi bateu, valeu. No que cantou, estourou e seguiu em frente. Formou-se um círculo incrível em torno de Caymmi.[178]

Foi por conta dessa apresentação de Caymmi na Transmissora que "O que é que a baiana tem?" foi lembrada para substituir "Na Baixa do Sapateiro", de Ary Barroso, no filme *Banana da terra*, nova produção musical da Sonofilmes do americano Wallace Downey, "na linha dos alô-alôs de dois anos antes".[179] Downey havia dissolvido a sociedade com a Cinédia, montado a Sonofilmes com equipamento trazido por ele dos Estados Unidos e estava, pela primeira vez, arcando com todos os custos de produção da nova empresa. O americano cuidava de tudo pessoalmente:

> Dava palpites nos figurinos, maquiagem, iluminação e montagem, sempre para economizar tostões, e, depois de filmada uma cena, só faltava recolher os confetes do chão para usá-los na cena seguinte (na verdade, *fazia* isso escondido). Braguinha e Mario Lago, autores do roteiro, certificaram-se de que *Banana da terra* contaria a história

mais bisonha possível, para não perturbar a seqüência de números musicais. E ponha bisonho nisso: uma monarquia fictícia, a ilha de Bananolândia, produz mais bananas do que consegue comer; o primeiro-ministro (Oscarito) sugere que a rainha (Linda Batista) venha ao Brasil para vender o excesso; ela chega ao Rio em pleno Carnaval e... [180]

Banana da terra, previsto para ser lançado no período pré-carnavalesco de 1939, estava em fase de produção, e a equipe, formada por Braguinha, J. Rui Costa, além de Ribeiro, Lago e Almirante, entrou em polvorosa quando Ary Barroso pediu dez contos de réis — em torno de quinhentos dólares —, uma fortuna na época, para autorizar o uso de "Boneca de piche" (em parceria com Luiz Iglesias) e "Na Baixa do Sapateiro". "Era um despropósito", afirmou Almirante.[181] É que Almirante havia se esquecido da resposta que Ary dera a uma enquete da revista *Carioca*, pedindo uma autodefinição aos seus entrevistados, em agosto de 1936: "Sou um ótimo compositor e acho que nunca me pagam o que mereço."[182] Já Noel Rosa respondera: "Já disseram que eu sou um rapaz que tem jeito. Aceito a definição."[183]

Artistas do rádio como Aurora Miranda, Dircinha e Linda Batista, Orlando Silva, Carlos Galhardo, Castro Barbosa e o próprio Almirante estavam no musical, dirigido por J. Rui Costa, mas a grande atração era mesmo a estrela Carmen Miranda cantando as músicas de Ary Barroso, que se juntariam a "Menina do regimento" (Braguinha e Alberto Ribeiro), "A tirolesa" (Paulo Barbosa e Osvaldo Santiago), "A jardineira" (Benedito Lacerda e Humberto Porto) — que se tornou um clássico carnavalesco —, "Sei que é covardia" (Ataulfo Alves e Claudionor Cruz), "Amei demais" (Paulo Barbosa e Osvaldo Santiago), entre outras canções. Estava configurada a crise.

A produção buscava urgentemente uma solução que não atrasasse o cronograma já apertado, não alterasse os custos nem o cenário baiano de casario, já montado com uma lua cheia, coqueiro e lampião, adequado a "Na Baixa do Sapateiro", feito "com caprichos de Hollywood".[184] Mário Lago recorda que "Downey chamou Alberto Ribeiro e Braguinha para fazerem as músicas que substituiriam as de Ary Barroso. Alberto disse a Downey: 'Existe uma música sobre a Bahia que é especial.'"* Ele se referia a "'O que é que a baiana tem?', uma estilização do samba de roda da Boa Terra, brejeiro, sensual[...]"[185] Essa versão é também endossada por Jairo Severiano.** Recebida a autorização de Downey para a inclusão de "O que é que a baiana tem?" no filme, a equipe precisava ainda do consentimento de Carmen Miranda. A cantora já havia sido até mesmo acionada pelo próprio Downey para convencer Ary Barroso a manter o combinado, mas nada demovia o compositor. Segundo Ruy Castro, Ary Barroso provavelmente tomou consciência de que,

> uma vez "cedida" a Downey para uso num filme, a dita canção se tornava propriedade dele, Downey, e ia fazer a América por conta própria. Assim, para garantir um mínimo de retorno financeiro no caso de suas canções baterem asas, Ary resolvera pedir alto de saída. Se Downey pagasse, ótimo; se não, que fosse para o diabo.[186]

---

*Apud Stella Caymmi, *Dorival Caymmi: o mar e o tempo*, p. 129. "Pirulito", composta por Braguinha e Alberto Ribeiro, substituiu de fato "Boneca de piche", de Ary Barroso, e foi cantada no musical *Banana da terra* por Carmen Miranda e Almirante, artistas escalados para o número desde o início da produção.

**Sérgio Cabral, em *No tempo de Almirante: uma história do rádio e da MPB*, p. 138, apresenta outra versão dada por Paulo Netto, conhecido também como Paulo Trepadeira, locutor, cantor e amigo de Almirante. Segundo Netto, foi ele quem insistiu com Almirante para que Carmen cantasse o samba de Dorival Caymmi em *Banana da terra*. Aloysio de Oliveira, por sua vez, atribui a Almirante a ideia de usar "O que é que a baiana tem?" no filme e afirma que o radialista o teria levado à rádio em que o baiano trabalhava para ouvi-lo interpretar o samba. Oliveira, que conta o episódio em suas memórias, erra o nome do filme, confundindo *Banana da terra* com *Alô, alô, carnaval*, e erra também a emissora em que Caymmi se apresentava no período, afirmando ser a Rádio Nacional, quando o baiano estava na Transmissora (Aloysio de Oliveira, *De banda pra lua*, p. 63). A versão de Caymmi, dada em entrevista para o Museu da Imagem e do Som, em 24 de novembro de 1966, também apresenta vários erros e imprecisões, tais como também mencionar a Rádio Nacional em lugar da Rádio Transmissora, afirmar que "O que é que a baiana tem?" substituiu "Aquarela do Brasil", de Ary Barroso, quando na verdade foi "Na Baixa do Sapateiro", resumindo um episódio que depois foi pormenorizadamente contado em entrevista para sua biografia *Dorival Caymmi: o mar e o tempo*, p. 127-139.

O mineiro tinha razão. O produtor tinha outros interesses, não declarados, naturalmente, afora a preocupação com a qualidade do repertório e das atrações do musical *Banana da terra*. Downey estava empenhadíssimo no repertório musical de seus filmes: "Em todas as partituras de canções apresentadas nos filmes produzidos por ele podia-se ler no rodapé: 'Direitos para os países estrangeiros controlados pela Música International Downey Rio de Janeiro-Buenos Aires.'"[187] Ou seja, os direitos das canções no exterior — leia-se o lucro obtido com as músicas por ele controladas — iriam não para os compositores das mesmas, mas para Downey, já que o documento assinado por eles era de cessão de direitos. Ele nem sequer propunha um percentual para os autores. *Banana da terra*, com inúmeras músicas já filmadas, garantira a ele de antemão a posse de vários sambas e marchas carnavalescas no exterior. Uma verdadeira mina de ouro.

Para que Carmen Miranda conhecesse "O que é que a baiana tem?", sem que o compositor criasse expectativas antes da aprovação da cantora, foi montada uma estratégia mirabolante. O compositor e cantor Newton Teixeira, colega da Rádio Transmissora, convenceu Caymmi, a pretexto de ouvir sua voz gravada, coisa difícil na época, a acompanhá-lo aos estúdios da Sonofilmes, na avenida Venezuela, onde já se encontrava na técnica Moacir Fenelon.* A ideia era gravar "O que é que a baiana tem?" sem que ele percebesse o verdadeiro motivo da gravação. Caso a cantora não aprovasse o samba, ninguém da produção teria se comprometido com o baiano, que não saberia de nada. Tudo feito na surdina, como Caymmi relata:

> Almirante e Braguinha primeiro levaram para ela um acetato pirata, uma gravação meio pirata. Não era nem acetato, era uma gravação feita como se fosse experiência de vozes, e um amigo meu, compositor e cantor já falecido, Newton Teixeira, disse: "Caymmi, você já ouviu sua voz?" Eu disse: "Bom, ouvi na..." Ele disse: "Mas já ouviu gravado?" Eu

---

*Moacir Fenelon, formado em técnico de som nos Estados Unidos nos anos 1920, foi um dos fundadores da Atlântida Cinematográfica em 1941, atuando como diretor e produtor de cinema.

disse que não. Aí ele falou: "Vamos ali, que tem um estúdio particular e estão gravando para fazer uma experiência. Vamos lá? Vai Orlando Silva daqui a pouco." Aí eu fui naquela, fui enganado, docemente enganado. Porque ele não me disse qual era a intenção. Já era para pegarem "O que é que a baiana tem?", no meio do que eu cantasse, a pedido deles. E foi o que aconteceu. Eu entrei no estúdio, tinha um senhor estrábico, Moacir Fenelon, um senhor muito simpático. Braguinha ali, todos na técnica trabalhando. E era uma pirataria comigo, né?! Newton Teixeira, muito vaselina, me levando: "Canta aquela do mar que você cantou, aquela assim: o mar, quando quebra na praia." E aí: "Ah, você não tem um negócio de Bahia?" Eu disse: "Tenho 'O que é que a baiana tem?'" [cantando]. E ele disse: "Canta isso!"[188]

A tal gravação pirata não devia estar nada boa, pois foi preciso conduzir Caymmi pessoalmente à casa de Carmen. Almirante telefonou para a pensão e combinou de levá-lo à casa da cantora na Urca no dia seguinte, conforme recorda o compositor:

> Fui levado pelo Almirante, que me explicou: "Você vai comigo na casa da Carmen Miranda. Eu, Braguinha e você. Eu te pego aqui e levo lá, porque ela quer ouvir a sua música, ela própria." Aí veio logo a proposta: "Você ganha 100 mil-réis para inclusão da sua música no filme." Era muito dinheiro para um estreante. Ele disse assim: "Não há vantagem nenhuma nem desvantagem, porque aqui está Mário Lago, 100 mil-réis, Fulano, 100 mil-réis." Os compositores todos de Carnaval que iam entrar no filme, todos a 100 mil-réis. Mas eu prefiro não entrar no mérito [sobre o cachê de Ary Barroso] porque eu não conheci de perto essa coisa toda, porque eu era muito novo e só soube depois.[189]

De fato, quando o compositor soube de toda a história, ficou muito impressionado: "Eu soube depois e fiquei embaraçado, porque era o extremo, eu, um anônimo, e Ary Barroso, a glória da música popular."[190] Wallace Downey, por sua vez, ainda fez uma enorme economia, já que "os cem mil-réis que foram oferecidos a Caymmi correspondiam a cinco dólares, 'um valor cinquenta vezes menor do que Ary pedira para autorizar a música'".[191] Na mesma entrevista,[192] Caymmi descreve a ida à casa de Carmen Miranda — "já estava conhecendo a estrela de perto, o que foi emocionante, bonito, gostoso; eu gostei muito dela de cara, ficamos amigos"[193] —, que aconteceu em outubro de 1938:

> Quando fui levado por Almirante e Braguinha na casa de Carmen Miranda, na Ladeira de São Sebastião, na Urca, ela já estava informada de tudo, ela já tinha ouvido e não tinha entendido, não tinha "morado" no assunto. Preferiu ouvir o cantor ao vivo para sentir como é que era. Porque ouvir é uma coisa, e ver cantar é outra. Então, quando eu cheguei lá, ela disse: "Ah, é esse rapaz aí? Então canta você mesmo, com seu violão." Eu estava com meu violão e cantei. Ela disse: "Ah, Almirante, assim é outra coisa, assim a impressão é outra, eu posso fazer uma coisa assim e tal. Pode-se fazer uma baiana rodada, bonita." Aí começou o plano de "O que é que a baiana tem?" para cinema, para o filme Banana da Terra. [...] Isso foi tão eficiente, esse movimento, que dali ela convocou Aluizio de Oliveira, que constava ser o namoradinho dela naquela época, que, por sua vez, colocou coristas e entrou no coro com o Almirante. E naquela mesma noite (olha só a pressa!) fomos para o estúdio da Odeon, na Rádio Tupi, no bairro da Saúde, naquela época (distante, portanto), no Centro, perto de Santo Cristo. Então, chegamos lá e gravamos a trilha do filme, no mesmo dia.[194]

A gravação na Tupi a que Caymmi se refere é a sonorização do filme feita separadamente da filmagem propriamente dita, que aconteceu pouco depois. Apesar de não aparecer em *Banana da terra*, embora muitos garantam equivocadamente o contrário, o baiano cantou na sonorização, solando uma parte do samba. Isto porque — é Caymmi quem conta — "Quando ela ouviu, ao vivo, cantado por mim, com ritmo do violão, eu tocando e ela vendo, ela então começou a sentir a brejeirice da coisa, que entrou no jeito dela"[195] e, certamente, o convite para cantar com Carmen Miranda — que não era pouca coisa — veio da percepção de que ele, o compositor, igualmente brejeiro e sestroso, era o parceiro ideal para dar "molho" à gravação. O compositor continua o relato:

> Então, foi uma beleza, porque aí chegou o Bando da Lua,* que morava perto da Carmen Miranda, ali no Flamengo. E aí foi aquela enxurrada de gente tudo para Santo Cristo para gravar. Aí armou-se o negócio. Almirante saiu botando uma graça aqui e ali. Quando eu cantava "Tem torso de seda tem", ela dizia: "Tem? E o que mais?". Na gravação original. [...] O estúdio aquelas alturas vazio, o bairro vazio, noite, quase não tinha população ali ao redor. Não tinha nada de espalhafatoso. Foi um ensaio rigoroso, muito cheio de charme, tudo saindo direitinho. Me senti assim como o sujeito que entra na história, que entra na fama com dois pés direitos.[196]

Antes, porém, quando ainda estavam conversando em sua casa, Carmen fez um pedido a ele: "Essa música é exatamente o que eu quero. Precisamos combinar de você voltar aqui para me ajudar a entender a letra."[197] Estava sendo gestada a baiana estilizada que Carmen iria personificar a partir de "O que é que a baiana tem?":

> O que é que a baiana tem?
> Que é que a baiana tem?
>
> Tem torço de seda, tem!
> Tem brincos de ouro, tem!
> Corrente de ouro, tem!
> Tem pano da Costa, tem!
> Tem bata rendada, tem!
> Pulseira de ouro, tem!
> Tem saia engomada, tem!
> Sandália enfeitada, tem!

---

*O Bando da Lua era formado por Aloysio de Oliveira, Hélio Jordão Pereira, Vadeco (Osvaldo de Morais Eboli), Ivo Astolf e os irmãos Afonso, Armando e Stênio Osório.

> Tem graça como ninguém...
> Como ela requebra bem...
>
> Quando você se requebrar
> Caia por cima de mim
> Caia por cima de mim
> Caia por cima de mim
>
> O que é que a baiana tem?
> Que é que a baiana tem?
>
> Só vai no Bonfim quem tem...
> Só vai no Bonfim quem tem...
>
> Um rosário de ouro
> Uma bolota assim
> Quem não tem balangandãs
> Não vai no Bonfim
> Oi, não vai no Bonfim
> Oi, não vai no Bonfim[198]

A própria Carmen ligou para a pensão e buscou Caymmi para irem juntos ao ateliê de J. Luiz, figurinista da *Fon-Fon*, uma revista muito popular na época. Lá, Caymmi procurou explicar o traje típico da baiana — torço, pano da costa, bata rendada, balangandãs — para o figurinista, que foi criando uma concepção estilizada, apropriada para o filme. Sobre o samba que fazia, Dorival Caymmi esclarece:

> [...] não tinha estilo baiano de música, não tinha estilo mineiro. Porque essas mentiras, isso tudo é mentira, não tem estilo, não tem música baiana, não tem música mineira, não tem. Não me venha com essa, que essa nunca colou. Individualmente o Gilberto Gil é Gilberto Gil, Caetano Veloso é Caetano Veloso. Podiam tanto ter nascido em Fortaleza ou no Rio Grande do Sul, no Amapá, no Amazonas, em Santa Catarina, eles seriam o que são: talentosos e iam encontrar

linguagem para dizer o que eles sempre disseram da vida, das coisas, da paisagem e do local de vida, em que vivem e viveram. [Música] típica [baiana] não existe. A música brasileira é samba. Depois as canções — as coisas que tiveram influência europeia como a modinha, que vem daquele lundu português, das canções portuguesas por causa da Colônia. Mas nós viemos do lado negro, do lado bom e saiu o samba, o ritmo, a percussão. Então o samba dominou, e dominou porque é dançante também. Então música típica brasileira é samba. E o samba na Bahia era um estilo de samba de mote e glosa, é você abrir um estribilho e o outro responder, é o samba de umbigada, samba de rua, com influência portuguesa e africana. Isso a Bahia tem, esse tipo de samba é muito típico, mas nunca valorizaram como estilo. "Adalgisa"* é típica de rua. Cantigas de roda em tempo de marchas feitas dentro daquele estilo, daquela coisa, bem do povo, nascido do povo, de autor anônimo. Ou seja, até se a Bahia pudesse ser dita como tendo um estilo próprio, só poderia ter sido este estilo: samba de umbigada, samba de resposta, de rua. Samba de roda. Então, a Bahia sempre teve muito prestígio em termos de samba, muito prestígio na música carioca. Tanto que você vê que a Bahia sempre está aparecendo em música popular. Vou lhe citar uns exemplos assim de passagem, quer ver? Do tempo da gravação mais primitiva, em que se anunciava o cantor no próprio disco e quem editava o disco era uma... Um exemplo: a Casa Edison, do Rio de Janeiro, se não me engano, Rua do Ouvidor, 107 (pode me falhar a memória aqui). Cantada pelo Baiano para a Casa Edison no Rio de Janeiro. Entendeu? Tinha um certo Baiano, olha o prestígio. Baiano era um cantor brasileiro de fama.[199]

Especificamente sobre "O que é que a baiana tem?", Caymmi revela a gênese do samba, suas fontes de inspiração, processo de composição e os elementos que excitaram a curiosidade e imaginação de Carmen Miranda:

---

*"Adalgisa": "Adalgisa mandou 'dizê' [solo]/ Que a Bahia tá viva ainda lá [coro]/ Que a Bahia tá viva ainda lá [coro]/ Que a Bahia tá viva ainda lá [coro]/ Com a Graça de Deus inda lá [solo]/ Que nada mudou inda lá" (Stella Caymmi, *Dorival Caymmi: o mar e o tempo*, p. 338).

> Eu quero dizer que o balangandã nasceu desse contato com tio Nonô. E tinha um jeito que se falava: "Ah, aquelas mulatas do partido alto!", "só se ia ao Bonfim, meu filho, levando o luxo". Aquele meninozinho de carregar a cadeira de ajoelhar [...]. As escravas de bom dinheiro tinham seus criados. Com a Abolição da Escravatura, continuou. Eram mulatas do partido alto. Categoria. Partido quer dizer: valor pessoal, bom partido. [...] Ele [tio Nonô] dizia rindo assim: "Quem não tem balangandãs não vai ao Bonfim." Isso era um ditado da época. E eu fui urdindo na cabeça, na Bahia, a forma de autenticar a mulata de saia, mas sem a coragem de classificar minha mulata, natural da minha terra com o nome, entre aspas, de baiana. Era uma coisa que acontecia, uma coisa natural no Rio de Janeiro de chamar assim: "Vem uma baiana aí. Você viu aquela baiana cheia de coisa?" Porque afinal de contas não eram cariocas, não eram mineiras, não eram paulistas, não eram gaúchas. Eram baianas. Mas para nós não eram baianas; para nós eram naturais. Para nós era a mulher de saia, a mulher do acarajé, a mulher do amendoim, a preta do acarajé, era a crioula do mingau. Crioula, então, se usava muito. Era a vendedeira do amendoim, do amendoim cozido, do amendoim torrado, do fubá de amendoim, especialidade dela. Então, não era uma baiana.[200]

Foi, portanto, da necessidade de descrever a mulher da sua terra para os cariocas que nasceu "O que é que a baiana tem?". Como se verá a seguir, não só a história dos balangandãs aprendida do tio Nonô, que era ourives de profissão, ficou em sua memória, impressionando-o profundamente, como ficaram retidas a sonoridade e a musicalidade da palavra balangandãs e da fala popular expressa no ditado "Quem não tem balangandãs não vai no Bonfim".* É preciso lembrar que Caymmi costumava ir, como muitos baianos, aliás, à

---

*O programa de correção automática do computador, programado em princípio para assinalar erros que fogem à norma culta, propôs mudar "Quem não tem balangandãs não vai *no* Bonfim" por "Quem não tem balangandãs não vai *ao* Bonfim", mas evidentemente tal mudança implicaria a perda da sonoridade, da musicalidade da fala popular, da oralidade do povo, uma das fontes de inspiração de Dorival Caymmi. Como afirmam Antonio Risério e Tuzé de Abreu, "antes que à 'norma', Caymmi prende-se à fala" (Antonio Risério, *Caymmi: uma utopia de lugar*, p. 139).

roça de candomblé na Bahia — a partir dos anos 1960, Caymmi e Stella, "durante todo o tempo em que viveram na Bahia, envolveram-se a fundo com o candomblé"[201] e frequentavam "o Gantois e o Axé Ôpô Afonjá, junto com os irmãos de 'esteira' Jorge Amado e Carybé. Eram os mais importantes candomblés da Bahia".[202] Do último, Axé Ôpô Afonjá, o compositor recebeu o título de Obá de Xangô, um dos 12 ministros de Xangô — "seu título completo era Obá Ónikôyi".[203]

Mas a motivação central de Caymmi era descrever para o carioca a mulher baiana, desconhecida do resto do Brasil, e que foi profundamente observada pelo compositor. Mulher que Caymmi, à maneira de um historiador ou antropólogo popular, sem abandonar jamais a força erótica do seu povo, que ele conhecia bem, sentia necessidade de transmitir e cristalizar, o que acabou por valorizá-la. E quem era essa mulher? Era a negra, a mulata baiana, a mulata e negra brasileira. Caymmi continua o seu relato:

> Quando eu fui urdindo a música, eu já estava no Rio, me vi na necessidade de qualificar de baiana. Assim: "O que é que a baiana tem?". E resolvi explicar para um povo estranho ao meu o que era uma baiana. Quer dizer, aquela saia, o chamado turbante, que na Bahia não se chamava turbante, apesar de ser, chamavam de torço [...]. O pano da costa manda-se vir da costa d'África. É um tecido especial e uma estamparia, um bordado especial. Pano da costa é de muita categoria. Portanto, coisa importada da África por causa das raízes. Elas tendo um dinheirinho a mais, elas botavam na mão de um portador para comprar na África. Os búzios, não é só para candomblé, é para uso pessoal. As contas, de fazer colares, vindas da África, de sementes e de louça, feitos à mão ou coisa assim, artesanato africano, do Dahomei, da Nigéria. Ele [tio Nonô] me disse assim: "Quem não tem balangandãs não vai no Bonfim." E eu escrevi a palavra balangandãs, e saboreei, quis explicar o gosto da palavra [quando estava] na Bahia, mas não dava eco. Na Bahia eu sabia o que era música, compositor, o que eu queria ser. Eu não queria ser profissional; eu queria mostrar minhas graças. [...] Pois bem, mas os balangandãs ficaram.[204]

Caymmi foi compondo a baiana, com um demorado olhar de cima a baixo, sem perder um só detalhe, à maneira de um Debret, que ele mesmo citou em entrevista: "A palavra não me saiu da cabeça. Eu voltei à investigação de balangandãs, eu vi gravuras dos livros, das antiguidades, dos homens da fotografia, os homens que varejavam o Brasil, como Debret, como os desenhistas que seriam os fotógrafos de hoje, que eram os fotógrafos da época."[205] O compositor, cuja música era ela própria um instantâneo, uma fotografia de época — não foi à toa que denominaram "Postais da Bahia" o conjunto de suas músicas de temática baiana, com suas festas e costumes —, prossegue em suas explicações sobre como compôs "O que é que a baiana tem?":

> Quando eu me vi no Rio, eu digo: "Meu Deus! Eu tenho aqui tudo armado: tem torço de seda tem, tem brincos de ouro tem." Eu fui armando por aí, a crioula armada com a roupa de dia de festa. "Tem torço de seda tem, tem brincos de ouro tem", eu fui armando pela cabeça. "Correntes de ouro tem", uns correntões que eu tinha visto no tio Nonô, que Mãe Menininha, naquele retrato que tem em [casa em] Rio das Ostras, você vê os correntões de Mãe Menininha com as contas de santos, com aquelas coisas no meio. Que beleza, né? Eu digo: então, "tem pano da costa tem." Depois, embaixo do pano da costa: "a bata rendada tem". "Pulseiras de ouro tem," a mão na frente. "Tem saia engomada tem, sandália enfeitada tem." Eu podia botar anáguas, mas não dava. E fui urdindo, fazendo a formação do tipo vestido. Até aquela sandaliazinha que fica com o calcanhar meio de fora, com aquele salto fino, que é o charme pisar na rua com aquele calçamento. Eu achava que era um verdadeiro milagre. As mulheres pisarem, com aquele corpanzil, naquelas sandálias, e sambar. E o jeito no carnaval, de dançar nos coretos, nas praças. Na praça tinha um coreto, uma banda e tocava maxixe, uma coisa assim. Vinha um cara desempenado e tirava uma mulata daquela e dançava, fazia um parafuso, vinha embaixo, botava um lenço no pescoço, chapéu de panamá virado de lado, dava um balão. No maxixe, você via aquelas saias rodadas no ar. Era o sujeito dançando maxixe. Ah! O carnaval era lindo. Era o terreiro, aquele largo bonito, a Sé.[206]

Conforme Caymmi ia explicando, pode-se imaginar que Carmen e J. Luiz deviam estar cada vez mais fascinados, mas não mais fascinados que ele pela mulher de sua terra. O músico chegou a testemunhar, no período em que viveu em Salvador:

> [...] as baianas do partido alto, que tinham proteção, tinham bem-estar, boa vida, protegidas de homens ricos, tinham criadagem, cadeirinha de ajoelhar para rezar que levava para a Igreja, [...] ao Bonfim, à Catedral, à Igreja da Misericórdia. Vi um séquito familiar de candomblé, das comunidades negras religiosas, que faziam isso. Tinha aquele sincretismo obrigado pela colônia, que impunha a religião católica, mas o negro escondeu atrás dos ídolos, dos santos católicos, seus ídolos negros.[207]

A música de Dorival Caymmi — ou ao menos parte de sua obra — sintetiza e documenta o Brasil. É possível contar a história do Brasil através de sua obra. Não o Brasil dos bancos escolares, mas o Brasil profundo. Ele canta o Brasil, é um dos intérpretes do Brasil e dos brasileiros. A respeito da oralidade em Caymmi, observa-se que algumas de suas músicas incorporam de tal maneira a fala do povo e soam tão bem, tão simples, tão naturais e, ao mesmo tempo, tão sofisticadas, que nem se sente. Ele compõe o simples que gera o singular, e não o vulgar, o ordinário. Da fala do povo, capta a musicalidade profunda que ele sintetiza em sua canção, música e letra. É do Brasil, do brasileiro, que ele está falando. Como intuiu Francisco Bosco, "Caymmi ecoa Homero"[208] ou, ainda mais categoricamente, como afirmou o músico João Nabuco:

> A imagem do Brasil foi construída aqui e lá fora utilizando o samba como referência. Apesar da variedade rítmica no país, o samba predominou porque se organizou no Rio, que era capital. O rádio que se iniciava levava Brasil afora essa imagem do carioca que virou a imagem do Brasileiro. Logo depois veio *Caymmi, nosso Homero* [grifo nosso], que nos pintou aquela visão do paraíso que vai ressoar na bossa nova, na tropicália, no axé etc.[209]

Caymmi ajudou a construir uma das possíveis identidades brasileiras na esfera da música popular, que assumiu no país, ao longo do século XX, uma importância equivalente à da poesia, na função de traduzir e espelhar a identidade de um povo. O sucesso de "O que é que a baiana tem?", por exemplo, não se explica apenas pelo exotismo de termos como balangandãs, torço ou pano da costa; tampouco pela qualidade do samba de acento baiano; pela qualidade melódica; ou pelo ritmo sincopado que "pegou no carnaval" e tomou conta das gentes; pelo molho rítmico desenvolvido com a tônica acentuada no uso reiterativo do "tem"; pela brejeirice da letra e de seus intérpretes; nem mesmo pelas alusões eróticas nela contidas ("Quando você se requebrar/ Caia por cima de mim"); ou ainda a estrutura dialogal ("mote e glosa"); pelas expressões da oralidade como "uma bolota assim" ou "Quem não tem balangandãs não vai no Bonfim"; e poderiam ser enumeradas muitas outras características na tentativa de explicar seu enorme sucesso — se é que é possível explicar toda a gama de elementos que compõe o fenômeno. Como afirma Fred Góes, "a significação do carnaval, fenômeno determinante da nossa identidade, se revela por meio dos narradores, poetas e letristas brasileiros".[210] Provavelmente são todos esses fatores enumerados e, possivelmente outros mais, que poderão explicitar a enorme repercussão do samba. Mas não se pode esquecer de que o compositor está descrevendo a baiana e de uma maneira como nunca se viu. E quem é essa baiana? É a negra brasileira que Caymmi "pinta" e mostra.

Carmen estava encantada com as possibilidades cênicas e de vestuário que entrevia em "O que é que a baiana tem?", conforme Caymmi lhe explicava o significado de cada elemento que vestia a baiana. É irresistível não especular que talvez em função do título do filme, *Banana da terra*, como um eco distante, as futuras baianas hollywoodianas de Carmen Miranda, cada vez mais estilizadas e delirantes, acabassem por se associar às bananas, como se vê na famosa cena de *Entre a loura e a morena*, filme da Fox, de 1943, em que um número interminável de bananas parece sair do turbante da cantora. Não era à toa que a cantora costumava declarar à imprensa norte-americana que *"banana is my business"*.

Não era a primeira vez que se cantava a Bahia na música popular, pelo contrário, a própria Carmen já o tinha feito ao longo da carreira em inúmeras músicas, dentre as quais: "No tabuleiro da baiana" (Ary Barroso/1936), "Baiana do tabuleiro" (André Filho/1937), "Quando eu penso na Bahia" (Ary Barroso e Luiz Peixoto/1937), em dueto com Sylvio Caldas, "Na Bahia" (Herivelto Martins e Humberto Porto/1938), "Na Baixa do Sapateiro" (Ary Barroso/1938), "Nas cadeiras da baiana" (Portelo Juno e Leo Cardoso/1938). Entretanto,

> Caymmi não trouxe apenas uma temática de apelo popular, pois além de suas letras trazerem aspectos e usos da vida baiana desconhecidos do resto do Brasil, como balangandãs ou os pregões das baianas, sua música era inteiramente diferente do que se ouvia no rádio de então, absolutamente original.[211]

"O que é que a baiana tem?" parecia até complementar "No tabuleiro da baiana", de Ary Barroso, na sua temática, pois, enquanto um samba descrevia o conteúdo do tabuleiro da baiana, o outro esmiuçava seu traje. Mesmo o traje da baiana não era estranho a Carmen:

> O que se pode dizer é que até ali o traje da baiana era apenas decorativo e, a partir do samba de Caymmi, tornou-se parte indissociável da personalidade artística da *Pequena Notável*. Abel Cardoso Júnior, em seu livro *Carmen Miranda: a cantora do Brasil*, esclarece: "De 1930 a 1939 a 'baiana' não existiu para Carmen, se bem que tal imagem sobre a cantora se formasse." O pesquisador se refere ao fato de temas baianos aparecerem com freqüência no repertório de Carmen Miranda.[212]

Depois de acompanhar Carmen Miranda na peregrinação pelos inúmeros lugares que ela percorreu, em busca dos acessórios para compor sua baiana — desde a casa da sua costureira, mulher do compositor Vicente Paiva,* para que o artista opinasse sobre uns tecidos argentinos adquiridos por ela recentemente, até a Casa Turuna, especializada em artigos para carnaval e teatro, localizada na avenida Passos, no centro do Rio, em busca de componentes para improvisar um balangandã —, Caymmi participou da filmagem a pedido da cantora, servindo-lhe de ponto.** O combinado era que "à medida que Carmen fosse cantando 'O que é que a baiana tem?' o baiano apontaria a parte do vestuário descrita em cada verso".[213] *Banana da terra* era o quarto musical de Carmen com Wallace Downey, quinto da sua carreira. Ela já havia participado de *A voz do carnaval* (1933), *Alô, alô, Brasil* (1935), *Estudantes* (1935) e *Alô, alô, carnaval* (1936), além de um semidocumentário, chamado *Carnaval cantado* (1932). O traje, naturalmente, ficou bem diferente do traje original das baianas descritas por Caymmi, mas, em linhas gerais, seguia a lista dos acessórios descritos no samba:

> Na concepção final, a cantora vestiu uma saia de veludo, nas cores dourada, verde e rosa-claro, com listras em diagonal, com uma pequena bata do mesmo tecido, deixando a barriga à mostra e um "pano da Costa" diáfano e brilhante, além de muitos colares no pescoço, frutas na cabeça e balangandãs nos braços. "Lamentavelmente o filme era em preto e branco, pois a roupa tinha um colorido lindo" — lembra Dorival.[214]

O fato inegável é que, por trás daquele traje, estava a negra baiana como matriz inspiradora — e a letra da música não dava margens a dúvida. Sobre o vestuário e o jogo de cena de Carmen Miranda, Caymmi comentou que a cantora

---

*Vicente Paiva compôs com Luiz Peixoto "Disseram que voltei americanizada", grande sucesso de Carmen Miranda.
**Ponto é o nome que se dá ao profissional, em geral de teatro, que serve de guia do ator ou cantor em cena para que ele não se perca no texto ou no roteiro.

era muito curiosa, muito pesquisadora desses tipos de coisas de moda, de adereços, de coisas bonitas, para se enfeitar, vaidosíssima como devia, é natural [...]. Ela era chegada a coisas colantes e brilhantes. Ela, antes das baianas, usava tanto vestidos como conjuntos de calça, ou tipo casaquinha, casaca, um tipo de croiset — tipo casaco, calça e cartola, como se fosse roupa de gala de homem —, feito em cores assim como vinho, como aparece em arquivos de Carmen Miranda, em livros e revistas da época. [...] Carmen Miranda fazia miséria com aquelas danças, aquele tipo criado por ela, aquela mise en scène, aquela mistura de jeito, de mãos, com jogo de corpo.[215]

A cantora decidiu conservar o traje de baiana de *Banana da terra* para usá-lo em seus shows, costume que passou a seguir nos filmes seguintes, "e, pressentindo a força de 'O que é que a baiana tem?' dois meses antes de o filme ser lançado, resolveu incluir uma nova baiana em seu guarda-roupa".[216]

Antes do lançamento de *Banana da terra* em circuito, nos dias que antecederam o carnaval de 1939, Caymmi já havia se transferido, em 13 de novembro do ano anterior, para a Rádio Nacional a convite de Almirante — fora suficiente tê-lo ouvido uma única vez "para conquistar a admiração do radialista, que era um crítico dos mais exigentes".[217] Almirante, em nome da rádio, ofereceu ao compositor "um contrato de três meses, com pagamento mensal de 700 mil-réis, mais publicidade em *A Noite, Noite Ilustrada* e *Carioca*",[218] e pediu ainda sua colaboração com costumes e folclore da Bahia para o *Curiosidades Musicais*, seu programa na emissora. "Entre o peso da Rádio Nacional e o da Rádio Transmissora, não pude vacilar",[219] afirmou o músico, que assinou contrato com Oduwaldo Cozzi, diretor da rádio.

Almirante considerava *Banana da terra* bastante deficiente do ponto de vista cinematográfico, mas isto não impediu que o filme batesse recordes de bilheteria no Cine Metro-Passeio, na Cinelândia — templo dos cinemas e confeitarias da época —, onde estreou em 10 de fevereiro de 1939. Do seu descanso na Ilha do Governador,

Braguinha comenta, em carta a Almirante,* que o filme "rendeu, nas 11 cidades em que foi levado, em apenas três dias, 208 contos de réis".[220] Era um bom dinheiro. Na saída do cinema, Dorival Caymmi descreve a reação do público a "O que é que a baiana tem?", interpretada por Carmen Miranda:

> [...] eu assisti à estreia, fiquei para a segunda sessão e ficava na porta e ouvia a seguinte frase, que realmente foi o meu sinal de consagração, porque eu ouvia o povo, eu ficava discretamente com um chapéu cobrindo a cabeça e ouvindo o pessoal saindo da estreia do filme e dizer: "O filme é razoável, não é grande coisa não", aquela crítica de quem sai do cinema. "Só tem uma que presta: é Carmen cantando aquela música da Bahia." Cada vez que eu ouvia isso, eu me arrepiava mais.[221]

Braguinha, ainda em carta a Almirante, responde às críticas que o radialista fez ao filme, sobretudo à qualidade do som, problema que o cinema brasileiro enfrentou até bem pouco tempo, e, talvez — já que não se tem a carta de Almirante para comprovar —, ao amadorismo de certas cenas com alguns dos artistas escalados que, por não serem atores, o mais provável é que não tenham ficado à vontade ante as câmeras:

> Acho que você tem razão na maior parte dos defeitos encontrados em "Banana da terra". Mas devemos levar em conta a falta de tempo e que certos artistas nossos levam semanas para fazerem uma cena de um minuto. Quanto ao som, acho que o defeito deve ser do aparelho daí, porque, aqui, o som tem recebido fartos elogios, dizendo-se mesmo ter sido o melhor feito por nós.[222]

Não havia, naquela época, para o lançamento de filmes um esquema promocional como o que há hoje. Dependia-se basicamente do boca a boca do público, além da execução das músicas pelas emis-

---
*Almirante e Braguinha eram cunhados.

soras de rádio, do apoio relativo da imprensa, sobretudo das poucas revistas especializadas, e do mercado fonográfico. Mas o público tinha, se não a última palavra, um peso maior no sucesso popular das músicas lançadas. Caymmi, em depoimento, descreve e critica a crescente manipulação na construção do sucesso popular, que foi perdendo o seu caráter espontâneo, ainda que essa espontaneidade precise ser relativizada em função da estrutura de difusão já existente com o rádio, cinema, gravadoras e a imprensa. Mas, sem dúvida, os recursos de marketing e propaganda no período eram em muito menor escala, assim como os mecanismos de controle, para não dizer escassos ou quase inexistentes:

> [...] não havia esse tipo de evento, de preparo, coquetel, não havia nada disso. Ia como se usava fazer, que era bonito: a gente esperava a reação do público. Hoje se usa manipular o público. Naquele tempo, era tão bom, minha neta, que a graça era que você confiava na rua. Tinha uma música, e alguém dizia assim: "Rapaz, pega essa música que ela está boa, ela vai pegar no Carnaval." Essa expressão "pegar no Carnaval" era o povo cantar espontaneamente. Não tinha serviço de alto-falante preparado previamente, botando a música, insistindo. As gravadoras começaram a investir em discos com antecedência para competir com as outras gravadoras, com músicas, assim: — "Toca essa, toca essa." Os compositores agiam. Chegou até um sistema meio criminoso: [...] o sujeito ia para a rádio trabalhar o discotecário: — "Bota o meu disco, corta esse aí." — "Não, mas está programada essa aqui pelo sucesso que está fazendo." Aí o camarada pegava um prego e discretamente riscava o disco. Eu conheci um. Aí o discotecário não conseguia tocar porque estava estragado, deixava de lado e tocava o seguinte. Eu conheci um camarada que fez isso. Quer dizer, um jogo baixo. Já era um pouco do mercado de música que não havia antes, porque a gente esperava que o público consagrasse [a música].[223]

A consagração do público era fundamental para o artista. Não obstante a ingenuidade do gesto de Caymmi, de esperar incógnito a reação do público à saída do cinema (atitude mais comum do que se pensa), como de resto a ingenuidade daquele período da Era do Rádio, se a compararmos com a indústria de marketing de hoje, de fato o grande termômetro das possibilidades de sucesso (ou insucesso) de uma composição era dado pelo público, o grande destinatário e juiz da canção. Na atualidade, é prática comum o teste com a plateia, às vezes mais de uma vez, sobretudo em cinema, antes da finalização do filme.

Embora fuja ao objetivo desta tese, é irresistível não pensar que se vive hoje uma espécie de Era do Marketing, na área cultural ao menos, para, a despeito do esquematismo flagrante, vislumbrar uma continuidade do que se está chamando aqui de Era do Rádio. Mas de fato isso requereria não uma, mas muitas pesquisas específicas, deixadas aos especialistas, dado que não é o objetivo deste trabalho, apesar de os objetos e contextos vez por outra se tangenciarem, quando se busca, por força da reflexão, o socorro na argumentação por contraste. De todo modo, se for considerada, apenas por este parágrafo, a possibilidade de um corte denominado Era do Marketing, poder-se-ia deduzir que ela teria começado a partir dos anos 1960. Ou, afinando mais a hipótese, ela teria se tornado mais visível com o rock internacional do período. E, indo mais longe, com a internet, popularizada a partir das duas últimas décadas do século XX, a Era do Marketing estaria vivendo, se não uma agonia, uma crise profunda. Não é difícil verificar que os modelos promocionais que moviam a indústria de entretenimento estão sendo desconstruídos com a avassaladora força da fragmentação e descentralização da rede. É só perceber, para ficar num único exemplo e não fugir do tema aqui proposto, a falência da indústria fonográfica, no Brasil, para não se ir mais longe, a mesma que a Era do Rádio viu nos seus primórdios ser construída — como está descrito na Introdução deste livro.

Mas não é isso que está sendo discutido aqui. Uma coisa é certa: as cartas foram novamente embaralhadas e não sabemos ainda como será o jogo daqui para a frente. E como não havia, tampouco, o socorro das pesquisas de opinião, enquetes ou testes com público, o jeito era fazer como Caymmi e "ouvir a voz do povo", como diz o ditado. "Eu tive a felicidade de ouvir mais de uma pessoa dizer: 'Esse filme só tem uma coisa que presta: aquela música que Carmen Miranda está cantando.' Foi a glória!",[224] comenta o baiano. O compositor volta a comparar o momento vivido por ele na Era do Rádio com aquele até os anos 1990 — período das entrevistas —, refletindo (e criticando) sobre os métodos promocionais, os aparatos de marketing e divulgação utilizados:

> Não se fazia lançamento. Havia honestidade nesse tempo, não se promovia nada. Sabe quem promovia? A própria obra, ela é que se fazia. A imprensa apenas se valia do seguinte: noticiava que uma determinada canção estava na boca do povo, de tão boa que era. Mas não tinha gente, promotores, empregados especiais para divulgar, não havia isso que há hoje. Hoje há uma máquina. Naquele tempo não, era espontâneo. Não se pagava ninguém para divulgar. Ela saía e ia para o coração do ouvinte espontaneamente. Ele ligava o rádio e... "Olha que belezinha!", estava tocando. Não era um locutor te malhando, malhando, malhando, como hoje se faz, essas porcarias, [sic] e gasta-se uma fortuna, investem em bagulho. E no fim ninguém canta, e quando canta, dá prejuízo.[225]

Na Era do Rádio, não se contava com os recursos de marketing da atualidade, cujas técnicas alcançaram extraordinário desenvolvimento na segunda metade do século XX, sem mencionar a atuação hoje fundamental das grandes assessorias de imprensa sobre a mídia na divulgação de um produto da indústria do entretenimento em conjunto com as agências publicitárias. Diferente do modesto lançamento de *Banana da terra*, o lançamento de um produto do gênero hoje em dia conta com um complexo sistema promocional que conjuga muitas empresas e objetivos. Entretanto, por mais complexa que se tenha tornado a divulgação hoje, não se pode fugir do esquema básico — produção, promoção e vendas. E a imprensa repercutia o lançamento de *Banana da terra*, como aparece em reportagem de *O Globo*, de 17 de fevereiro de 1939:

> O celulóide nacional *Banana da Terra* vem obtendo êxito sem precedentes na sala do Metro. Há duas coisas pelo menos ótimas: a dança do "Pirulito" e o formidabilíssimo samba de Carmen Miranda "O *Que é Que a Baiana Tem?*,", cujo autor o programa não determina, e que é o grande, o grandíssimo samba deste ano. Se o "Pirulito" apresentado por Almirante e Carmen é uma deliciosa invenção, o samba da baiana representa qualquer coisa de notável, novo, expressivo.

O cartaz era um instrumento promocional importante — provavelmente um legado do teatro ao cinema —, pois, além de promover o filme, trazia as informações mais relevantes, ao menos na ótica dos produtores, no caso Wallace Downey e sua equipe. O fato é que Caymmi não pôde contar com esse recurso a mais, já que

> [...] nem o nome de Caymmi nem o nome do seu samba constavam da peça promocional, embora constassem "Jardineira", "Sem banana macaco se arranja", "Não sei se é covardia", "Pirulito", "Amei", "Eu vou" e "Menina do regimento". Tudo leva a crer que a produção não contava com o sucesso de "O que é que a baiana tem?".[226]

Uma outra hipótese que se poderia levantar para a omissão do samba e seu autor no cartaz, além de logicamente ele ser um anônimo que, portanto, não resultaria em nenhum apelo para o público, era que o folheto já estivesse pronto à época da substituição de "Na Baixa do Sapateiro" por "O que é que a baiana tem?" e fosse mais fácil apagar que acrescentar. O fato é que "A baiana entrava triunfalmente em circulação. Dias depois do lançamento de *Banana da terra*, Carmen Miranda foi ao estúdio da Odeon para gravar 'O que é que a baiana tem?' e a 'A preta do acarajé', com Caymmi".[227] Carmen telefonou para o compositor: "Caymmi, seu samba é sucesso absoluto aqui em São Paulo. Vamos gravá-lo."[228] O baiano deu a dimensão de como o fato foi realmente extraordinário: "Carmen Miranda era uma pessoa que você não tocava, ela passava assim sobrevoando as coisas. Ligar para uma humilde pensão de estudantes da rua São José, procurando por um hóspede recente, com poucos meses de pensão. Ela estava me procurando para marcar encontro de trabalho, já toda interessada: 'Olha, eu tenho que embarcar para São Paulo, vou levar sua música, espero fazer um sucesso louco lá.'"[229] Foi assim — poder-se-ia dizer como em um conto de fadas — que Caymmi estreou em disco, em dueto com Carmen Miranda, com "A preta do acarajé", também de Caymmi, no lado B:

>Dez horas da noite
>Na rua deserta
>A preta mercando
>Parece um lamento...
>Iê abará
>Na sua gamela
>Tem molho cheiroso
>Pimenta da Costa
>Tem acarajé
>Ô acarajé eco olalai ô
>Vem benzê-ê-em
>Tá quentinho
>Todo mundo gosta de acarajé   [bis]
>O trabalho que dá prá fazer é que é   [bis]
>Todo mundo gosta de acarajé   [bis]
>Todo mundo gosta de abará   [bis]
>Ninguém quer saber o trabalho que dá   [bis]
>Todo mundo gosta de abará   [bis]
>Todo mundo gosta de acarajé
>Dez horas da noite
>Na rua deserta
>Quanto mais distante
>Parece um lamento...
>Iê abará*

---

*A letra de "A preta do acarajé" foi transcrita da gravação feita por Dorival Caymmi no LP *Caymmi* (1972), da Odeon, faixa 9.

O QUE É QUE A BAIANA TEM? — DORIVAL CAYMMI NA ERA DO RÁDIO

A propósito de "O que é que a baiana tem?", Jairo Severiano e Zuza Homem de Mello explicam que "era na época a melhor canção de Caymmi e ele pretendia lançá-la em seu disco de estreia".[230] Mas, diante do convite, o compositor não tinha o que pensar, era a glória dividir um disco com a estrela. A gravação aconteceu em 27 de fevereiro de 1939 e ambos foram acompanhados pelo regional da Rádio Mayrink Veiga, emissora em que a cantora reinava absoluta: "Garoto, Laurindo de Almeida e outros músicos da Mayrink, uns quatro. E Antonio Sergi* no pistom,"[231] recorda Dorival Caymmi. Sobre a participação do pistonista de São Paulo, o compositor comenta: "Sergi viu aquele remelexo todo, pensou logo em rumba — na rumba, o forte é o pistom — e deu aquele molho caribenho à introdução."[232] Caymmi acha que isso descaracterizou um pouco o samba.

A preocupação em ter uma "música forte" para a sua estreia no mercado fonográfico tinha fundamento. Quando da gravação com Carmen Miranda, a Odeon tratou de assegurar um contrato com Caymmi, já prevendo o sucesso do artista. Entretanto, ele se assustou com a exigência que constava em uma das cláusulas, de fazer seis discos de sucesso em dois anos. Cada 78 rpm continha duas canções; portanto, ao assiná-lo, ele assumia o compromisso de compor seis "sucessos" anuais, bem entendido, não seis músicas. É bem verdade, como lembra o autor, que, "em geral, um disco de rotação 78 era assim: bota uma [música] aí [no lado A] que puxa a outra",[233] referindo-se à música do lado B do disco, ou seja, três sucessos anuais bastavam, e estes alavancariam três discos. Mas como prever o sucesso de uma canção? O fato é que não é possível prever. Mesmo hoje, com toda a "tecnologia do marketing", com frequência toma-se conhecimento de ruidosos fracassos em diversas áreas da cultura, não só na música, apesar de todos os esforços em contrário — incluindo econômicos, com investimentos exorbitantes. Produtores, cantores, compositores, divulgadores, músicos e arranjadores, entre outros profissionais ligados à música, não podem garanti-lo. A diferença hoje é que, na

---

*Músico paulista.

mesma medida em que o mercado se desenvolveu e se sofisticou, a proteção ao compositor — infelizmente, não na mesma velocidade — aumentou, assim como a consciência dos seus direitos. Os compositores no período retratado aqui se viam desprotegidos diante de pressões absurdas como esta, como relata Caymmi:

> A Odeon me pediu, em 1939, que assinasse um contrato, fui instado mesmo pelos agentes da Odeon, já pessoas amigas do meio. Eles queriam um contrato um pouco absurdo que era fazer três discos de sucesso a cada ano, num contrato de dois anos. Como eu podia fazer doze sucessos? Ou seis sucessos do tipo de "O Que é Que a Baiana Tem?", "Vatapá", do tipo de "Você Já Foi à Bahia?"? [...] Isso era um absurdo pelo seguinte: além de eu ser o cantor, tinha que cantar bem, tinha de pensar no público, fazer um trabalho direito para a Odeon, com o disco, zelar pelo meu prestígio e pelo meu nome, porque era o começo. Na verdade eu já tinha começado há quase um ano, mas eu não podia garantir sucesso. Não tem garantia nenhuma. Era uma imposição que eu lutei. Tinha uma cláusula no contrato: "se não cumprir (não dizia assim tão radicalmente), seria anulado o contrato". Recebia o chamado bilhete azul.[234]

Como se pode verificar na citação acima, Caymmi já tinha, no início da vida profissional, a firme noção de ser o condutor da sua carreira e das implicações daí decorrentes. Ele sabia da importância e responsabilidade que envolvia fazer um disco e procurou resistir às pressões do meio fonográfico, que ele apenas começava a conhecer. Não bastava compor, cantar e tocar Música Popular Brasileira de qualidade, era preciso ter habilidade para não se submeter às imposições feitas. Apesar de ter uma música de sucesso gravada pela maior estrela da época, ele não tinha poder de barganha e foi preciso muita flexibilidade para sobreviver nos primeiros tempos.

Caymmi ainda tentou negociar com o diretor da Odeon, um estrangeiro, "muito discreto, mas seguidor daquelas formas de técnica de venda do período", "queria sucesso porque decerto devia ter prometido à empresa dele", relembra Caymmi. Deu-se, então, segundo o compositor, o seguinte diálogo:

— Senhor Strauss, o senhor nunca vai ter de mim os seis sucessos anuais, porque eu me sinto incapaz de garantir os sucessos.

— Não, você vê pelo sucesso de "O Que é Que a Baiana Tem?". Você faz, você tem talento.

— Eu conheço a minha capacidade de trabalho e meus limites de talento.

E ele insistiu.

— Eu vou assinar o contrato, mas vou receber o bilhete azul e venho trazer para o senhor.

O meu conceito era esse: eu não vou fabricar uma música para enganar o público nem a mim, em função da fábrica de disco. Aí esperei o bilhete azul que veio. Aí eu fui e falei ao senhor diretor: "Eu não disse que o senhor ia me botar na rua? Olha aqui o bilhete azul."[235]

O início rápido da carreira e o sucesso imediato de "O que é que a baiana tem?" — e na proporção em que veio — lançaram Caymmi no jogo do mercado, despreparado para as chamadas "manhas da profissão". De toda maneira, ele precisou de uma certa dose de "malandragem" para escapar — ou sobreviver — às pressões do meio e poder conduzir sua carreira. Entretanto, ele admite que não foi sem angústia:

> Eu fiquei muito amedrontado com contratos com companhias gravadoras. Me interessava, não com essa ânsia de hoje, de gravar milhões e tal, mas ser exclusivo de uma gravadora dava um certo prestígio, não há dúvida, artista exclusivo da Odeon, da Victor, da Columbia, da Parlaphon.[236]

Ser exclusivo de uma gravadora elevava a condição do artista, dava realmente muito prestígio, mas tinha o seu preço. Na Odeon, Dorival Caymmi gravou seu primeiro disco solo, um 78 rpm, com "Rainha do mar" (lado A) e "Promessa de pescador" (lado B), mas teve "dificuldade para agradar o público na linha do sucesso que vinha fazendo"[237] com "O que é que a baiana tem?". Considerando a voracidade da Odeon por sucessos, o disco surpreendentemente demorou a ser gravado, o que somente aconteceu em setembro de 1939. A possível explicação para o atraso quem dá é o próprio artista: "Ele [Strauss] disse: 'Esse segundo* disco de Caymmi está atrasado.' Disseram: 'Ele não tem sucesso para gravar.'"[238] Foi a partir daí, da falta de "sucessos" em potencial do compositor, que rescindiram seu contrato, uma vez que o disco seguinte do baiano, seu segundo solo, já saiu por outra gravadora, Columbia, em que gravou "O mar" nas duas faces de um 78 rpm, em 7 de novembro de 1940. Era comum se gravar a mesma música nos dois lados do 78 rpm, com uma versão instrumental no lado B, por exemplo, como foi o caso deste disco. Apesar da evidente importância de pertencer ao elenco exclusivo de uma gravadora — assim como de uma emissora de rádio, como relata a seguir —, Caymmi, após a experiência traumática na Odeon, se sentiu mais seguro como autônomo, optou, como ele gostava de dizer, por ser "avulso", e encontrou na Columbia e em Braguinha, diretor-artístico da gravadora na época, uma saída para gravar seus discos sem contratos leoninos ou, melhor ainda, sem contrato algum:

> Eu tinha vocação de homem livre e fiz de tudo para não ter contrato de obrigação com disco, como não gostaria de ter com rádio, mas [o contrato] era obrigatório. [...] Nessa fábrica Columbia, eu gravei um ou dois discos. [...] Avulso, não quis contrato com a obrigação de fazer música. Sabe por quê? Esse negócio de ser compositor e cantor, inventar música para cantar, era meio chato, contando com o respeito que eu tinha ao público. [...] Foi um negócio que eu não posso me arrepender. Depois desses dois discos, eu, sem contrato e sem nada, fiquei *zanzando* por aí. Aproveitava e viajava, gostava muito de viajar. E minha obrigação, o que me prendia mesmo, era o rádio, que me mantinha e era o melhor termômetro para consultar o público [...] Dava muito *status* ser exclusivo de uma estação de rádio. O sujeito aceitava qualquer preço, fazia qualquer negócio. O importante era ter esse mérito. Já eu achava que era melhor ser artista conhecido, falado na imprensa, falado pelo rádio, comentado, e viajar divulgando meu

---

*Provavelmente, consideram o primeiro disco aquele gravado com Carmen Miranda.

> repertório, descobrindo novidades do Brasil. Eu sempre gostei disso. Por isso não queria ficar preso. Quando eu tinha folga no contrato de rádio, eu saía e deixava um espaço. [Depois] ia às estações, procurando a que me pagasse mais, e continuava no rádio. Tinha aquela coisa trabalhosa do rádio de ter ensaio e coisas. A Rádio Nacional inaugurou ponto para artistas. [Achava desagradável ficar preso à obrigatoriedade do rádio] e ser apontado só como artista de rádio. Eu queria ser um artista... Eu já estava cada vez mais conhecido, mais procurado, em todas as camadas sociais. E gostava de viajar, gostava do Brasil. Fiquei mais preso ao Rio, por exemplo, por causa da família, embora com tendência a viagens.[239]

Caymmi foi percebendo, ao longo da carreira, que, apesar da segurança e notoriedade que representava ter um contrato de exclusividade com uma emissora de rádio, com um salário fixo, os shows eram uma excelente fonte de renda e lhe davam mais autonomia, na medida em que se tornava conhecido no Brasil, além de lhe permitir viajar, coisa de que gostava muito, e divulgar sua obra. Contudo, além da manifesta aversão em compor por obrigação ou por encomenda, da qual em diversas ocasiões não teve como escapar, o baiano tinha outras razões para, ao longo da carreira, ter constituído uma obra pequena em número de canções — pouco mais de 120 —, se a compararmos à produção de muitos de seus contemporâneos ou mesmo de compositores de outros períodos da Música Popular Brasileira, sem mencionar a longevidade do autor, que viveu até os 94 anos:

> Eu tinha menos idade, tinha que ter contato com o público, dar satisfação, ver minha música cantada na rua. Então eu tinha capacidade de ter uma música até por mês, que eu não fazia tanto. Mas com o andar dos tempos eu fiquei muito mais lento... Durante uma grande fase da minha vida, foi muito mais negócio vender minha presença do que estar parado fazendo uma canção, procurando, cavando, coisa que não é do meu feitio, ou viajando. Eu pegava uma boate, vendia a um preço bom e ganhava 3, 4, 5, 8 vezes mais do que o salário mensal do rádio. Em geral, você que canta para um público íntimo [em boate],

uma coisa mais aconchegante, quem faz o repertório é aquele público: "Canta 'Marina', canta 'Peguei um ita no Norte'." Então você tem um repertório que eles querem, eles preferem aquilo. Eles não querem essa de "canta uma novidade", "qual é a última?". Isso é uma coisa boba. O povão quer o sucesso. Então, eu passei a fazer menos canções, porque estava preocupado com a atividade artística que rendia muito mais. O direito autoral muito contido, muito pouca renda, e a presença física muito rendosa. Eu chegava e botava uma presença, um cartaz na rua, um pequeno anúncio de jornal, às vezes até sem necessidade, porque a crônica se encarregava de divulgar. Então, eu não tinha preocupação de quantidade de repertório, todo mês estar preocupado em fazer genialidade: "Aos 70 anos ele fez uma canção assim". Não, não tenho isso.[240]

O artista da Era do Rádio tinha a seu dispor algumas fontes de renda que apresentavam diferentes graus de rentabilidade, como mencionou Caymmi acima, dependendo, é claro, entre outros fatores, das oportunidades e do talento de cada um. Para o compositor da época, o direito autoral não representava uma sólida e segura fonte de renda. Ary Barroso, em entrevista ao jornal *A Noite* a propósito do direito autoral, comentou:

> [...] se eu fosse viver do dinheiro dos meus sambas, morreria de fome, pois é público e notório que qualquer cidadão, com família, precisa de muito mais para viver decentemente. Minha vida de compositor é mais difícil do que muita gente pensa. Vivo de minhas atividades radiofônicas, como repórter, jornalista e locutor esportivo. Samba, pra mim, é "bico". Os editores é que levam a parte do leão. Eles arrancam 25%, no mínimo, dos direitos autorais dos 600 compositores existentes no Brasil. Eles é que se tornam milionários. Dorival Caymmi, por se libertar deles, ganhou Cr$ 250 mil só no primeiro trimestre.*

---

*Apud Sérgio Cabral, *No tempo de Ari Barroso*, p. 366. É possível que a matéria seja de 1957, se for considerado que a referida citação está próxima cronologicamente a essa data na biografia de Ary Barroso, de Sérgio Cabral, cujo texto em linhas gerais está disposto cronologicamente. Nesse caso, Ary pode estar falando de "Maracangalha", que é das Edições Euterpe e foi um grande sucesso nacional de Dorival Caymmi entre 1957 e 1958.

O grande trunfo de Caymmi, do qual ele sempre se valeu, era ser, além de compositor, exímio cantor e músico — um artista completo ou *showman*, como se costuma dizer atualmente —, o que, como já foi mencionado neste trabalho, lhe proporcionou enorme autonomia de voo em relação a muitos colegas, inclusive Ary Barroso, para se ficar no mesmo exemplo, que lançou mão do seu talento de radialista e locutor esportivo para complementar as atividades de compositor e pianista. De modo geral, o compositor dependia de um intérprete para ter suas composições apresentadas e gravadas. Como cantor e violonista,* Caymmi tinha a alternativa de se apresentar em rádios, fazer shows em cassinos, clubes, teatros, eventos ao ar livre — ainda que estes fossem bastante precários em função dos parcos recursos tecnológicos para eventos do gênero —, residências e demais espaços alternativos disponíveis no período, como auditórios de cinema, por exemplo. Para o artista que precisava trabalhar para se sustentar — a grande maioria, com exceção dos grandes salários e cachês do período, como Carmen Miranda e Chico Alves —, como explicou Ary Barroso (ainda que sua arrecadação de direito autoral fosse maior que a da maioria**), o aspecto financeiro, naturalmente, pesava muito na escolha do caminho profissional a seguir. Sobretudo para um artista estreante. Nesse caso, era preciso avaliar e decidir correr riscos. Levando-se em conta a maneira como conduziu a fase inicial da sua carreira, Dorival Caymmi parecia ter bastante consciência de seus trunfos, suas limitações, sabia o que queria e, talvez o mais importante, o que não queria. Assumia riscos nas escolhas, muitas vezes na contramão do mercado, como

---

*Caymmi ajuda, se não a lançar, ao menos a fixar o paradigma do compositor que canta e toca, de preferência violão — instrumento que traz inúmeras vantagens, como a facilidade de aprendizado, transporte, além de preço mais acessível —, suas próprias composições para as gerações seguintes, a começar pelo próprio João Gilberto, passando pela maioria dos artistas mais importantes dos anos 1960 e 1970, como Chico Buarque, Dori Caymmi, Baden Powell, Edu Lobo, Caetano Veloso, Gilberto Gil, Carlos Lira, João Bosco, entre outros.

**Sérgio Cabral revela que "em 10 anos de existência da Sociedade [SBACEM: Sociedade Brasileira de Autores, Compositores e Escritores de Música], Haroldo Lobo foi o que mais recebeu direitos autorais [...] Ary Barroso foi o segundo colocado" (Sérgio Cabral, *No tempo de Ari Barroso*, p. 366).

no caso da recusa em assinar contratos com gravadoras depois da primeira experiência malsucedida na Odeon, ou evitar ficar muito tempo preso às emissoras de rádio, não sem sofrer críticas por isto. Nos anos 1950, quando muitas vezes privilegiou trabalhar em boates em detrimento de emissoras de rádios, sofreu pressões, inclusive da imprensa:

> Além da Record, Caymmi continuava fazendo temporadas em casas noturnas, como a boate Hugo, em São Paulo, e a Monte Carlo e a Flag, no Rio de Janeiro. Numa entrevista, lhe perguntaram se ele, ao cantar em boates, em detrimento das rádios, não estaria se distanciando do povo, crítica que vinha sofrendo. Sua resposta foi bastante prática: "Outra 'invencionice'. Como profissional, encaro as coisas sob um prisma econômico: quem me quiser, que pague o que julgo valer. Se o rádio me oferece um bom contrato, eu aceito. Se é da boate que vem a oferta, aceito. Isto é tudo."[241]

Embora sua dedicação às apresentações em público acabassem por fazê-lo compor menos, além de o seu temperamento ser avesso a pressões de qualquer tipo na criação de uma música, Caymmi preocupou-se, no início da carreira, em assegurar um repertório próprio mínimo — ele sustentou sua carreira cantando exclusivamente composições próprias, com raríssimas exceções,* a maior parte delas em disco — que lhe permitisse fazer um show com um número suficiente de canções:

---

*Dorival Caymmi, ao longo de mais de sessenta anos de vida artística, fez apenas dez gravações em que interpreta músicas de outros compositores: "Navio negreiro" (Sá Róris, J. Piedade e Alcyr Pires Vermelho/1940), "Essa nega fulô" (Osvaldo Santiago e Jorge de Lima/1940), "Por causa desta cabocla" (Ary Barroso e Luiz Peixoto/1957), "Risque", "Inquietação", "Na Baixa do Sapateiro", "Maria" e "Tu" — as cinco últimas são unicamente de Ary Barroso e, com "Por causa desta cabocla", foram gravadas para o disco que ambos dividiram, *Ary Caymmi Dorival Barroso: um interpreta o outro* (1957), da gravadora Odeon. "Tu" foi regravada ainda em 1994 no volume 3 da coleção de CDs *Songbook Ary Barroso*, da gravadora Lumiar, de Almir Chediak.

1. Uma amizade que já começa antiga. Dedicatória de Jorge Amado ao "velho amigo" Caymmi, em 1939. Ambos se conheceram meses antes na Avenida Rio Branco, no Rio de Janeiro, entre o Café Belas Artes e o Café Nice.

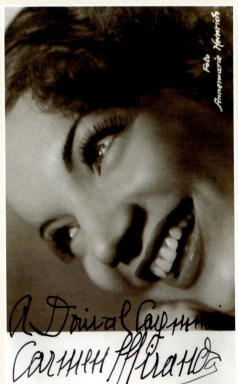

2. Raro momento de Carmen Miranda sem fantasia: amizade de longa data.

3. Lamartine Babo, o primeiro a dar oportunidade a Caymmi – então um anônimo, recém-chegado de Salvador – de se apresentar em rádio no Rio de Janeiro. Foi em 1938 no *Clube dos Fantasmas*, seu programa noturno na Rádio Nacional (Prefixo PRE-8).

4. Orlando Silva, "O Cantor das Multidões", um dos maiores da Era do Rádio, que com Caymmi e Ciro Monteiro formam, como afirma Caetano Veloso, "o tripé de João Gilberto".

5. Chatô (Assis Chateaubriand), o todo-poderoso dos Diários Associados, assina o violão que Caymmi ganhou dos amigos em 1943, sob os olhares atentos de Theófilo de Barros Filho e Teresa Chateaubriand.

6. Luta pelo direito autoral: Caymmi com a Delegação Brasileira que foi ao Congresso Internacional de Autores e Compositores (Cisac), realizado em Buenos Aires, em 1948. Na delegação também estavam: de pé, Brício de Abreu, José Maria de Abreu, Manoel Cavalcanti. Sentados, da esquerda para a direita: Joracy Camargo, Osvaldo Santiago e Daniel Rocha.

7. Caymmi esbanjando charme ao microfone da Rádio Nacional (PRE-8) com Silvinha Melo.

8. Um brinde: o violonista Dilermando Reis, Caymmi e o radialista César de Alencar. O programa deste último na Rádio Nacional foi citado na marchinha "Fanzoca do Rádio", de Miguel Gustavo: "Ela é fã da Emilinha/ Não sai do César de Alencar/ Grita o nome do Cauby..."

9. Caymmi cumprimenta Dona Darcy Vargas, a patronesse do espetáculo *Joujoux e balangandãs*, em casa de Jacyra e Alfredo Thomé, casal da alta sociedade carioca, em 1952, no Rio de Janeiro. O anfitrião era dono da *Revista Rio Magazine*.

10. Caymmi e Jorge Amado no apartamento do escritor na rua Rodolfo Dantas, em Copacabana, nos anos 1970.

11. Jorge Amado e Dorival Caymmi passeando pela Avenida Atlântica, em Copacabana.

12. Caymmi acompanha a votação de Herivelto Martins, compositor com intensa atuação nas sociedades de direitos autorais.

13. Memorável programa da Rádio Nacional: Dalva de Oliveira, estrela da Era do Rádio, Caymmi, Carlos Lentini ao violão, Russo do Pandeiro, Britinho (João Adelino Leal Brito) ao piano.

14. Caymmi e Amado, sob a lente de Zélia Gattai, pelas ruas de Copacabana, bairro carioca onde moravam.

15. "A, e, i, o Urca!" – uma mesa "intelectual" no Cassino da Urca, em 1939, auge do sucesso de "O que é que a baiana tem?": Caymmi, acompanhado dos amigos Jorge Amado, Samuel Wainer, sua mulher Bluma Wainer, entre outros.

16. "Vatapá da noiva". Título debochado – para variar! – que Jorge Amado deu ao almoço que ofereceu para a turma conhecer a cantora Stella Maris, a noiva que Caymmi escondia a sete chaves, e que, nesta foto, aparece ao seu lado. Carlos Lacerda (à direita, agachado), sua mulher Ziloca (com faixa na cabeça) e o filho no ombro de Samuel Wainer, Moacyr Werneck de Castro (apoiado no parapeito), Theófilo de Barros Filho (observando Serginho Lacerda), César (irmão de Bluma Wainer, de pé à esquerda), James Amado e Augusto Rodrigues – ambos bem atrás de César –, Suzana, de branco (futura mulher de Augusto Rodrigues), com Lila, filha de Jorge e Matilde, no colo e Otávio Malta (de óculos à esquerda, também agachado). Se dependesse dessa turma a revolução comunista estava feita, mas quem resiste a um vatapá?

17. O conjunto Três e Meio, em Salvador: Dorival Caymmi (agachado, ao violão), os irmãos Zezinho (no bandolim) e Luiz (o "Meio", no pandeiro), Deraldo (irmão de Caymmi, no tambor) com o reforço de Eduardo Peres (ao violão). Foto de 1935.

18. Caymmi e seu violão na Era do Rádio.

19. Caymmi e o mar da Boa Terra, Bahia, que divulgou mundo afora.

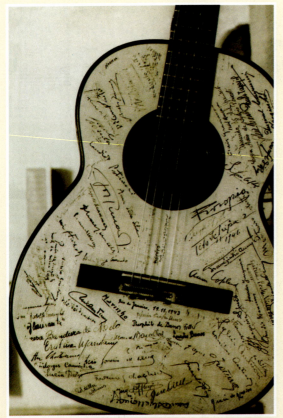

20. Violão, presenteado pelos colegas da Rádio Tupi no início da carreira, com autógrafos de artistas brasileiros e estrangeiros colecionados por Caymmi com devoção até 1953, quando foi roubado do carro de Antonio Maria e impiedosamente raspado para poder ser vendido. As rádios ajudaram e conseguiram localizar o violão, mas era tarde demais. Um tiro no coração do artista.

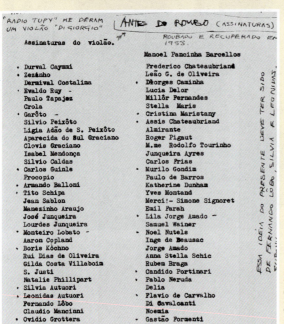

21. Espírito de colecionador: Caymmi listou o nome de cada pessoa que assinou seu violão.

22. Caymmi no seu espetáculo *Cousas e Graças da Bahia*, na boate Casablanca, em 1952. No palco, ao lado do artista, estreando, a cantora Ângela Maria.

23. Cartaz da boate Casablanca anuncia sua nova atração: *"Acontece que eu sou Baiano com Dorival Caymmi"*.

Dorival Caymmi
Uma Oferta Sonora das "Lãs Sams"

24. Foto de artista: típico recurso publicitário da época para os ouvintes conhecerem o rosto do seu artista preferido, ter o seu autógrafo e, de quebra, identificar o nome do patrocinador do "quarto de hora", no caso as Lãs Sams. Esta foi dedicada a D. Zulmira Tostes, sua sogra, mãe de Stella Maris.

25. A imprensa publica: "Três baianos na vida de Carmen Miranda", se referindo a Assis Valente, Josué de Barros e Dorival Caymmi.

26. Número da importante *Revista da Música Popular*, dirigida por Lúcio Rangel, que homenageava Caymmi com foto na capa e trazia "a excelente entrevista concedida a Paulo Mendes Campos".

27. "Para você Dorival Caymmi se lembrar que os americanos também gostam de saber o que é que a baiana tem" – dedicatória de Carmen Miranda para o amigo e compositor em foto da cantora trajada de baiana.

28. Caymmi na Programação da Rádio Nacional (de 12 a 18 de dezembro de 1938), publicada em *A Noite Ilustrada*. Curiosidade: meses antes, Caymmi, um anônimo então, havia conhecido Stella Maris, sua futura mulher, no programa de calouros *Concurso musical Raio – K*, sempre aos domingos.

29. Glória máxima para um artista em início de carreira: Caymmi é convidado por Carmen Miranda, em 1939, a gravar "O que é que a bahiana tem?" em dueto com a estrela. No lado B do 78 rpm, Carmen interpretou "A preta do acarajé", também do compositor.

30. Capa da partitura de "O que é que a baiana tem?" com menção ao filme *Banana da Terra*, da Sonofilms, com direito a fotos de Carmen e Caymmi.

31. Audiência da Associação Brasileira de Compositores e Autores (ABCA) com Getúlio Vargas, em 7 de janeiro de 1939.

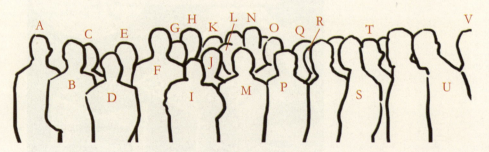

A Sá Roris B Dorival Caymmi C J. Cascata D Braguinha E Carmen Barbosa F Almirante
G Canhoto H Leonel Azevedo I Dircinha Baptista J Luperce Miranda K Esteban Mangione
L Lamartine Babo M Getúlio Vargas N Antonio Almeida O Carlos Galhardo P D. Darcy Vargas
Q Benedicto Lacerda R Paulo Tapajós S Orlando Silva T Haroldo Tapajós U Alcyr Pires Vermelho
V Peri Teixeira

32. Partitura de "Brazilian nuts", versão para o inglês sem pé nem cabeça de "O que é que a baiana tem?".

33. Edição comemorativa do Terceiro aniversário da ABCA. Dorival Caymmi está entre seus fundadores, em 20 de outubro de 1938.

34. Título de sócio fundador da União Brasileira de Compositores de Dorival Caymmi. A UBC foi fundada em 22 de junho de 1942.

35. A cantora Stella Maris, futura mulher de Dorival Caymmi, ao microfone da Rádio Tupi, em 1938.

Dorival Caymmi
Protetor dos compositores

☆ 30/04/1914   † 16/08/2008

Tu que soubeste aliar o ócio
e a criatividade e que,
preguiçosamente,
construíste uma obra urgente.
Ensina-nos a desfrutar da frágil
existência atentando ao que é
realmente importante,
a estrela mais linda,
sossegadamente.
Dá-nos lucidez para encontrar
a beleza nas pequenas
odes cotidianas,
e não permita que sejamos
engolidos pela
roda viva do dia-a-dia.
Abençoa-nos na calma da
tua sabedoria serena.
Amém!

36. A atriz Fernanda Montenegro, grande amiga de Caymmi, ganhou esse santinho de "São Dorival – protetor dos compositores" que estava no altar de uma conhecida, em São Paulo, com direito a oração no verso.

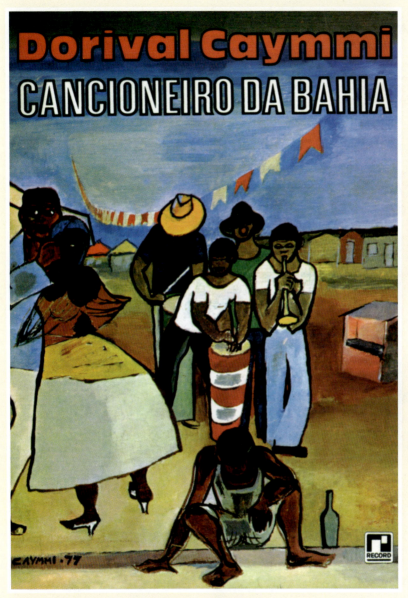

37. Reedição de *Cancioneiro da Bahia* pela Editora Record, do amigo Alfredo Machado, com prefácio de Jorge Amado e ilustrações de Clóvis Graciano. A capa é uma pintura de Caymmi.

38. Álbum nº 1 da CAYMMI editora musical, empresa que o compositor abriu para editar suas músicas, trazia partituras e letras. A ilustração da capa, inspirada em Xangô, seu orixá, foi desenhada por ele.

39. Foto de Dorival Caymmi e Izaurinha Garcia, com dedicatória do cantor.

40. Na seção Galeria dos Artistas de Rádio do *Jornal das Moças*, foto de Caymmi ao microfone da Rádio Tupi: "Caymmi, cantor e compositor da nossa alma nativa."

41. Mãe Menininha do Gantois, homenageada em música por Caymmi, recebe a visita do baiano com os amigos Jorge Amado e Carybé.

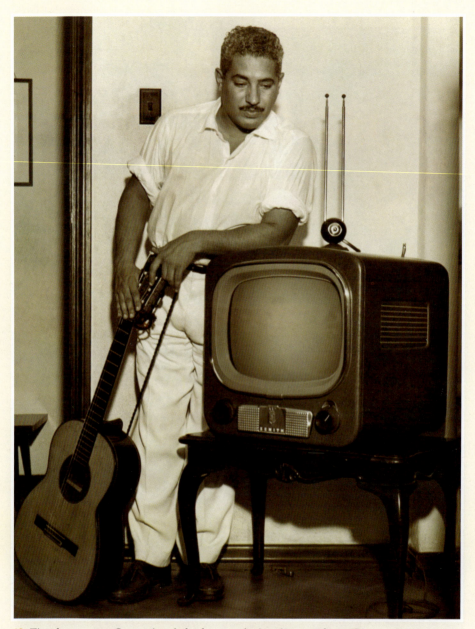

42. Fim de uma era: Caymmi ao lado do seu televisor importado na Casa Waldeck. O aparelho foi comprado antes mesmo de a primeira emissora carioca, a TV Tupi, ser inaugurada, em 20 de janeiro de 1951. Na noite em que o artista estreou na emissora, o locutor Osvaldo Luiz anunciou: "Agora, com vocês, O Moço Caymmi, conhecido astro já do nosso cast, e que é agora também artista da nossa Televisão Tupi."

Caymmi passou a ser chamado também para cantar em espetáculos teatrais, principalmente no encerramento das peças, o que era muito comum. Ele se apresentava com seu violão. "Eu tinha um repertório pequeno, mas agüentava 45 minutos, uma hora de espetáculo" — explica o compositor. Era muito raro haver o contrato para selar um acordo de *show*, em geral as coisas aconteciam de boca mesmo. É que a tal da palavra de honra ainda tinha o seu valor.[242]

Além da preocupação em ter repertório para as suas apresentações e discos, havia também a demanda de outros intérpretes por sambas de sua autoria. Neste caso, o grupo vocal Anjos do Inferno oferece um ótimo exemplo. Muitos sambas inéditos de Caymmi foram lançados pelo grupo. Na época, o compositor foi orientado por Vicente Mangione, da editora Mangione, que editava suas músicas:

> Por instrução do meu editor, eu cedi dois sucessos meus para o disco de um conjunto que estava vendendo muito mais do que eu. Era o Anjos do Inferno, que gravaram "Quem quiser vatapá, ô" ["Vatapá"]. E foi mais negócio, para mim e para o editor, ganhar vendido pelos Anjos do Inferno. Era a Mangione e Filhos. O representante dessa firma, que era em São Paulo com filial no Rio, era Vicente Mangione, muito querido de todos.[243]

Como se pode observar aqui e nos capítulos que se seguem, a partir dos relatos de Caymmi é possível vislumbrar melhor aspectos da engrenagem, por assim dizer, da Era do Rádio, que envolviam a atividade artística do compositor, músico e cantor. Caymmi, considerado um dos mais representativos artistas da época — "uma das figuras que mais iriam se sobressair no final da Época de Ouro",* segundo Jairo Severiano e Zuza Homem de Mello[244] —, presta um testemunho extremamente relevante para os pesquisadores do período, do rádio e da Música Popular Brasileira.

---

*Conforme Jairo Severiano e Zuza Homem de Mello: "A Música Popular Brasileira tem sua primeira grande fase no período 1929/1945. É a chamada Época de Ouro, em que se profissionaliza, vive uma de suas etapas mais férteis e estabelece padrões que vigorarão pelo resto do século [XX]" (Jairo Severiano e Zuza Homem de Mello, *A canção no tempo: 85 anos de músicas brasileiras*, vol. 1, p. 85).

5. Aspectos negativos da fama: "um negócio que deu muita inveja"

Com a repercussão nacional de "O que é que a baiana tem?", que, como se viu, já lhe rendera a estreia em disco ao lado de Carmen Miranda, Dorival Caymmi foi convidado por César Ladeira a transferir-se da Nacional para a Rádio Mayrink Veiga, a mais importante emissora do período, onde a cantora imperava desde 1933. A Rádio Nacional, logicamente, não iria liberá-lo tão fácil e o obrigou a cumprir o contrato de três meses que tinha assinado. Enquanto isso, Ladeira preparava a estreia de Caymmi em alto estilo, como o artista relata a seguir:

> [...] não tinha completado os três meses, a Mayrink Veiga, sentindo o êxito de "O Que é Que a Baiana Tem?", porque o filme estourou no pós-Carnaval, botou os caçadores atrás de mim. Mas a Rádio Nacional só me deixou sair quando eu completei os três meses de contrato. [...]
> Eu saí da Rádio Nacional a convite dele [Cesar Ladeira], fui para a Rádio Mayrink Veiga e ele me mandou esperar até Carmen Miranda voltar das férias para eu estrear com ela.[245]

A imprensa repercutia a transferência do artista. A revista *Fon-Fon*, em 1º de abril de 1939, noticiou: "Dorival Caymmi, uma grande descoberta de Carmen Miranda, também é mais um exclusivo da Mayrink Veiga." A mídia não ignorava a competição que havia no meio artístico e publicou notas como a da *Revista da Semana* (1/4/1939): "Hão de estar zarros os medalhões, com o sangue novo. Não hão de ter gostado da entrada triunfal de Dorival Caymmi." O compositor admite: "Foi um negócio que deu muita inveja. Ninguém me conhecia, então, dizia assim 'esse cara chegou outro dia, olha como ele já está' e eu não era metido a sebo."[246] Foi, de fato, uma ascensão extraordinária a do artista, que ainda não havia completado um ano de Rio de Janeiro e, naturalmente, precisou conviver também com os aspectos negativos da fama, como a competição por vezes desleal: "Nessa área eu fui muito invejado pelos medalhões da Música Popular Brasileira da época, eu fui marcado e invejado. E sabotado."[247] Um dos que tentaram sabotá-lo, segundo o compositor, foi o jornalista e compositor David Nasser, que escreveu um artigo afirmando que Carmen Miranda teria cantado "O que é que a baiana tem?" de cara amarrada, "o que é um acinte, só para tirar a força do sucesso".[248] A imprensa baiana não ignorou o fato, como se verifica no artigo de Wilson Lins para o jornal *O Imparcial* (5/12/1941):

> Por circunstâncias inexplicáveis, [Caymmi] encontra uma exposição surda, por parte de certos *broadcasters* "cariocas e alguns provincianos". E é o que há de mais triste. Não se compreende como um artista da estirpe de Caymmi encontre combate no seio de seus camaradas, que devem ter nele um motivo de grande orgulho.

Cauby Peixoto, um fenômeno da Era do Rádio nos anos 1950, comentou sobre a competição no meio artístico da época: "O rádio não tem nada a ver com arte. O Caymmi se afastou por causa da mediocridade do meio. Não era preconceito — ele é simples, simpático e humilde demais pra isso. A gente é que não aguenta."[249] O fato é que, talvez pelo ambiente competitivo, talvez por afinidade,

Caymmi acabou por fazer amizades fora do ambiente do rádio, com algumas exceções, entre elas Theófilo de Barros Filho, Fernando Lobo e Haroldo Barbosa, que datam do início da sua carreira. O meio radiofônico, por vezes, poderia se tornar uma selva, ainda mais para um estreante.

Esta foi a razão, aliás, por que Stella Tostes, futura mulher de Caymmi, largou prematuramente a carreira. Ela não suportou o ambiente. Como foi dito no capítulo 3, a cantora havia sido contratada pela Rádio Mayrink Veiga e estreou em 15 de novembro de 1938 como *Stella Maris, Uma Estrela que Nasce*, nome artístico e título criados por César Ladeira. Tinha apenas 16 anos e seu repertório consistia principalmente em sucessos antigos de Sylvio Caldas (como "Falua", de Braguinha e Alberto Ribeiro, e "Favela", de Roberto Martins e Waldemar Silva), uma versão de "Rêverie", de Claude Debussy, e versões do *fox-trot* americano — versões de música de concerto e de música popular estrangeira faziam muito sucesso na época. Stella Maris estava se saindo bem na Mayrink, recebendo cartas de fãs de todo o Brasil e atuando como garota-propaganda do creme de beleza Dagelle, apesar do começo modesto: "Fui ganhando pouco. Dava para eu me vestir, vestir mamãe e Helena [irmã]."[250] Além de excelente cantora, apesar da pequena extensão de voz, a artista era uma mulher muito bonita, alta, de cabelos louros e belos olhos verdes, daí o seu aproveitamento imediato em peças publicitárias. Uma peça promocional do elenco da emissora, por sinal, colocava a foto de Stella em destaque em relação aos demais, o que deixava entrever a dimensão da aposta que a direção fazia na nova contratada. O cartaz da PRA-9 trazia Stella Maris no topo, com sua figura realçada, e logo abaixo a cantora Nena Robledo, os músicos Luís Americano, Tute, Pixinguinha, Garoto e Laurindo de Almeida — que faziam parte do incrível regional da emissora — e o trio Os Pinguins. A cantora, no curto espaço em que permaneceu na emissora, conviveu com o já citado Pixinguinha, além de artistas como Aracy de Almeida e Carlos Galhardo. Entretanto, a futura mulher de Caymmi enfrentou dificuldades, por vezes constrangedoras. Quando Sylvio Caldas retornou à emissora, Stella precisou parar de interpretar os sucessos antigos de O *caboclinho querido* — título que Caldas recebera de Ladeira —, que voltou a cantá-los. "Ele se incomodou comigo e tomou o repertório de volta", explicou ela.

A existência de uma espécie de "reserva de repertório", como se vê no episódio envolvendo Stella Maris e Sylvio Caldas, que poderia ser definida como uma das regras de conduta implícita — como outras tantas, como de resto existem hoje também, com as diferenças dos costumes naturais de época para época — que regiam as relações no mundo artístico, talvez fosse reforçada pelo fato de as gravadoras na época não admitirem, como explicam Jairo Severiano e Zuza Homem de Mello, "o lançamento de uma composição por mais de um intérprete".[251] Foi "Marina", de Dorival Caymmi, aliás, que rompeu esse tabu quando, no ano de seu lançamento, 1947, foi gravada por quatro cantores, fato inédito até então: Dick Farney, Francisco Alves, Nelson Gonçalves, além de seu autor, que quis dar sua versão à música.[252]

Enquanto isso, Caymmi, que já conhecia Stella do rádio sem que ela o conhecesse, pediu ao compositor Alcyr Pires Vermelho que o apresentasse a ela. Ele a tinha visto, logo que chegou ao Rio de Janeiro, em 1938, em um concurso de calouros da Rádio Nacional chamado "Raio K em Busca de Talentos" — Raio K era um inseticida que patrocinava o programa —, vencido pela cantora com "Último desejo", de Noel Rosa, após várias etapas, conforme foi relatado em sua biografia:

> Aos domingos, Caymmi freqüentava o auditório da Rádio Nacional, que ficava no 22º andar do edifício do jornal *A Noite*. Uma tarde, assistindo ao *Raio K em Busca de Talentos*, um programa de calouros, uma loura de olhos verdes, alta e bonita, chamou sua atenção. Raio K, marca de um inseticida, era o patrocinador do programa. Apostou consigo mesmo que a caloura iria cantar um fox americano. Cumprimentou alguns colegas e acomodou-se no auditório. Não conseguia tirar os olhos da moça, hipnotizado. O programa estava na etapa final.

> Todos os candidatos já haviam participado das eliminatórias e tirado 5, a nota máxima. Silvino Neto, grande humorista da época além de compositor, pai do comediante Paulo Silvino, o mineiro José Mauro e Celso Guimarães eram os apresentadores e redatores do programa. O júri era para ninguém botar defeito. De altíssimo nível. Faziam parte os maestros Radamés Gnattali, Leo Peracchi (casado com a cantora Lenita Bruno) e ainda Eduardo Patané, Romeu Ghipsman — que viria a se tornar um grande amigo de Caymmi —, Jaime Marchewski, todos músicos da orquestra da Rádio Nacional. Finalmente, chegou a vez da cantora se apresentar acompanhada pelo Regional de Dante Santoro, formado por Santoro (flauta), Carlos Lentine (violão), Valdemar (cavaquinho) e Joca (pandeiro). "Caí para trás ao ouvi-la cantar 'Último desejo', de Noel Rosa. Morri de emoção."[253]

Ao término da apresentação, foi atrás de Haroldo Barbosa para saber quem era aquele "avião", que ainda por cima cantava Noel divinamente bem. "Ela se chama Stella Tostes" — informou Haroldo. Logo que o último calouro se apresentou, Caymmi não aguentou esperar pelo resultado e correu para os bastidores para saber da colocação da cantora. Quando soube que ela tinha vencido, ficou orgulhoso como se fosse com ele. Pena que o baiano não teve coragem de sequer cumprimentá-la, deixando passar a oportunidade de conhecê-la pessoalmente.

Foram finalmente apresentados por Pires Vermelho e, com a convivência na Mayrink Veiga, ambos agora fazendo parte do *cast* da emissora, em pouco mais de um ano já estavam casados. Durante o namoro e, em seguida, noivado, a imprensa não resistiu e publicou notas como a que saiu no jornal *A Vanguarda*, em 15 de setembro de 1939: "Tivemos notícia de um princípio de romance entre Dorival Caymmi, autor de 'O que é que a baiana tem?', e Stella Maris, elemento do *cast* da Rádio Mayrink Veiga."

Um mês antes do casamento, marcado para 30 de abril de 1940, data em que Dorival completaria 26 anos, Stella anunciou ao noivo e à família que largaria a carreira, surpreendendo a todos. Ela foi taxativa. A cantora explicou:

Quem leu *A estrela sobe*,* de Marques Rebelo, terá uma noção do que era o meio do rádio naquele tempo. As coisas não eram diferentes do que eram para Leniza Maier [a personagem principal do livro]. Era preciso se submeter a coisas sórdidas. Por isso naquele tempo eu só tive um disco gravado, com "Saudade Profunda", a valsa de Antenógenes Silva. Eu era muito jovem na época e me assustei.[254]

E não foi por falta de cuidados. Seu pai, Cândido de Aguiar Tostes, que trabalhava na polícia — o que, junto com seus mais de dois metros de altura, por si só já impunha respeito —, conversou seriamente com César Ladeira antes de consentir que sua filha assinasse contrato com a Mayrink.

De fato, os cuidados não eram exagerados. No meio radiofônico, como de resto no meio artístico em geral, ninguém ignorava que havia uma maior frouxidão nos costumes, para dizer o mínimo, em relação ao padrão moral da época que era bastante conservador.

Um bom exemplo disso é mostrado em *Dalva e Herivelto: uma canção de amor*, produção da TV Globo em cinco capítulos, de Maria Adelaide Amaral, que estreou em 4 de janeiro de 2010. A minissérie narra o conturbado romance entre a cantora Dalva de Oliveira e o compositor Herivelto Martins — além de um painel das respectivas carreiras —, que formaram com Nilo Chagas, no final dos anos 1930, o Trio de Ouro, conjunto vocal de muito sucesso. O repertório do

---

*Publicado em 1939, o romance de Marques Rebelo, pseudônimo de Eddy Dias da Cruz, narra a trajetória de Leniza Maier, moça suburbana de origem humilde, rumo ao estrelato no meio radiofônico da década de 1930, em meio a toda espécie de dificuldades e dilemas morais. Conforme Alfredo Bosi, desde o livro de contos *Oscarina* (1931), "profundamente vinculado à paisagem moral do Rio, e especialmente do Rio de classe média da Zona Norte, M. Rebelo continuou explorando literariamente o seu mundo em contos e romances escritos nos decênios de 30 e 40" (Alfredo Bosi, *História concisa da literatura brasileira*, p. 409). *A estrela sobe* é exemplo do melhor da ficção de Rebelo, com sua prosa urbana moderna, definida por Bosi como neorrealismo, em que "acompanha com admirável argúcia os conflitos, as frustrações e as renovadas esperanças daquelas gerações modestas que se ralam para sobreviver em uma sociedade cada vez mais lacerada pela competição" (ibidem, p. 410), como é a história enfrentada por Leniza Maier nos seus sonhos, lutas e descaminhos para se tornar uma "diva do rádio".

Trio de Ouro, aliás, incluía músicas de Dorival Caymmi. A minissérie ofereceu ao público brasileiro a oportunidade não só de ver retratada a Era do Rádio — aliás, é a segunda vez que a TV Globo produz uma minissérie que gira em torno do ambiente do rádio brasileiro no período —, mesmo com a liberdade do tratamento ficcional, uma vez que não se trata de um documentário, mas de uma amostra da liberalidade de costumes no meio artístico do período, de que Stella se ressentiu.

A cantora, com 16 anos, só comparecia à emissora escoltada pela mãe, Zulmira, e pela irmã, Helena. Apesar de todos esses cuidados, ela não quis prosseguir na carreira artística. Segundo ela contou em entrevista, logo entendeu que conceder "favores" era um meio eficaz para abrir caminho na profissão e, como não estava disposta a esse tipo de concessão, desistiu. O que não significa, é claro, que se tivesse prosseguido na carreira não acabaria por fazer conquistas por seus próprios méritos. Mas ela era jovem demais. Em entrevista para a biografia *Dorival Caymmi: o mar e o tempo*, Stella Maris deixou claro, entretanto, que foi por isso que nunca gravou um disco. Sua única gravação no período,* o solo na valsa "Saudade profunda", faixa do disco do famoso acordeonista Antenógenes Silva, conforme ela mesma contou, foi um golpe de sorte. No dia da gravação, em que ela fazia parte do coro, sua voz chamou a atenção do autor, que buscava alguém para o solo, e ele a convidou no mesmo dia a fazer uma pequena participação naquela canção. A cantora comenta: "Ele [Antenógenes Silva] me deu uma estrofe para cantar, eu ouvi a minha voz e gostei."[255] Abel Cardoso Júnior, pesquisador e biógrafo de Carmen Miranda e Francisco Alves, comentou a respeito da sua performance:

---

*Só voltou a gravar em 1964, por insistência de Aloysio de Oliveira, no disco *Caymmi visita Tom e leva seus filhos Nana, Dori e Danilo*, pela Elenco, "Canção da noiva (História de pescadores IV)", canção praieira de Dorival Caymmi, acompanhada ao violão pelo filho Dori Caymmi (ver Stella Caymmi, *Dorival Caymmi: o mar e o tempo*, p. 399).

Quando escutei, fiquei impressionado. Ela canta uma vez só, mas é o que basta. É uma voz muito doce. Tive um amigo, o escritor Waldemar Iglésias Fernandes, já falecido, que foi fã de Stella Maris a vida inteira, desde que a ouviu na Mayrink Veiga. Nunca a esqueceu.[256]

Stella, ainda que poucos possam identificá-la, teve ainda a felicidade de participar do coro de uma das gravações mais importantes da Música Popular Brasileira, "Aquarela do Brasil", de Ary Barroso, na voz de Francisco Alves, com arranjo extraordinário de Radamés Gnattali, pela Odeon, em 18 de agosto de 1939. Caymmi costumava contar com orgulho que reconhecia perfeitamente a voz da mulher em meio ao coro. Mesmo assim, Stella Maris, muito jovem — quando casou com Caymmi, em 1940, tinha completado, havia pouco, 18 anos* —, não se sentiu em condições de enfrentar as dificuldades inerentes ao mundo artístico e decidiu abandonar a carreira bastante promissora. Preferiu a segurança da vida familiar. Quem ficou com fama de machista foi Caymmi, para os fãs e até para alguns elementos da imprensa — conforme lamentou várias vezes —, que não acreditavam que não havia sido ele a tirar a mulher do rádio. Stella sempre o defendeu:

> O maior fã que eu tive foi Caymmi. Dorival não queria mesmo que eu deixasse de cantar, sem sacanagem. Tanto que nas festas ele fazia questão que eu cantasse e os amigos também. Ele sempre me acompanhava ao violão e cantávamos juntos: "Linda Flor (Ai Ioiô)", de Henrique Vogeler, Luís Peixoto e Marques Porto, e "Último Desejo", de Noel Rosa.[257]

Uma única vez, em 68 anos de casados, Stella e Dorival tiveram a oportunidade de gravar juntos. Foi em 1943, a pedido de Assis Chateaubriand, que gravaram "Acalanto", canção de ninar que Caymmi fez para a filha Nana ao nascer, para o encerramento da programação

---

*Stella Tostes Caymmi nasceu em São Pedro de Piquiri (hoje Pequeri), Minas Gerais, em 6 de janeiro de 1922.

das emissoras de rádio pertencentes aos Diários Associados, o que tornou a cantiga conhecida no Brasil inteiro por gerações:

> É tão tarde
> A manhã já vem
> Todos dormem
> A noite também
> Só eu velo
> Por você, meu bem
> Dorme, anjo
> O boi pega neném
>
> Lá no céu
> Deixam de cantar
> Os anjinhos
> Foram se deitar
> Mamãezinha
> Precisa descansar
> Dorme, anjo
> Papai vai lhe ninar
>
> Boi, boi, boi
> Boi da cara preta
> Pega essa menina
> Que tem medo de careta [refrão][258]

Infelizmente, não se sabe onde está a matriz dessa gravação de "Acalanto", que contou com a participação do Coro dos Apiacás, dirigido por D. Lucília Guimarães Villa-Lobos, primeira mulher do maestro e compositor. Como era comum em se tratando de Chatô, Caymmi e tampouco Stella Maris viram a "cor do dinheiro" desse trabalho. Aliás, até hoje, empresas de comunicação e de música, em muitas ocasiões, não acham que devam pagar aos artistas quando participam da sua programação, afora os pagamentos que estão regulamentados em lei, com a justificativa, quando há alguma, de que se trata de divulgação do trabalho do artista, apesar de toda a luta que se empreendeu pelos direitos autorais no Brasil — que parece estar mais uma vez sendo ameaçada de perder outras tantas conquistas alcançadas ao longo do século XX, como se viu no capítulo 3, quando esses direitos são questionados por setores do governo atual. Mas é preciso voltar ao tema central da tese, a saber, a Era do Rádio através de Caymmi.

Um exemplo sintomático da competição entre artistas foi o que envolveu Ary Barroso e Dorival Caymmi. Apesar de ocorrido nos anos 1950, o episódio parece guardar estreita relação com o sucesso de "O que é que a baiana tem?" nos primeiros tempos do compositor baiano, um simples estreante no Rio de Janeiro. Afinal, pode-se tentar imaginar, apenas como hipótese, que Ary, em vez de descrever os quitutes que a baiana trazia em seu tabuleiro, como em "No tabuleiro da baiana" (1936), tivesse perfeitamente, a seu estilo, descrito o traje da baiana, como Caymmi fez em seu samba, a despeito das diferenças entre os compositores. É preciso lembrar que tanto "No tabuleiro da baiana" (1936) e "Na Baixa do Sapateiro", ambas de Ary — e outros clássicos de sua autoria com a Bahia como tema —, quanto "O que é que a baiana tem?" fizeram enorme sucesso, porém não só o sucesso como também os seus desdobramentos são imprevisíveis. E o sucesso do samba de Caymmi teve consequências notáveis — o que, aliás, motivou este trabalho.

No ambiente da Era do Rádio era natural que houvesse embates entre artistas e que a imprensa os explorasse. Dois exemplos desse tipo de controvérsia pública tornaram-se famosos, pois foram travados musicalmente: Noel Rosa e Wilson Batista, que na verdade só alcançou maior projeção anos depois, e Dalva de Oliveira e Herivelto Martins. No caso específico, tratava-se de uma (quase) briga — quase briga ou uma "não briga", respeitando a máxima popular de que "onde um não quer, dois não brigam" — entre dois grandes compositores do período, Ary Barroso e Dorival Caymmi, uma espécie de "briga de orixás". E que, na verdade, terminou antes mesmo de começar, ou melhor, nem começou.

Em entrevista ao jornalista e compositor Antônio Maria, publicada na *Revista da Semana* (22/5/1954), Ary Barroso demonstrava não ter superado o episódio *Banana da terra* sem sequelas, o que deixava entrever a rivalidade mal disfarçada entre os artistas do período — isso não impedia o nascimento de grandes amizades e muita colaboração, como foi o caso, para ficar em um único exemplo, do próprio Caymmi e de Almirante. Depois de responder que os maiores compositores de todos os tempos em sua opinião eram Eduardo Souto e Ernesto Nazareth (em entrevista a Paulo Mendes Campos, no mesmo período, escolheu Ataulfo Alves), Barroso respondeu — conforme o publicado na mesma edição da *Revista da Semana* — ao questionamento de Maria em relação a Caymmi:

> Veio ruim da Bahia e melhorou no caminho. Em "O que é que a baiana tem?" há muito do meu "No tabuleiro da baiana". Há outra música que chega a ter uma frase inteira do meu "Onde o sol doira as espigas". Mas melhorou muito. Em muitas vezes, chegou a ser genial.

Ary Barroso apressou-se em consertar a indelicadeza e, sobretudo, a acusação de plágio infundada em carta de desculpas, datilografada e assinada pelo compositor. Era uma nova versão do dito: "Onde dois não querem, ninguém briga."*

Além de não apontar na entrevista qual música de Caymmi seria plágio de "Onde o sol doira as espigas", a insinuação era inusitada por si só, já que o samba, gravado pelo mineiro Moraes Neto apenas em 1991, no selo Revivendo, do produtor e pesquisador Leon Barg, teve pouquíssimas apresentações no rádio, talvez duas, no máximo, porque sua letra foi censurada em 1944:

---

*Caymmi costumava brincar com sua neta e vice-versa: "Tá falando comigo? Tá falando sozinho!"

Caymmi teria de ser um dos privilegiados que o escutaram numa dessas duas vezes em que o mineiro Moraes Neto a interpretou. O samba foi censurado na época porque sua letra pintava os horrores da guerra com tintas muito fortes. Temiam que desanimasse a população, no momento em que tropas brasileiras estavam sendo enviadas à Europa. Mais tarde, Ary modificou a letra da primeira parte da música — a mais pesada —, mas ainda assim ela não foi gravada, pois não cabia numa face de um disco de 78 rpm. Aliás, se Moraes Neto não tivesse guardado a partitura de "Onde o Sol Doira as Espigas", o samba quedaria no mais completo esquecimento.[259]

Sérgio Cabral, que escreveu *No tempo de Ari Barroso*,[260] uma biografia sobre o compositor mineiro, levanta outra hipótese: "Pode ser pura sacanagem de Antônio Maria envolvendo Caymmi e Ary, ele se divertia com essas coisas."[261] A carta para Caymmi, enviada de São Paulo, revela o estilo Ary de resolver os conflitos, grandiloquente, como muitos dos seus sambas, e divertido:

Meu caro Dorival Caymmi,
    Se você fosse um João qualquer. Se você não fosse baiano. Se você não me conhecesse há tantos anos. Se você fosse burro. Se você fosse homem de titicas. Se você não estivesse acostumado a essas ondas periódicas que se levantam no nosso desajustado ambiente — admitiria ficasse você magoado com o que saiu na *Revista da Semana* pela pena do nosso Antônio Maria... [...].
    Eu disse que você chegou ao Rio numa época em que o estilo do samba era o dueto em torno de assuntos da Bahia. Influenciado, como é muito natural, por esse estilo, você faz 'O Que É Que a Baiana Tem?'. Não há aí nenhuma restrição ao seu valor como compositor. Eu que meto o pau nesses sambas melosos da época atual dei para fazer coisa parecida porque não posso e nem devo ficar parado. "Onde o Sol Doira as Espigas" foi uma seqüência de um sem-número de sambas que constituíram um outro capítulo da minha vida de compositor, sambas que Carlos [Lacerda] denominou *heróicos*. Seguindo esse sistema, você compôs alguns sambas *heróicos*. Não quer

dizer que você tenha copiado nada de *Onde o Sol Doira as Espigas*. Quanto ao final da resposta da tal entrevista, acredito que você não tenha nenhuma restrição a fazer. Sinceramente o considero genial. Não vamos pôr fogo na fogueira. Não desejo estremecer relação de velha amizade que muito prezo e que muito me envaidece. Eram as explicações que eu devia ao amigo.[262]

O estilo Caymmi era mais simples, menos rebuscado: "Nunca tomei conhecimento do que falam mal de mim." Ele tinha profunda admiração e apreço por Ary Barroso — e foi, não obstante, retribuído em inúmeras ocasiões — e não permitiu que o episódio abalasse a relação dos dois. Não foi o que aconteceu com Marcelo Machado, boêmio e amigo de diversos compositores — cuja amizade com Sylvio Caldas e Caymmi atravessou seis décadas —, com quem Ary Barroso ficou sem falar por cinco anos. O fato aconteceu em 1952, três anos antes da entrevista de Maria, portanto, em *Coisas e graças da Bahia*, show assinado por Paulo Soledade e Fernando Lobo no Casablanca, famosa casa noturna de Carlos Machado, na Urca, e o pivô era Caymmi, como descreve Marcelo Machado:

> Era um show maravilhoso. E Caymmi, um sucesso enorme. Ele se acompanhava de uma maneira brilhante. Eu nunca vi no mundo um cantor cantar e se acompanhar como Dorival fez na vida, acorde, harmonia, tudo uma maravilha. Uma poesia simples, pura, e de uma profundidade incrível. Mas estreou no show Ângela Maria, naquela época uma garotinha que só tinha um agudo muito bonito. O Ary Barroso estava sentado numa cadeira atrás da minha com umas pessoas, aí começou a gritar histérico "Ângela Maria!", achando aquilo uma beleza e não falando bem do Caymmi. Ary era muito vaidoso. O show era do Caymmi, maravilhoso, e ele falava "essa é que é uma cantora". Quando acabou o show, fui lá e disse: "Oh, Ary, deixa dessa frescura, batendo palmas para uma menina que só tem agudo por enquanto, e não bate palmas para o Caymmi, grande compositor, esse gênio!" Aí houve uma discussão e ele ficou cinco anos sem falar comigo.[263]

Certamente, Ângela Maria, outro fenômeno da Era do Rádio, entrou na história como mero pretexto, de muito mau gosto por sinal. Caymmi, nesses casos, sempre optou pelo silêncio, preferindo não alimentar polêmicas. Ary Barroso também deu o episódio por superado e na coluna "Scotch and Soda", que manteve durante cinco meses em *O Jornal*, no ano de 1955, citou Caymmi diversas vezes e sempre em termos muito cordiais e elogiosos:

— Já ouviram um *jingle* de propaganda de uma certa marca de cerveja? É um decalque de uma das mais bonitas canções de Caymmi. Diz assim: "É doce beber no bar." Eu, se fosse Caymmi, tomaria rapidamente providências drásticas para cessar o crime. Vamos respeitar as caras, senhores cervejeiros![264]

— [...] Eu ando com saudades de Debussy. Minto: de Dorival Caymmi.[265]

— Ainda não botei as botucas no Dorival Caymmi, desde que retornou ao "lar antigo" [Rio de Janeiro]. Façamos uma idéia de como estará: mais gordinho, cabelos branquinhos, bem queimado (o sol de São Paulo queima à traição), de bom humor, com roupa nova e alguns sambas magníficos. Quero vê-lo. Me telefona, Dô![266]

Finalmente, Caymmi estreou na Mayrink Veiga, em 14 de março de 1939, em programa apresentado por César Ladeira das 18h às 22h — que parava apenas entre as 20h e 21h, quando entrava a *Hora do Brasil*. "Era o melhor rádio que se fazia na época", afirma Caymmi.[267] Participavam da programação desse dia, além de Caymmi e Carmen Miranda, os mais importantes artistas do elenco da emissora: Sylvio Caldas, Cândido Botelho, Maria Amorim, Garoto e Cordas Quentes, Barbosa Júnior, Jararaca e Zé do Banjo. Após três horas de música e entretenimento, seguia-se o radioteatro *A lenda das lágrimas*, de Carlos Medina. A imprensa noticiou amplamente a estreia do baiano, como se verifica, por exemplo, na *Gazeta de Notícias* de 4 de março de 1939:

> Os ouvintes da Mayrink Veiga terão a oportunidade de tomar conhecimento, pelo microfone, de um dos novos valores destinados ao maior sucesso da temporada. Trata-se de Dorival Caymmi, o brilhante autor de "O Que é Que a Baiana Tem?", que tanto êxito alcançou no filme "Banana da Terra", cantado por Carmen Miranda.

Na *Revista da Semana* de 1º de abril de 1939, em matéria assinada por F. G., onde também foi anunciada a sua contratação pela PRA-9 (prefixo da Rádio Mayrink Veiga), foram mencionados de passagem os combates que o compositor vinha travando no próprio ambiente artístico, obrigando o jornalista a uma reflexão sobre a Música Popular Brasileira — sobretudo samba e marcha, ritmos cariocas por excelência —, sua renovação e os destinos do rádio:

> Andaram querendo esmagar o rapaz, mas ele teve de irromper, de surgir cantando, como exclusivo, com a própria Carmen na PRA-9, devido à inteligência de seus diretores artísticos [...] Bahia e Recife, escalando no rádio carioca, mandando a sua mercadoria sonora bem boa, capaz de competir, capaz de agradar, de interessar os homens duros de roer e falhos de inteligência do *broadcasting* carioca. O samba há de ser o mesmo, a marcha há de ser querida, mas era necessário que o público conhecesse, também, o que se faz nas províncias, que sonham como nós, que sentem e destilam emoções suaves [...] A questão do rádio é não parar, não haver estagnação. O público quer novidades. Quer músicas e cantores novos. E os que assistiram ao sucesso sem precedentes desse nortista [Dorival Caymmi] — que deve ter chegado com um medo danado de chegar junto aos bambas da Corte — sabem perfeitamente que apenas se exige talento para vencer atrás de um vidro grosso de estúdio.

Sem dúvida, para F. G., César Ladeira era um desses diretores artísticos inteligentes e capazes de promover e manter o dinamismo do meio radiofônico, através de, entre outros aspectos, um elenco de artistas de qualidade em constante atualização, como o jornalista fez questão de frisar como condição de sobrevivência do rádio. Note-se pelo teor da matéria que os artistas vindos de fora, oriundos das "províncias", como escreveu o jornalista, não eram benquistos entre os "bambas da Corte", indicando, além do evidente preconceito, que o meio artístico na capital era bastante competitivo e as dificuldades não eram poucas. Entretanto, tais dificuldades não foram suficientes para impedir a ascensão de Dorival Caymmi no mundo do rádio. Na Mayrink, Caymmi ganhou de Ladeira dois codinomes, *Colombo dos Balangandãs* e *O Homem que Mandou o Samba para os Estados Unidos*, conforme mencionado no capítulo 1, e comenta:

> César Ladeira batizava... Ele era o "rei do batismo": *O Caboclinho Querido*, Sílvio Caldas; *O Cantor que Dispensa Adjetivos*, Carlos Galhardo; *O Rei da Voz*, Francisco Alves. [E eu] *O Colombo dos Balangandãs*. Sabe o que vem a ser isso? O homem que descobriu a América. É, eu descobri a América, descobri os balangandãs, e virei a vida da Carmen Miranda do bom para o melhor. E mais um outro título: "O homem que mandou o samba para os Estados Unidos." Outro título que eu tive, dito no ar durante o programa.[268]

César Ladeira, com os títulos que deu a Caymmi, afirmava claramente o que alguns na época — e, em certos casos, ainda há um equívoco generalizado nos dias de hoje sobre o tema — subestimavam a importância do compositor na guinada que aconteceu na carreira de Carmen Miranda. Isso reflete o incômodo que o artista causava em alguns setores do meio artístico devido ao seu sucesso instantâneo e sua exitosa relação profissional com a cantora. Além de Dorival Caymmi ser um simples estreante e não pertencer ao grupo de compositores que habitualmente orbitavam em torno da estrela, o que provocava muito ciúme, "O que é que a baiana tem?" tornou-se a música relacionada à virada internacional da carreira da cantora e, mais ainda, à personagem que a catapultou para a fama mundial — e também, é verdade, a aprisionou para sempre. Mesmo depois, com pesquisadores e profissionais criteriosos estudando o período e seus personagens, infelizmente muitas vezes o fenômeno se repetiu, não se dando a dimensão exata do papel do compositor na vida da cantora. Dar a Caymmi, isto é, ao samba "O que é que a baiana tem?", o peso devido na carreira de Carmen Miranda — e vice-versa — de forma alguma implicaria desvalorizar a cantora, o que seria um equívoco pura e simplesmente. É preciso avaliar suficientemente a repercussão do samba àquela altura da carreira de Carmen. Era a cantora certa, com a música certa, como se pode deduzir do trecho a seguir de Luiz Tatit:

> "O Que é Que a Baiana Tem?", canção tecnicamente perfeita não só pela autenticidade do acompanhamento instrumental, mas, sobretudo, pelo revezamento dos temas e das figuras melódicas numa fusão de motivos recorrentes com diálogo de personagens, foi um presente à interpretação de Carmen Miranda e, por extensão, aos pendores cinematográficos da grande cantora que, por essa época, filmava Banana da Terra (de J. Ruy, produzido por Wallace Downey).[269]

É possível que o curto intervalo de tempo da convivência profissional de Dorival Caymmi e Carmen Miranda — ambos se conheceram em 1938 quando a cantora cantou "O que é que a baiana tem?" em *Banana da terra* e, menos de um ano depois, em 1939, ela embarcou para os Estados Unidos* —, em que a cantora gravou quatro composições do baiano,** tenha contribuído para que relativizassem a importância do baiano na sua carreira. A impressionante carreira internacional da cantora, primeiro na Broadway e depois em Hollywood, também pode ter ofuscado os historiadores e pesquisadores. É inegável, entretanto, que foi de fato um encontro feliz de dois grandes artistas da Música Popular Brasileira. A despeito da desvalorização ou, em alguns casos, quase omissão, de Caymmi na-

---

*Durante o longo período que passou nos Estados Unidos, Carmen Miranda só esteve no Brasil em 1940 e em 1954.
**Carmen Miranda gravou, em 1939, os sambas de Dorival Caymmi "O que é que a baiana tem?", "A preta do acarajé" e "Roda pião", com o baiano — lançados no mesmo ano; "O dengo" foi gravado em 1940 e lançado em 1941. Todos pela Odeon. Voltou a gravar "O que é que a baiana tem?", dessa vez com o Bando da Lua, nos Estados Unidos, pela Decca, em 1940.

queles eventos, o compositor tinha clara consciência da importância de "O que é que a baiana tem?" na vida de Carmen Miranda, assim como Aloysio de Oliveira — do Bando da Lua e namorado da cantora na época — e César Ladeira, só para assinalar alguns.

O radialista não só acompanhava a cantora praticamente desde o início da sua vida profissional — quando Ladeira assumiu a Mayrink Veiga em 1933, Carmen estava lá havia pouco menos de um ano — como estava presente na sua estreia triunfante na Broadway em 1939. Caymmi confirma, com simplicidade e sem falsa modéstia, atitude que fugia ao seu modo franco de ser, que a cantora ganhou impulso novo na carreira com "O que é que a baiana tem?": "Carmen reatou a popularidade que tinha com 'Pra você gostar de mim', de Joubert de Carvalho",[270] enorme sucesso da cantora de 1930, mais conhecida como "Taí". Segundo Jairo Severiano e Zuza Homem de Mello, "a marchinha, além de tornar Carmen conhecida em todo o país, acabou por constituir-se num marco de sua carreira".[271] Na opinião de Caymmi, cantando "O que é que a baiana tem?" em *Banana da terra*, "em que ela aparece vestida de baiana, seguindo a linha do meu samba, Carmen começou a tomar conta do público brasileiro" novamente, o sucesso se repetiu no mesmo nível: "Ela fez uma coisa parecida: 'você viu a Carmen? Aquela baiana, que beleza!'. Ela estava na boca do povo."[272]

Os títulos de *Colombo dos Balangandãs* e *O Homem que Mandou o Samba para os Estados Unidos*, dados por Ladeira, estavam especialmente ligados a "O que é que a baiana tem?". Sobre o segundo título, o radialista se referia ao convite que Carmen Miranda recebeu e aceitou de Lee Shubert para se apresentar nos Estados Unidos. Shubert — proprietário da Select Operating Corporation, que administrava metade dos teatros da Broadway — assistiu com a estrela de cinema e patinadora Sonja Henie e Marc Connelly ao espetáculo da cantora no Cassino da Urca nos dias que antecederam ao carnaval. Eles estavam no Rio de Janeiro a bordo do transatlântico *Normandie* para uma temporada de quatro dias. A própria Carmen resumiu o que aconteceu naquele período para a revista *O Mundo Ilustrado*, em 29 de dezembro de 1954:[273]

> A Urca foi meu trampolim. Nessa época, nem sonhava em vestir uma baiana... Acontece que eu tinha de me apresentar cantando *O Que é Que a Baiana Tem?* e a letra da música explicava que ela tinha isto, tinha aquilo, coisas que a minha fantasia precisava ter. Então pedi ao [Gilberto] Trompowsky que desenhasse uma baiana para mim. Foi a minha primeira fantasia. Era branca, com uma barra preta e um Pão de Açúcar ao lado. Para completá-la, comprei na Avenida Passos uns colares de mil e quinhentos réis e duas cestinhas de sete mil-réis. Sentindo o sucesso que a originalidade da vestimenta e a beleza da música brasileira fariam nos Estados Unidos, Sonja Henie — a madrinha do meu sucesso — insistia tenazmente com Shubert para me contratar. Ele não queria, mas acabou vencido pela perseverança da minha amiga, e de um dia para o outro eu me vi em palcos americanos, cercada de aplausos por todos os lados.

Evidentemente, o que prevaleceu foi o talento de Carmen Miranda. Não há dúvidas quanto a isso. O que se está procurando dimensionar é o peso de "O que é que a baiana tem?" na carreira de Carmen Miranda e Dorival Caymmi. Como afirma Abel Cardoso Júnior:

> Carmen fez o traje. Valorizou-o. Ela nem foi a primeira baiana de Hollywood. Dolores Del Rio apareceu de baiana no filme "Voando para o Rio" (RKO, 1934), com cestinha na cabeça e tudo. No elenco, Ramon Navarro, Gene Raymond, Ginger Rogers, Fred Astaire e o nosso Raul Roulien. No Brasil, já em 1928, Aracy Côrtes era baiana no teatro de revista. A conclusão é que o traje não fez Carmen...[274]

Aloysio de Oliveira, do Bando da Lua, conjunto que acompanhou Carmen Miranda na sua ida aos Estados Unidos, em 4 de maio de 1939, para assegurar o acompanhamento fiel dos sambas que interpretava, resumiu em seu livro de memórias o impacto na vida dos três da substituição da música de Ary Barroso pela de Caymmi em *Banana da terra*:

Esse incidente mudou definitivamente o destino de três pessoas: o de Caymmi, o da Cármen e o meu. O Caymmi conheceu o seu primeiro sucesso, partindo para muitos outros. A Cármen se apresentou pela primeira vez de baiana no Cassino da Urca logo a seguir e foi contratada para a Broadway. E eu, com o Bando da Lua, que se apresentou pela primeira vez junto com a Cármen no Brasil, também parti para os Estados Unidos.

Graças ao Ary Barroso.[275]

À parte o tom de brincadeira de Oliveira, quando menciona Ary Barroso como o responsável indireto pelos acontecimentos que modificaram a vida dos três — ele próprio, Carmen Miranda e Caymmi —, é importante considerar a percepção de um dos que protagonizaram todos aqueles eventos. Oliveira tinha consciência da importância de "O que é que a baiana tem?" na carreira dos três. Para ele, estava claro que o samba fora decisivo nas trajetórias que percorreram a seguir — ele próprio, depois do seu trabalho no Bando da Lua acompanhando Carmen nos Estados Unidos, foi contratado pelos Estúdios Disney —, o que demonstra a força da transformação que uma música pode gerar.

Há uma imprecisão nos relatos de Oliveira e Carmen Miranda. Na verdade, a cantora já havia se trajado de baiana — a mesma de *Banana da terra*, desenhada por J. Luiz — no Cassino da Urca, no final de novembro de 1938. Na plateia estava, inclusive, Tyrone Power, astro do cinema americano, que deu à cantora "a certeza de que, se tentasse a sorte em Hollywood, teria grandes chances de vencer".[276] Na temporada de Carmen no Cassino da Urca nos dias que antecederam ao carnaval de 1939 — seu cachê havia subido graças ao grande sucesso que vinha fazendo com "O que é que a baiana tem?" —, Almirante conseguiu um dinheiro extra para Caymmi: "Cada vez que ela cantasse saía 100 mil-réis para mim. 'E o que é que eu vou fazer com essa "dinheirama"?', me perguntava feliz",[277] relatou o baiano. Oliveira descreve o Cassino da Urca, que, junto com o Cassino do Copacabana Palace e o Cassino Atlântico — ambos em Copacabana —, dominava a cosmopolita noite carioca:

> O Cassino da Urca, além de apresentar em seus shows os maiores nomes da nossa música popular, trazia do exterior grandes atrações internacionais. [...] O preço da entrada para o Cassino era de dez mil-réis [...] com direito ao *show*, um jantar da melhor qualidade, e ainda se podia jogar a entrada na roleta.
> O palco do *grill-room* era equipado com uma cortina móvel de grandes espelhos e as orquestras apareciam em elevadores e plataformas também móveis. Os artistas comiam num salão especial onde o jantar custava dois mil e quinhentos réis.[278]

César Ladeira havia criado especialmente o slogan *A, E, I, O, Urca* que anunciava as grandes atrações da casa do mineiro Joaquim Rolla. O mesmo Ladeira foi a Nova York cobrir, para a Rádio Mayrink Veiga e vários jornais e revistas, a estreia de Carmen Miranda no Broadhurst Theatre, na rua 44, em 19 de junho de 1939, escrevendo em sua crônica:

> O público a recebe entusiasticamente. Aliás, acolhe-a, quando Carmen começa "Que é Que a Baiana Tem?", com um silêncio angustiante, silêncio que demonstra interesse pela artista do Brasil que lhe é apresentada e que pode transformar-se numa grande vitória ou num fracasso decisivo. E Carmen vence.[279]

O jornal *O Globo*, de 26 de junho do mesmo ano, publicou reportagem sobre a estreia da cantora: "Indo além de todas as expectativas, a criadora de 'O que é que a baiana tem?' nos encheu de orgulho e vaidade. A música popular está em festa."[280] Como se vê, "O que é que a baiana tem?" rendia. Tanto que Josephine Baker, a famosa atriz americana lançada na França, cantou o samba na sua temporada no Cassino da Urca do mesmo ano, "fazendo uma imitação de Carmen — perfeitamente horrível",[281] como garantiu em carta a Lee Shubert sua amiga Claiborne Foster, ex-atriz americana, que morava no Rio.*

---

*Ruy Castro esclarece que Claiborne Foster "fora um grande nome dos palcos, em *The Bluebird*, de Maeterlinck, e outras peças produzidas por (Lee) Shubert, que sempre a tivera em alta estima". Casada com Maxwell Jay Rice, executivo da PanAm, empresa de aviação, e radicada no Rio de Janeiro, durante anos ela escreveu a Claude P. Greneker, chefe de imprensa de Shubert em Nova York, mencionando insistentemente Carmen Miranda e recomendando que Shubert a contratasse, "antes que outro americano a levasse" (Ruy Castro, *Carmen: uma biografia*, p. 183).

Embora relutante — "eu sou suspeitíssimo porque vou falar de mim e pega mal"[282] —, Caymmi confirmou a omissão de seu nome ou a tentativa de diminuir sua importância no episódio do sucesso de Carmen Miranda com "O que é que a baiana tem?", sua ida para os Estados Unidos e na construção da personagem que lhe rendeu fama mundial. Ele ponderou que corria o risco de colocarem sua análise sob suspeita, como fruto de vaidade, de despeito, de que ele estaria falando em causa própria, que iriam dizer, "pudera, [...] ele tem que puxar a brasa para a sardinha dele",[283] mas isso não o impediu de dar seu testemunho pessoal:

> Mas o negócio da omissão eu também estranhei muito. Havia uma disfarçada má-fé: Quem sabe se ele não é bobo? Quando então apareceu a inclusão da minha música no filme cantada por Carmem Miranda e Bando da Lua, um filme da Fox, eu iria ganhar mil dólares de direito — o que foi pago pela Fox — apareceu tanto intermediário que o que tocou a mim foi uma migalha no Brasil. Isso trocado em mil-réis, "O que que a baiana tem?" foi meu primeiro sucesso [...] Tudo isso abrindo caminho pra mim, bem mesmo, mas a imprensa ficava em torno da Carmem Miranda. E pior é que as gerações que vieram depois, se não aparecessem certos cronistas, historiadores de talento e boa vontade, eles nem citavam meu nome. O milagre que Aloysio de Oliveira sentiu foi a palavra "balangandãs" agitar tanto o gosto do povo que ele citou [em seu livro de memórias] o magazine de Nova York [Sacks] que pegou a roupa da baiana, sobretudo o turbante, chamado na Bahia de torso, que usado na cabeça da Carmem foi alterado com coisas mais decorativas. E [Aloysio de Oliveira conta] mais "esse Caymmi nunca pensou de estar nas vitrines da Quinta Avenida", eu mostro a frase num livro que está comigo [cita de memória]: "vindo da Bahia para o Rio, para as vitrines da Quinta Avenida, com os balangandãs e os torsos de seda, aquelas coisas, não é?" Enfim tudo isso não foi compreendido também pelos historiadores de Carmem Miranda que ligaram mais Carmem Miranda à fase americana [...], pelo cinema.[284]

O compositor foi além: "O que se procura esconder é a verdade, a realidade, porque os interesses são esses: a fábrica quer vender o disco, o artista não quer perder a fama, a imprensa é adulada pra não dar notas maliciosas; então havia tudo isso, não vai dizer que não que eu estava ali."[285]

É importante mencionar que nem no período citado nem nas décadas posteriores, com as várias oportunidades que a fama e a divulgação do seu trabalho permitiram, Caymmi reivindicou uma revisão dos acontecimentos para reavaliar sua participação naqueles eventos. Não era da índole do artista, atitude que se repetiu em outros episódios similares. Em geral, optava por continuar seu trabalho e seguir em frente. Mas, em entrevista para sua biografia, ele não se furtou a falar sobre o episódio nem se recusou a especular sobre as motivações que levaram a isso, para ele fruto da "desinformação" e "ignorância" além de "um certo medo de concorrência, sem necessidade, tá na cara".[286] A famosa frase de Tom Jobim, de que sucesso no Brasil é ofensa pessoal, para Caymmi continua valendo:

> [...] isso continua sendo. Eu, um anônimo, um jovem chegando de sua cidade, fora da capital federal, chega e estourou assim. Você pode imaginar o que havia de despeito entre profissionais — que eu nem conhecia o métier, não sabia lidar com o que seria o colega? Mas depois é que eu vi que era um negócio difícil, uma barreira.[287]

De fato, o meio musical era instável e competitivo. Essa era a outra face do meio artístico da época, bem menos glamourosa. Mesmo Carmen enfrentou dificuldades. Apesar de a cantora reinar absoluta no período, não era fácil manter-se no topo da preferência do público. Ela "não competia com ninguém, estava sempre sozinha porque depois vinham as cantoras de música romântica",[288] relata Caymmi. O baiano observava, admirado, os comentários em que "uns diziam assim: 'Aqui ela desafina, aqui ela quase...', essas críticas de ponta de rua, de esquina, além de dizer 'ela está superada', isso já havia, apesar de ela ser a grande estrela da música popular".[289]

O compositor conta uma conversa que teve com Carmen em que ela lhe confidenciou o desejo de largar a carreira e se casar com Aloysio de Oliveira, que ele descreveu como "um homem bonito, alegre, elegante e discreto"[290] — o namoro era discreto na opinião de Caymmi "para não desapontar os fãs dela":[291]

> "Caymmi, sabe de uma coisa, eu estou completando aí dez anos de atividade, eu vou mudar de vida, vou me casar com o Aluísio, é um rapaz muito alinhado." Eu sabia que ela tinha um namoro com Aluísio de Oliveira e [essa era] a idéia dela, numa conversa sem testemunhas na varanda dela uma noite, conversando ali descontraídos.[292]

Segundo Ruy Castro, Carmen namorava Carlos Alberto da Rocha Faria, "um dos melhores partidos da cidade"[293] — cuja família, a propósito, desaprovava o envolvimento —, e por isso mantinha escondido seu caso com o músico Aloysio de Oliveira. Isso era possível porque

> [...] não havia a indústria de fofocas da imprensa, e um jornalista pensava várias vezes antes de escrever sobre a intimidade de um artista — até decidir que não escreveria nada. Os mexericos circulavam apenas dentro de cada grupo, e Carlos Alberto não freqüentava o meio musical. Dorival Caymmi, ao contrário, soube logo da história porque, mesmo recém-chegado ao Rio, já entrara no circuito.[294]

No contexto desta conversa, Caymmi sentiu o impacto sobre a carreira da amiga de dois eventos recentes: as gravações de "Adeus, batucada", de Sinval Silva (Odeon, 1935) e "Na Baixa do Sapateiro", samba de Ary Barroso (Odeon, 1938). Para Caymmi, parte do público talvez já pressentisse na melancolia do samba de Sinval Silva a possível retirada da cantora:

Houve gente que notou quando ela cantou a música de Sinval Silva. Ela cantou um negócio que deu um toque até sentimental, bonito, no [canta] "adeus, adeus, meu pandeiro de samba, tamborim de bamba, já é de madrugada, vou-me embora chorando, com meu coração sorrindo, e vou deixar todo o mundo, batucada, adeus...".* E é um tom assim bonito, a melodia não era do tipo saltitante como usava Carmen, pra sambas e marchas com jeito carnavalesco.[295]

Caymmi talvez tenha captado na interpretação que Carmen Miranda deu a "Adeus, batucada" o que ela estava passando e, quem sabe, até o que passaria. No caso do samba de Ary Barroso, gravado pouco antes de "O que é que a baiana tem?", Caymmi percebeu a insegurança da cantora com a pouca repercussão que obteve sua gravação, o que gerou nela dúvidas quanto à continuidade da carreira: "Já ligava com o fato de 'Na Baixa do Sapateiro', de Ary Barroso, gravada aí por 1936, não chegar a ser um sucesso e atribuir-se logo à gravação da Carmen Miranda — a gravação era o conduto da coisa —, que não teve repercussão pública." Na verdade, o artista baiano se enganou na data da gravação de "Na Baixa do Sapateiro", que ocorreu não em 1936, mas em 17 de outubro de 1938, na Odeon.

Carmen já havia manifestado, em entrevista um ano antes, o seu desejo de cantar em Nova York e depois retornar ao Brasil, quando então se aposentaria, casaria e teria cinco filhos. Com 30 anos de idade e dez de carreira, a cantora possivelmente considerou "mais fácil dizer sim a Shubert do que a um noivo",[296] atraída mais pelos palcos do que pela vida de casada. Segundo Caymmi, com o sucesso de "O que é que a baiana tem?" a cantora revitalizou sua carreira e "foi mais adiante do que se esperava".[297] No seu entender, em razão

---

*"Adeus, adeus/ Meu pandeiro de samba/ Tamborim de bamba/ Já é de madrugada/ Vou-me embora chorando/ Com meu coração sorrindo/ E vou deixar todo mundo/ Valorizando a batucada/ Em criança com samba eu vivia sonhando/ Acordava estava tristonha chorando/ Joia que se perde no mar só se encontra no fundo/ Samba mocidade sambando se goza neste mundo/ E do meu grande amor sempre me despedi sambando/ Mas da batucada agora me despeço chorando/ E guardo no lenço esta lágrima sentida/ Adeus, batucada, adeus batucada querida."

do sucesso extraordinário de Carmen Miranda — e de fato o era, até para os parâmetros do show business norte-americano —, seu papel tornou-se secundário: "Nem apareci, nem era considerado; todo mundo queria estar trabalhando com Carmen Miranda, queria ir para os Estados Unidos, todo mundo que era músico queria ir para Hollywood",[298] explica com naturalidade o compositor. Pode-se bem imaginar o frisson que causou no meio artístico a abertura do mercado americano para os compositores e músicos brasileiros com o sucesso da cantora. Carmen, por sua vez, já famosa nos Estados Unidos, reconhecia, com a espontaneidade e modéstia costumeiras, o papel dos compositores no seu sucesso:

> Sei que contribuí bastante para a divulgação da música popular brasileira no estrangeiro. Mas, também, a verdade é que tive muita sorte. Em primeiro lugar, tive sorte por ter sido a primeira a trazer números como "Tico-tico", "Mamãe Eu Quero", "Cai, Cai", "O Que É Que a Baiana Tem?", "Na Baixa do Sapateiro", "No Tabuleiro da Baiana", e tantos outros para os Estados Unidos.[299]

Caymmi, em entrevista, citou o livro de memórias de Aloysio de Oliveira, *De banda pra lua*, já mencionado anteriormente, em que o músico relatou que:

> Uma das mais importantes lojas de Nova York, o Sacks Fifth Avenue, dedicou todas as suas vitrines aos lançamentos da moda baseada na baiana da Cármem. [...]
> E as joalherias passaram a criar pulseiras e colares de fantasia "à la balangandans". Caymmi nunca poderia ter imaginado que a letra do *O Que É Que a Baiana Tem* viria a ser exposta nas vitrines da 5ª Avenida.[300]

Caymmi tampouco imaginou que um samba de sua autoria fosse fazer parte de uma produção de Hollywood, a meca do cinema mundial. Foi o caso de *Serenata boêmia* (1944), sétimo filme de Carmen Miranda, nos Estados Unidos, pela 20th Century-Fox. No filme, em que contracena com Don Ameche, Vivian Blaine, William Bendix, Emil Rameau, entre outros, a cantora interpreta mais uma vez "O que é que a baiana tem?". Sobre o comentário de Aloysio de Oliveira, Caymmi continua:

> Eu trouxe a palavra "balangandãs" que deu todo esse comércio de bugigangas. Essa estamparia toda que está aí também foi resultado da música "O Que é Que a Baiana Tem?", entrou comigo aqui, e Carmen Miranda foi o veículo disso, agora tudo isso [foi] omitido por quem escreveu depois. A imprensa que não foi fundo. É um fato novo se contratar uma artista brasileira para entrar na Broadway e em seguida em Hollywood.[301]

Sobre a imprensa, Caymmi é bastante realista, sobretudo quando se refere à relevância do compositor:

> Em geral, a forma de fazer entrevistas, internacionais, isso é coisa para iludidos, porque no popular o sujeito não quer entrar nesses detalhes para não ficar aquela coisa ociosa de perguntar muita coisa e encher de laudas. Então aquilo passava, como até hoje o autor de músicas [passa]. Sempre se pergunta "de quem é isso?". Ninguém sabe. O cantor se sabe, o intérprete, mas o autor sempre é esquecido logo.[302]

Dorival Caymmi tem razão quanto aos efeitos do imediatismo da imprensa, que frequentemente não permite uma pesquisa mais cuidadosa dos assuntos, sem mencionar que o jornalista tinha — e ainda tem — de se restringir a espaços reduzidos reservados à notícia ou à matéria. Mas, vez por outra, entretanto, havia quem fizesse uma avaliação um pouco mais criteriosa. É o caso da nota do jornal carioca *A Tarde*, de 27 de março 1939, na coluna "No Rádio", em que o jornalista analisa, ainda que superficialmente, a importância do samba de Caymmi na carreira de Carmen Miranda:

"Banana da Terra" foi mais uma dolorosa etapa do cinema brasileiro. Mas aquele pedaço gostoso, "O que é que a baiana tem?" pôde ser cortado e enviado pelo mundo agora para propaganda nossa. Esse esplêndido Dorival Caymmi — a maior revelação do broadcasting nacional nesses últimos tempos, deu ensejo a Carmen Miranda exceder-se a si mesma, voltando a ser a mais popular e legitima intérprete da nossa música. Dorival Caymmi, baiano levado do diabo que Nosso Senhor do Bonfim nos mandou, tem mais esse crédito conosco. Nós lhe devemos a restituição integral de Carmen Miranda, inconfundível, absoluta e mais do que nunca cem por cento Carmen Miranda.

Contudo os problemas não se limitavam à omissão e superficialidade da imprensa de um modo geral. O compositor se via envolvido — muitas vezes por despreparo, desinformação e ingenuidade, é verdade, mas também por má-fé das pessoas e organizações que se omitiam ou que não explicavam as implicações dos contratos e suas consequências — nas mais intrincadas dificuldades para receber o direito autoral. A inclusão de "O que é que a baiana tem?" no filme *Serenata boêmia* criou muita expectativa no compositor, que não imaginava as preocupações que viriam a seguir:

> Veio o editor da música em papel se achando com direitos especiais sobre a música. A gravadora se achava com direitos também. E eu fiquei inocente no meio de profissionais competentes, estrangeiros e conhecidos no Brasil, ligados aos Estados Unidos, já negociando. Porque eles estavam fazendo a oferta de mil dólares, que naquele tempo representava um dinheirão. Me marcaram e queriam me acionar. Diziam que eu cedi o mesmo direito a duas empresas, para a gravadora Odeon e para a 20th Century-Fox.[303]

Mais uma vez Caymmi se encontrava confuso em meio aos grandes interesses da indústria fonográfica. Havia uma cláusula no contrato assinado com a Odeon, por ocasião ainda da gravação de "O que é que a baiana tem?" com Carmen Miranda, em 1939, que dizia respeito a "rolos e películas". Um funcionário da Odeon explicou: "Caymmi, rolos e películas é cinema."[304] O compositor mais uma vez saiu perdendo. Só recebeu 250 dos mil dólares iniciais: "apareceu tanto intermediário que o que tocou pra mim foi uma migalha no Brasil",[305] comentou. O fato acabou por torná-lo dali para a frente ainda mais cuidadoso, como ele próprio explica: "Fiquei muito amedrontado com contratos com companhias gravadoras. Quem tirou partido foram eles. A Odeon e a Fox entraram em acordo, trocaram interesses financeiros, e não precisavam me dar satisfação. Então eu tive medo de assinar contrato com disco."[306]

Na perspectiva da sua carreira, o compositor não tem dúvidas de que "O que é que a baiana tem?", seu primeiro sucesso em música, foi "abrindo caminho [...] bem mesmo" para ele, porém a "imprensa ficava em torno da Carmen Miranda e pior é que as gerações que vieram depois, se não aparecessem certos cronistas, historiadores de talento e boa vontade, nem citavam meu nome". E aponta: "O milagre que Aloysio de Oliveira sentiu foi a palavra 'balangandãs' agitar tanto o gosto do povo que ele citou o magazine de Nova York [...]. Enfim, tudo isso não foi compreendido também pelos historiadores de Carmen Miranda, que ligaram mais Carmen Miranda à fase americana."[307]

Quanto ao traje de baiana de Carmen Miranda, que ultrapassou as fronteiras nacionais e influenciou a moda americana, o compositor explica que, "na verdade, tudo que está ali editado é copiado do natural".[308] E pondera:

> Eu achei muito comum pegar um estilo de uma coisa brasileira. O traje de baiana não era uma invenção minha. Eu apenas trouxe um retrato da minha cidade em forma de música e passei, com muita autenticidade. [É] que toda música que foi feita em torno da Bahia tem um pouco de sonho, um pouco de imagem do tipo "dizem que Cristo nasceu em Belém, a história se enganou, Cristo nasceu na Bahia, meu bem, e o baiano criou"* até chegar a "Na Baixa do Sapateiro": "encontrei um

---

*Dorival Caymmi se refere a "Cristo nasceu na Bahia", maxixe de Sebastião Cirino e Duque, lançado em 1927: "Dizem que Cristo/ Nasceu em Belém/ A história se enganou/ Cristo nasceu na Bahia, meu bem/ E o baiano criou/ Na Bahia tem vatapá/ Na Bahia tem caruru/ Moqueca e arroz-de-auçá / Manga, laranja e caju/ Cristo nasceu na Bahia, meu bem/ Isto sempre hei de crer/ Bahia é terra santa, também/ Baiano santo há de ser." Disponível em http://cifrantiga3.blogspot.com/2006/03/cristo-nasceu-na-bahia.html.

dia a morena mais frajola da Bahia, pedi-lhe um beijo, não dei" é o Ary Barroso discorrendo sobre a fantasia. E "Na Baixa do Sapateiro", onde está omitido o "s" de "sapateiros" e é um ponto de tradição também esquecida pelos baianos. Foi o sapateiro italiano que fazia ponto ali, tudo era sapateiro, e ficou com o nome de Baixa dos Sapateiros.*

Com a impossibilidade de compreender a letra original de "O que é que a baiana tem?" em português e com a versão do samba para o inglês muito distante do original, como se verá mais adiante, o público americano só tomou conhecimento dos adereços da baiana através do figurino de Carmen Miranda, que os propagava em suas apresentações na Broadway e mais tarde nos 14 filmes que fez em Hollywood, entre 1940 e 1953. Da estilizada baiana de *Banana da terra* até as concepções mirabolantes de Hollywood muitas águas rolaram, como diz a letra de um sucesso carnavalesco.**

Anterior ao filme *Serenata boêmia* foi a gravação nos Estados Unidos, em 26 de dezembro de 1939, de "O que é que a baiana tem?" por Carmen Miranda acompanhada pelo Bando da Lua e Garoto, pela gravadora Decca. No dia seguinte ao Natal, a cantora gravou também "South American Way", de Jimmy McHugh e Al Dubin; "Touradas em Madri", de Braguinha e Alberto Ribeiro; "Marchinha do grande galo (Có, Có, Có, Có, Có, Có, Ró)", de Lamartine Babo e Paulo Barbosa

---

*Dorival Caymmi, entrevista concedida a Stella Caymmi, Rio de Janeiro, 5/10/1992. Segundo Caymmi, Ary Barroso "usou termos cariocas, aquela coisa típica de teatro de revista", na letra de "Na Baixa do Sapateiro". Sobre a Baixa dos Sapateiros, situada em Salvador, consta no site da Secretaria de Turismo da cidade www.saltur.salvador.ba.gov.br: "imortalizada em canção de Ary Barroso, é batismo histórico dos mais conhecidos fora da Bahia e do Brasil. Ao contrário do que acontece hoje, originalmente a sua denominação se referia ao curto trecho existente entre a parte baixa da ladeira do Taboão e a então rua da Vala, oficialmente a atual J. J. (José Joaquim) Seabra. Indica o ordenamento medieval dos primeiros tempos da cidade, onde predominavam, na expressão do professor Cid Teixeira, os 'agrupamentos profissionais'".
**"Saca-rolha", de Zé da Zilda (José Gonçalves), Zilda Gonçalves e Valdir Machado, sucesso lançado no carnaval de 1954.

— esta última no lado B do mesmo disco que trazia "O que é que a baiana tem?" —; "Mamãe, eu quero", de Jararaca e Vicente Paiva, e "Bambu, bambu", de Patrício Teixeira e Donga, em um total de três discos. Foram os primeiros 78 rpms da cantora nos Estados Unidos. Todas as canções faziam parte da revista da Broadway *Streets of Paris*.

Em 1940, os Mills Brothers, famoso grupo vocal americano que ao longo de uma carreira de mais de sessenta anos vendeu cerca de 50 milhões de discos, gravaram o samba de Caymmi, atestando a popularidade da música nos Estados Unidos. Foi a primeira vez que o compositor foi gravado no exterior por um grupo estrangeiro. "O que é que a baiana tem?" ganhou uma letra em inglês sem pé nem cabeça assinada por Al Stillman. Era muito comum, no período, as versões guardarem pouca semelhança com a letra original — motivo pelo qual, duas décadas mais tarde, quando do boom da bossa nova nos Estados Unidos, Tom Jobim decidiu viver naquele país, preocupado em se assegurar da qualidade das versões para o inglês de suas músicas. O samba de Caymmi recebeu o título "Brazilian Nuts", algo como "castanhas brasileiras", muito longe da descrição da baiana:

> *A song came out of Brazil,*
> *Called "Baiana tem"*
> *It means: "Has somebody got something I have not"*
> *But who the devil knows how the last in goes*
> *Of "Baiana tem"*
> *The melody is the same*
> *But they changed the name*
> *A package for a penny*
> *Who'll buy some Brazilian Nuts?*
> *Try some Brazilian Nuts?*
> *Ay! Ay! Those Brazilian Nuts,*
> *Really are quite the nuts*
> *Try one and you'll buy many*
> *They're full of delicious meat*
> *They're sweet and they're good to eat*

Come on, give yourself a treat
And try some Brazilian nuts
They've got that certain flavor
You wanna wonderful thing
That gives you plenty of zing?
Just give a penny to me
And get your vitamin E!
So do yourself a favor
And buy some Brazilian Nuts
Do I make my livin'?
By sellin' Brazilian Nuts
By yellin' Brazilian Nuts
Try shellin' Brazilian Nuts
I'm tellin' ya they're the nuts
Its time that you were givin'
A package do dear mama
Package to dear papa
And one for your baby, ah!
She loves those Brazilian Nuts
The doctor says they're dandy
Do I make my livin'?
By sellin' Brazilian Nuts
By yellin' Brazilian Nuts
Try shellin' Brazilian Nuts
I'm a certain medical guy
Whose name is Anthony Glutz
Tells everybody to try
Those South American nuts
So have your money handy
*And buy some Brazilian Nuts**

---

*"Brazilian Nuts", versão para o inglês de "O que é que a baiana tem?", de Al Stillman. *Nuts* significa frutas secas, mas no contexto da letra corresponde, de certa maneira, às castanhas brasileiras — castanha-do-pará, castanha de caju ou mesmo amendoim. Entretanto, *nuts* também significa maluco, em um uso mais popular, e Stillman explora em sua letra essa ambiguidade. Sua versão é inteiramente diversa da letra original do samba de Dorival Caymmi.

Antes da ida para os Estados Unidos, Carmen Miranda passou por um extenuante ritmo de gravações, que incluía uma nova composição de Dorival Caymmi. A Odeon, temendo que "sua maior cantora não voltasse tão cedo",[309] convocou-a repetidamente para seus estúdios, entre 21 de março e 3 de maio de 1939, obrigando-a a gravar um total de 15 músicas, inclusive às vésperas do seu embarque. Entre elas, estavam "Uva de caminhão", de Assis Valente; "Mulato antimetropolitano" e "Você nasceu para ser grã-fina", ambas de Laurindo de Almeida; e "Roda pião", de Caymmi. A ideia era ir lançando os discos aos poucos durante sua ausência. Carmen e Caymmi gravaram "Roda pião", mais uma vez em dueto, em 29 de abril de 1939, véspera do aniversário do baiano, que completaria 25 anos. Foram acompanhados pelo Conjunto Odeon — Luperce Miranda (cavaquinho/bandolim), Tute (Artur de Souza Nascimento/violão), Nonô (Romualdo Peixoto/piano), Esmerino Cardoso (trombone), Walfrido Silva (bateria) e Djalma Guimarães (trompete). O samba de roda, lançado em agosto daquele ano,* foi composto pelo autor a partir do estribilho de uma cantiga de roda:

> Quando a gente é criancinha
> Canta quadras pra brincar
> Quando fica gente grande
> Ouve quadras a chorar
> Como comove a lembrança
> De um tempo feliz
> Quando ouvimos cantar, ai...
> Roda pião
> Bambeia pião [bis]
> O pião entrou na roda, ô pião [bis]
> Roda pião
> Bambeia pião [bis]
> Sapateia no tijolo ô pião [bis]

---

*Esse 78 rpm de Carmen Miranda trazia "Roda pião", de Dorival Caymmi, no lado A, e "A nossa vida hoje é diferente", samba-choro de Cyro de Souza, no lado B.

> Roda pião
> Bambeia pião (*bis*)
> Passa de um lado pro outro, ô pião (*bis*)
> Também a vida da gente
> É um pião sempre a rodar
> Um pião que também para
> Quando o tempo o faz cansar
> Como comove a lembrança
> De um tempo feliz
> Quando ouvimos cantar, ai...*

Não será essa a única vez que Caymmi se inspirará em cantigas de roda para compor. Canções como "Santa Clara", "Vamos ver como dobra o sino", "Francisca Santos das Flores", entre outras, foram inspiradas na mesma fonte, as cantigas de roda, o mesmo ocorrendo com outros motivos do folclore. Em "Roda pião", Caymmi emoldura a cantiga de roda, que conhecia de infância — "roda pião/ bambeia pião..." —, tocada em ritmo de samba, com uma melodia melancólica, fazendo uma ponte entre a infância e a idade adulta, salientando as emoções opostas (brincar/chorar; comove/tempo feliz) que provocam a escuta da cantiga nas diferentes fases da vida, fazendo uma analogia entre o pião rodando e a vida.

Enquanto a baiana estilizada de Carmen Miranda dava voltas ao mundo, tal e qual um pião, via Hollywood e a fantástica máquina de imprensa norte-americana, no Brasil os balangandãs despertavam no público interesse e curiosidade geral por nossas tradições, principalmente pelas contribuições africanas à cultura brasileira. Tal curiosidade foi desembocar no espetáculo beneficente anual da primeira-dama do país, Darcy Vargas, no Theatro Municipal, templo da elite culta e econômica do país, em 28 de julho de 1939.

---

*A letra de "Roda pião" foi transcrita da gravação de Dorival Caymmi no LP *Eu vou pra Maracangalha* (1957), da Odeon, faixa 3.

6. Joujoux e...

Dorival Caymmi, com a fama recém-adquirida, naturalmente, tornou-se requisitado por muitos e disputado por tantos outros. Ora queriam sua presença para abrilhantar um evento, como no caso do espetáculo *Joujoux e balangandãs* — cuja importância para o Estado Novo merecia ser mais bem avaliada —, ora para brigar nas fileiras do direito autoral, como no caso de instituições como ABCA e UBC, ora ainda para reforçar lutas ideológicas, como as do grupo comunista ligado a Jorge Amado, ou mesmo para participar do seleto grupo do empresário Carlinhos Guinle, que se reunia para apreciar música e discutir pintura.

"O que é que a baiana tem?" foi bater às portas do Theatro Municipal do Rio de Janeiro. Foi no templo do balé clássico, *bel canto* e música de concerto que Dorival Caymmi se apresentou, em julho de 1939 — um ano singular na carreira do compositor, como já se viu nos capítulos anteriores, com muitas oportunidades e sucessos. Quem poderia prever um fato assim alguns meses antes, quando Caymmi chegou da Bahia a bordo do *Itapé*, com dinheiro que mal dava para viver nos primeiros tempos na cidade? Certamente, não Caymmi. Como exagerava o jornal *A Nota*, de 2 de março de 1939: "Dorival Caymmi, o compositor e cantor baiano, como César, 'chegou, viu e venceu'. Poucos artistas provincianos conseguiram em pouco tempo a popularidade que desfruta." Apesar da comparação grandiloquente, bem ao estilo rebuscado da época, sua ascensão de fato impressionava mesmo aos mais acostumados a carreiras meteóricas.

Desde sua chegada à cidade, Caymmi ainda não tivera a ocasião de conhecer o Theatro Municipal, com seu projeto arquitetônico* inspirado no Ópera de Paris. A oportunidade surgiu quando o baiano foi chamado para participar do espetáculo beneficente *Joujoux e balangandãs*, promovido pela primeira-dama, Darcy Vargas. Foram dois números apresentados pelo artista: "O que é que a baiana tem?", que lhe trouxera enorme e inesperada popularidade naquele ano, e a inédita "O mar",** que iniciou o conjunto de sua obra conhecido como *Canções praieiras*, cuja temática gira em torno do mar:

> O mar
> Quando quebra na praia
> É bonito, é bonito
> O mar
> Pescador quando sai nunca sabe se volta
> Nem sabe se fica
> Quanta gente perdeu
> Seus maridos, seus filhos
> Nas ondas do mar
> O mar
> Quando quebra na praia
> É bonito, é bonito

---

*Inaugurado em 14 de julho de 1909, o Theatro Municipal do Rio de Janeiro, na Cinelândia, Centro da cidade, foi construído a partir da fusão de dois projetos arquitetônicos vencedores do concurso promovido pelo então prefeito Pereira Passos, na ampla reforma urbana empreendida na capital no período — o Ópera de Paris (Palais Garnier), construído por Charles Garnier, serviu de inspiração para o desenho do prédio. A partir da década de 1930, o teatro passou a contar com seus próprios corpos artísticos, de orquestra, coro e balé. Ver: http://www.theatromunicipal.rj.gov.br.

**Convidado a escolher a canção mais representativa da sua obra para figurar no selo da ECT (Empresa de Correios e Telégrafos), que o homenageava por ocasião dos seus 80 anos, em 1994, Dorival Caymmi se decidiu por "O mar", retratada por uma pintura inspirada na canção praieira — já que não é permitido figurar em selo a imagem de uma personalidade viva.

Pedro vivia da pesca
Saía no barco seis horas da tarde
Só vinha na hora do sol raiá
Todos gostavam de Pedro
E mais de que todos
Rosinha de Chica
A mais bonitinha
E mais benfeitinha
De todas mocinhas
Lá do arraiá
Pedro saiu no seu barco
Seis horas da tarde
Passou toda noite
Não veio na hora do sol raiá
Deram com o corpo de Pedro
Jogado na praia
Roído de peixe
Sem barco, sem nada
Num canto bem longe lá do arraiá
Pobre Rosinha de Chica
Que era bonita
Agora parece que endoideceu
Vive na beira da praia
Olhando pras ondas
Andando, rondando
Dizendo baixinho
Morreu, morreu
Morreu, oh!*

    A influência e participação de Caymmi no espetáculo foram, no entanto, muito além da apresentação dessas canções naquele que era um dos palcos mais ilustres da cidade, o que para um estreante

---

*Letra da canção praieira "O mar", de Dorival Caymmi, transcrita no ensaio "Escrita sobre o mar", de Antonio Risério e Tuzé de Abreu (Antonio Risério, *Caymmi: uma utopia de lugar*, p. 135-136).

já daria muito prestígio. Entretanto, havia muito mais. Ainda que pressentisse que algo de muito especial estava acontecendo — para quem teve de migrar da Bahia em condições muito modestas, em busca de trabalho no Rio de Janeiro —, ele próprio não poderia avaliar, no calor da hora, a importância dos fatos que lhe sucediam. Porém, desde o título do evento, *Joujoux e balangandãs*, já se podiam medir a força e o fascínio que "balangandãs", termo africano popularizado pelo compositor, causou no imaginário popular, sem desconsiderar, evidentemente, a qualidade do samba "O que é que a baiana tem?", em letra e música. Nesta etapa da recepção da obra de Caymmi, fase inaugural da sua produção, o compositor era "o portador inesperado" — *unexpected bearer*, nas palavras de George Kubler* — de uma cultura regional da Bahia que, afora os estereótipos, era quase desconhecida no resto do país, trazendo, ao mesmo tempo, novidade e estranhamento.** Caymmi explica, relativizando seu feito: "[O espetáculo] se fazia com qualquer tema em moda. E nessa ocasião a grande moda foi 'O que é que a baiana tem?', que foi um grande sucesso, e 'Aquarela do Brasil' [de Ary Barroso], que seria logo em seguida um grande sucesso também."[310] O compositor, entretanto, tinha consciência da importância do evento: "Era uma peça com o pessoal da sociedade todo em roupa de gala, camarote presidencial, aparecendo o presidente da República e [...] dona Darcy Vargas, primeira-dama."[311]

"O que é que a baiana tem?", grande sucesso da música popular, inspirou o título de um dos espetáculos de maior repercussão do ano, se não o maior, se forem consideradas suas implicações políticas, com

---

*"*Yet the instant of actuality is all we ever can know directly. The rest of time emerges only in signals relayed to us at this instant by innumerable stages and by unexpected bearer*" [ainda assim, este instante da atualidade é tudo que podemos conhecer de forma direta, o resto do tempo emerge apenas em sinais e vestígios trazidos até nós do passado por portador inesperado] (George Kubler, *The Shape of Time: Remarks on the History of Things*, p. 17).
**"A inovação que a obra musical de Caymmi traz no momento da sua produção é, ela própria, inesperada. Ela emerge no tempo e surpreende. [...] Caymmi, como portador inesperado, porta e traz para o presente 'sinais e vestígios' do passado" (Stella Caymmi, *Caymmi e a bossa nova: o portador inesperado — A obra de Dorival Caymmi (1938-1958)*, p. 110).

a recente promulgação do Estado Novo. E isto, por si só, dava a dimensão da força propagadora dos novos meios de entretenimento do período, como o rádio, filmes musicais e gravadoras. Getúlio Vargas era um dos que não ignoravam o fenômeno. Ao contrário, usou-o amplamente a seu favor.

Ele tinha inclusive o costume de chamar cantores para as festas que oferecia, como lembrou Caymmi: "Uma festa que precisava de artistas, ele mandava solicitar, para enfeitar a festa, fazer show."[312] O pesquisador Francisco Bosco analisa as relações entre o governo Vargas e a música de Caymmi, cuja recepção inicial era de compositor de folclore, um equívoco só plenamente sanado a partir de 1958:*

> A produção musical de Caymmi entre o final da década de 1930, quando chega ao Rio de Janeiro, e o final da década de 1940 — produção que compreende seus sambas sacudidos e as canções praieiras — obteve vasto respaldo ideológico. Durante os anos do governo de Getúlio Vargas, desde 1930 até 1945, o nacionalismo político criou seu correlato cultural, elegendo o folclore como manifestação privilegiada de uma identidade nacional autêntica, profunda, em suma, verdadeira.[313]

Ourives de profissão e tio do compositor, Nonô, como já foi mencionado anteriormente, despertou a curiosidade de Dorival ainda menino para o adereço de origem africana. Os balangandãs eram parte integrante e comum do vestuário da baiana em dia de festa, adorno que estava acostumado a ver em sua terra — e, até hoje, festa é o que não falta em Salvador, como de resto em toda a Bahia. "O que é que a baiana tem?" era seu primeiro sucesso. E sucesso em escala nacional. O rapaz não podia imaginar que os balangandãs causariam tamanho alvoroço na capital e, por conse-

---

*Sobre as etapas iniciais da recepção à obra de Dorival Caymmi, ver Stella Caymmi, *Caymmi e a bossa nova: o portador inesperado — a obra de Dorival Caymmi (1938-1958)*.

guinte, com a força dos novos meios de comunicação, divulgação e entretenimento, como uma febre, fossem tomar conta de todo o país. A ideia de sucesso nacional a partir destes novos meios de comunicação e divulgação é construída exatamente nesse período, na Era do Rádio.

Nessa época, Caymmi ignorava que o Brasil, ainda sob forte influência cultural da França — antes de os Estados Unidos influenciarem intensamente e de modo crescente a cultura de massa brasileira a partir da Segunda Guerra Mundial —, seguia as "exigências francesas de 'diferença' e 'exotismo'",[314] com a crescente valorização da cultura africana e da cultura indígena, ainda que esta última, nesse momento específico, se manifestasse em menor grau. Daí o interesse, por exemplo, como analisa detidamente o antropólogo Hermano Vianna, do poeta suíço Blaise Cendrars, que esteve por aqui nos anos 1920, pelas "coisas brasileiras".[315] Afinal,

> A Paris da virada dos anos 10 para os 20 vivia aquilo que James Clifford descreve como "um período de crescente *négrophilie*, um contexto que veria a irrupção na cena européia de outras figuras negras evocativas: o jazzman, o boxeador (Al Brown), a *sauvage* Josephine Baker", a época em que "Picasso, Léger, Apollinaire e muitos outros vieram a reconhecer a força 'mágica' elementar das esculturas africanas" (Clifford, 1988:197). Clifford, seguindo os mandamentos da pós-modernidade antropológica, critica essa atitude moderna por ser racista e sexista.[316]

Sem entrar em discussões antropológicas propriamente ditas, é interessante acompanhar, ao menos em alguns exemplos, a trajetória de "O que é que a baiana tem?" sobre este novo prisma, como representação da cultura negra afro-brasileira. Não deveria ser, portanto, simples coincidência que a *"sauvage* Josephine Baker", famosa atriz negra americana, mencionada por Vianna na citação a James Clifford, tenha incluído "O que é que a baiana tem?" em seu repertório. Ela o fez não só na temporada do show que apresentou, em 1939, no Cassino da Urca, sob os efeitos do sucesso de Carmen Miranda com o samba, já mencionados no capítulo 5, como também em seu espetáculo em Paris, se de fato se concretizou a notícia veiculada em O Globo, de 25 de maio de 1939: "Josephine Baker lançará, em Paris, o já célebre samba de Dorival Caymmi 'O que é que a baiana tem?'."

Diante disso, podemos supor que o gosto pelo exotismo também na França parecia não haver se esgotado, enquanto no Brasil seguia a pleno vapor. Em termos internacionais, parece que isso ocorria não só na França, se considerarmos o sucesso de Carmen Miranda nos Estados Unidos e daí para o mundo, com seu "exotismo" elevado à máxima potência pela máquina *hollywoodiana* — ao ponto do exagero que descambou em caricatura —, ainda que a influência negra nesse caso já estivesse bastante atenuada para se concentrar na "latinidade",* o que parecia mais adequado à "política da boa vizinhança".

Ainda que não se possa acompanhar passo a passo como todo o processo de propagação de "O que é que a baiana tem?" se deu, fica evidente, neste contexto, a força do sucesso, no imaginário popular, dos balangandãs das negras baianas do partido alto, como já foi dito. Parece improvável que um simples termo causasse um sucesso tão formidável, ainda que a palavra atraísse bastante, talvez pela novidade e estranhamento com que soava aos ouvidos cariocas. Familiar no universo baiano, o termo virou moda embalado pela repercussão do samba de Caymmi. No Brasil, com suas dimensões continentais, e às portas da década de 1940, a Bahia ainda estava, geográfica e culturalmente, muito longe da capital — e vice-versa —, é importante dizer. Risério oferece uma explicação para o fato, quando apresenta "Uma teoria da cultura baiana":

---

*Para maior aprofundamento do tema e sobre Carmen Miranda em geral, ver Ruy Castro, *Carmen: uma biografia*; Abel Cardoso Júnior, *Carmen Miranda: a cantora do Brasil*; Ana Rita Mendonça, *Carmen Miranda foi a Washington*; Eneida Maria de Souza, "Carmen Miranda: do *kitsch* ao *cult*", in *Decantando a República*.

De uma perspectiva baiana, a mudança da capital colonial para o Rio de Janeiro, bem como a instalação ali da sede da monarquia lusitana — e, a partir de 1822, da do "império" —, atestam a significância progressivamente secundária da velha Cidade da Bahia. A província assistirá marginalmente à meridionalização da economia e da política brasileiras. Mas o que interessa aqui é a profunda conseqüência cultural do processo que, aí se iniciando, prosseguirá imperturbado ao longo do século, apesar deste ou daquele espasmo progressista. A Bahia vai mergulhar, por bem mais de cem anos, num período de relativo isolamento e solidão, antes que aconteça sua inserção periférica na expansão nordestina do capitalismo brasileiro. E foi justamente na maturação desses mais de cem anos insulares, de quase assombroso ensimesmamento, que se desenvolveu a trama psicossocial de uma nova cultura, organicamente nascida, sobretudo, das experiências da gente lusa, da gente banto e da gente iorubana, esta em boa parte vendida à Bahia pelos reis do Daomé. O que hoje chamamos de "cultura baiana" é, portanto, um complexo cultural historicamente datável. Complexo que é a configuração plena de um processo que vem se desdobrando desde o século XIX, quando a Bahia, do ponto de vista dos sucessos e das vicissitudes da economia nacional, ingressou num período de declínio. [...] Mais exatamente, trata-se da cultura predominantemente litorânea do recôncavo agrário e mercantil da Bahia, que tem como principal núcleo urbano a tradicional Cidade do Salvador da Bahia de Todos os Santos.[317]

O ponto que se quer enfatizar aqui, contudo, é que o rádio assume uma função integradora — se com força uniformizadora ou homogeneizadora, por conta da sua característica de massa, é outra história — de vital importância para um país das dimensões do Brasil. O veículo torna-se imprescindível na vida brasileira por sua eficácia, velocidade, popularidade e baixo custo, já que os receptores vão se tornando cada vez mais acessíveis para, ao menos, parcela considerável da população, sobretudo na nascente classe média, que começa a mostrar a sua força no mercado consumidor. Enfim, ele se configura numa fonte de entretenimento, com potência avassaladora. Ademais,

o rádio, diferente da imprensa escrita, que exige alguma escolaridade do público, que precisa ao menos saber ler — e a condição educacional no período, final dos anos 1930, além de precária era instável*
—, permite acesso imediato, sem oferecer maiores dificuldades de compreensão, e com um enorme e sedutor trunfo à época, à Música Popular Brasileira como ponta de lança de sua programação.**

Assim, os balangandãs tornaram-se da noite para o dia um produto nacional e, como se viu no capítulo 4, até internacional, via Carmen Miranda e as lojas de departamento americanas que passaram a vender estilizações do adereço, assim como turbantes e outros acessórios presentes no vestuário de baiana popularizado pela cantora. Não se quer dizer com isso que o termo sozinho fosse capaz de causar tamanho furor nacional. Todavia, os balangandãs emoldurados por um samba estupendo, sacudido — como Caymmi se referia aos seus estilizados sambas de roda, bem ritmados, de temática baiana —, interpretado com o carisma e a brejeirice da cantora de maior destaque do período, caíram no gosto popular: "Quem não tem balangandãs/ não vai ao Bonfim." Some-se a isso a força propagadora do rádio e do cinema com *Banana da terra*, em pleno carnaval. Os balangandãs conheceram a fama, junto com a baiana, seu vestuário e, claro, Caymmi.

O adereço também mereceu destaque no impresso*** "Edição Comemorativa do Terceiro Aniversário da Associação Brasileira de Compositores e Autores (A. B. C. A.)". No item "Sucessos Internacionais da 'A. B. C. A.'", "O que é que a baiana tem?", antecedida por

---

*Com a eclosão da Revolução de 30, a escola em que Dorival estudava em Salvador foi fechada e ele não teve mais a oportunidade de retomar seus estudos, conforme o relato a seguir: "A primeira surpresa foi dar com o Colégio Olímpio Cruz fechado e os meninos sem aula. Logo depois Durval [pai de Dorival] soube que a permissão que o colégio obtivera para virar ginásio fora cancelada. Justamente quando Deraldo e Dorival começariam a cursá-lo. Nos primeiros tempos da Revolução, Durval tentou sem sucesso matriculá-los em outra escola" (Stella Caymmi, *Dorival Caymmi: o mar e o tempo*, p. 73).
**Em outra etapa de desenvolvimento do rádio, as radionovelas passaram a ter um papel fundamental na programação das emissoras, devido à enorme audiência de que desfrutavam.
***O impresso "Edição Comemorativa do Terceiro Aniversário da ABCA" data de outubro de 1941.

"Aurora" (marcha de Roberto Roberti e Mário Lago) e "Touradas em Madri" (marcha de Braguinha e Alberto Ribeiro),* é apresentada com o seguinte comentário:

> "O QUE É QUE A BAIANA TEM" [sic] — Samba de Dorival Caymmi — Disco ODEON — Edição Mangione — Creação de Carmen Miranda e Dorival Caymmi.
> Uma autêntica revelação e uma verdadeira revolução — eis o que representou para os brasileiros o aparecimento desse samba. Com ele nasceram um compositor e um cantor: — Dorival Caymmi. Cantado por Carmen Miranda no filme "BANANA DA TERRA", as palmas da platéia brasileira, que não costuma aplaudir no cinema, exprimiram melhor o agrado coletivo do que quaisquer elogios. "O QUE É QUE A BAIANA TEM" [sic] enriqueceu o vocabulário usual do país com a palavra "balangandans", *que passou a ser uma expressão nacional.*** Esse grande samba de Caymmi foi incluído no filme americano SERENATA TROPICAL.***

Assim como, no período, o interesse dos modernistas brasileiros pelas coisas nacionais parece ter estreita ligação com a progressiva

---

*Doze são as músicas destacadas e comentadas no mencionado item do impresso da ABCA comemorando seu terceiro aniversário, em 1941 — além das citadas "Aurora", "Touradas em Madri" e "O que é que a baiana tem?": "Cai, cai" (batucada de Roberto Martins), "A jardineira" (marcha de Benedito Lacerda e Humberto Porto), "Marchinha do grande galo" (Lamartine Babo e Paulo Barbosa), "Pirulito" (marcha de Braguinha e Alberto Ribeiro), "Helena, Helena" (samba de Antônio Almeida e Constantino Silva), "Ali-Babá" (marcha de Arlindo Marques Júnior e Roberto Roberti), "Lig-Lig-Lig-Lé" (marcha de Paulo Barbosa e Osvaldo Santiago), "Arca de Noé" (marcha de Sá Roris e Nássara), e "Tirolesa" (marcha de Paulo Barbosa e Osvaldo Santiago). As demais são apenas listadas, antecedidas por um texto que explica ser impossível destacar uma por uma. Entre elas, "O dengo" (com o título errado de "O dengo que a nega tem", confusão que se repetirá em diversas ocasiões), de Dorival Caymmi, gravada por Carmen Miranda na Odeon, em 1941.
**Grifo meu.
***Na verdade "O que é que a baiana tem?" não foi incluído no filme *Serenata tropical* (1940), da 20th Century-Fox. O equívoco no impresso da ABCA provavelmente aconteceu porque, de fato, Carmen Miranda filmou o samba de Dorival Caymmi entre as cinco canções gravadas como opção para o longa-metragem, das quais somente três entraram na montagem final: "South American way", "Mamãe, eu quero" e "Bambu, bambu". "O que é que a baiana tem?", interpretada pela cantora, está em *Serenata boêmia* (1944), também da Fox. Conferir Ruy Castro, *Carmen: uma biografia*, p. 234, 261 e 367.

apropriação estética da cultura negra pelas vanguardas francesas, como mencionado por Hermano Vianna, é mais do que provável que o mesmo possa ter sucedido com a cultura popular em relação à atmosfera dessas mesmas ideias modernistas por aqui. Ainda recorrendo a Vianna para explicar o "fenômeno balangandãs", quando este menciona a "intensa reordenação das relações intermundos culturais",[318] é preciso lembrar a precaução de Nicolau Sevcenko, citada pelo antropólogo:

> O quanto esses deslizamentos, sobreposições e fusões entre tradição, nativismo, modernidade e cultura popular eram efeitos deliberados, o quanto eram contingências imponderáveis das condições de urbanização, transformações tecnológicas e oscilações na estrutura socioeconômica, é um limiar difícil de distinguir.[319]

Sevcenko se refere especificamente à São Paulo dos anos 1920, mas o mesmo poderia ser dito sobre o Rio de Janeiro nos anos 1930 — e demais cidades brasileiras em processo de urbanização. De modo que, a partir de Sevcenko, a onda de nacionalismo que se abateu sobre a cultura brasileira do período não pode ser unicamente explicada como um projeto de poder de Getúlio Vargas para implantação e consolidação do Estado Novo na esfera cultural — projeto esse que se valia do uso de censura, perseguições políticas, ingerência e (tentativa de) dirigismo na produção cultural, utilizando, para tanto, os serviços do "famigerado" DIP, um importante instrumento de controle —, nem tampouco como um projeto modernista de construção de uma cultura nacional, só para mencionar algumas ideias que circulam a esse respeito.*

O Brasil passava por profundas mudanças e Sevcenko nomeou algumas nas esferas da urbanização, das transformações tecnológicas — abordadas aqui nos capítulos 1 e 2, exclusivamente no campo da música popular, nos aspectos que impactaram rádio, cinema, indústria

---

*Questões que remontam ao século XIX.

fonográfica nascentes e que redimensionaram e ampliaram a rede de comunicação e entretenimento que aqui existiam — e das questões socioeconômicas. Importa saber a complexidade do jogo cultural do período que envolvia o debate intelectual e artístico nas diversas áreas — principalmente o modernismo, que estava longe de ser um movimento homogêneo* —, suas injunções na cultura popular e de massa, sem esquecer a participação, direta ou indireta, do Estado em todo o processo em que essas transformações ocorreram. É preciso, dentro das perspectivas deste trabalho, ter em mente este "caldeirão cultural efervescente" da época, subjacente aos fatos aqui mencionados e discutidos, em que ideias modernistas e nacionalistas estavam na ordem do dia, inspirando (e contaminando) intelectuais e artistas de todos os matizes, sem falar nos políticos. Caymmi, naturalmente, aí incluído.

Dentro deste contexto modernista, Mário de Andrade, como Villa-Lobos, era dos mais preocupados na busca de uma música caracteristicamente brasileira, empreendida desde a música de concerto,** com forte apelo à intervenção do Estado. Para Mário, em seu *Ensaio sobre a música brasileira*, de 1928 — antes, portanto, da Revolução de 30 —, a música considerada artística era a música de concerto, mas para que ela alcançasse uma linguagem nacional, brasileira, era necessário que o compositor conhecesse o que ele denominava a música do populário, para

---

*Segundo Sérgio Buarque de Holanda: "A Semana [de 22] representou a oportunidade verdadeiramente sem par, em toda a história do modernismo, de uma convergência de orientações diversas e mesmo contrastantes que pelejavam por afirmar-se, e não só nos terrenos literário e estético. Naquele verão de 1922, puderam, ao menos durante uma semana, congregar-se essas energias díspares que pouco depois, no entanto, iriam seguir, cada qual, o próprio caminho" (Sérgio Buarque de Holanda, *Sérgio Buarque de Holanda*, p. 55).
**Sobre o nacionalismo musical modernista e as relações entre Villa-Lobos, Mário de Andrade e Getúlio Vargas, ver José Miguel Wisnik, "Getúlio da paixão cearense (Villa-Lobos e o Estado Novo)", in: *Música: o nacional e o popular na cultura brasileira*. O apelo ao Estado, no caso de Mário de Andrade, é comentado por Wisnik: "O tom abatido mas sobranceiro do texto de Mário parece estar pedindo um movimento político geral que ataque o problema nacional em várias frentes (estamos às vésperas da Revolução de 30), mas a música tem um lugar privilegiado nesse quadro em que se constata uma espécie de doença da cultura" (ibidem, p. 146). No caso de Villa-Lobos é ainda mais explícito: "Na crônica que se desentranha aqui e ali dos textos de Luiz Heitor, lemos que o presidente da República atenderá a 'dramático apelo' do compositor, passando a apoiar 'todas as suas iniciativas' pela altura de 1932" (ibidem, p. 179).

transformá-la em "música artística" era preciso ir às fontes folclóricas brasileiras. Ao populário, ou música popular, ele não dava o estatuto de arte, bem entendido, por considerá-la música interessada, circunstanciada, em detrimento da música erudita, esta sim desinteressada. É no populário (ritmo, melodia, instrumentalização, forma, dentre outros) que o compositor vai encontrar os elementos para que a música artística encontre sua expressão brasileira. Mário enxerga imenso valor no populário: "Nosso populário sonoro honra a nacionalidade",[320] observando que uma arte nacional já está feita no inconsciente do povo. O artista tem só que dar pros elementos já existentes uma transposição erudita que faça, da música popular, música artística."[321] Quando menciona o populário, ou música popular, Mário de Andrade se refere ao folclore: "O compositor brasileiro tem de se basear quer como documentação, quer como inspiração no folclore."[322] Para justificar suas ideias, ele define aquele período como de "formação" da música nacional:

> Si de fato agora que é período de formação devemos empregar com frequência e abuso o elemento direto fornecido pelo folclore, carece que a gente não esqueça que música artística não é fenômeno popular porém desenvolvimento dêste. O compositor tem de empregar não só o sincopado rico que o populario fornece como pode tirar ilações disso. E nesse caso a síncopa do povo se tornará uma fonte de riqueza.[323]

Diferentemente de outros modernistas, Mário é crítico (e contrário) à valorização do exotismo empreendida pelos modernos, que ele considera nociva para a criação da música brasileira:

> É que os modernos, ciosos da curiosidade exterior de muitos dos documentos populares nossos, confundem o destino dessa coisa séria que é a Música Brasileira com o prazer deles, coisa diletante, individualista e sem importancia nacional nenhuma. O que deveras êles gostam no brasileirismo que exigem a golpes duma crítica aparentemente defensora do patrimônio nacional, não é expressão natural e necessária duma nacionalidade não, em vez é o exotismo, o jamais escutado em música artística, sensações fortes, vatapá, jacaré, vitoria-regia.[324]

Por essa razão, ele afasta a exigência do elemento étnico para o reconhecimento da música brasileira que "deve de significar toda música nacional como criação, quer tenha, quer não tenha caráter étnico",[325] em resposta aos que, por exemplo, exigiam que fosse "tirada dos índios"[326] ou de uma matriz africana. Por outro lado, ele rejeita também o que denomina de popularesco, isto é, a música de massa, a música de rádio. É aí que as coisas se complicam, pois a música de Caymmi, por exemplo, não cabe na classificação que Mário de Andrade faz da música brasileira. E nesse caso é preciso inverter uma piada conhecida: se os fatos desmentem a teoria, que mudem as teorias. Refletindo sobre Caymmi nesse contexto modernista, Antonio Risério conclui que o compositor:

> Não cumpre o roteiro apregoado pelo nacionalismo musical: o deslocamento espacial ou temporal do compositor "artístico" em direção ao manancial "folclórico", e o seu posterior retorno ao centro culto, já devidamente armazenado de fatias do "populário sonoro", a serem retrabalhadas, engastadas ou disseminadas em peças eruditas. Não. Caymmi é (da ótica nacional-modernista) um "popularesco" que produz, sem qualquer intenção cívico-didática, para o mercado cultural.[327]

Risério apresenta ainda algumas distinções importantes. Partindo de constatações, tais como "Caymmi é nativo e contemporâneo"; "idealiza a Bahia, mas não estetiza mundos insólitos"; "a obra caymmiana fala de realidades familiares" (a Caymmi), afirma ser "esta a disposição que distingue Caymmi, estética e ideologicamente, do pensamento musical nacionalista de Mário de Andrade e Villa-Lobos"[328] e conclui ser "impossível escalar Caymmi nesse time de luminares superciliosos, inventores do 'povo', Caymmi não tem nada a ver com isso".[329] Adverte que, "embora não precisassem ir à África ou buscar inspiração em civilizações desaparecidas", os modernistas brasileiros (Oswald de Andrade, Mário de Andrade...) "tiveram que adotar uma postura etnográfica diante da cultura brasileira". E acrescenta:

Como disse [Raul] Bopp, descobriram de repente um Brasil que para eles mais parecia "um país de utopia", em todo o seu frescor "primitivo". Oswald foi ler sobre negros e índios. Adquiriu um conhecimento literário do assunto — o que em nada o diminui, é claro. E Mário foi típico representante desse etnografismo modernista.[330]

A busca, na música de concerto, de uma linguagem nacional estava presente, como se sabe, na obra de Villa-Lobos. É curioso observar que foi Villa-Lobos um dos que, alguns anos mais tarde, lograram demover Caymmi da intenção de estudar música, alegando que o baiano perderia a sua espontaneidade na forma de compor. Caymmi recorda como foi:

> Villa-Lobos disse isso. Mas o primeiro que disse foi um que eu tomei como professor. Ele era maestro da Rádio Tupi. Eu disse assim: "[Milton] Calazans, quanto você cobraria para me ensinar, porque eu comprei um livro de músicas e estou lendo a teoria?.". Ele disse: "Eu não aconselho." E eu: "Não aconselha o quê, maestro?". "Eu não aconselho você aprender música. Você faz uma coisa tão espontânea, que você vai estragar todo o espontâneo da música. Não aprenda música." Não demorou muito Léo Perachi me dizia, Lírio [Panicali], o mestre e amigo Radamés Gnattali e, um belo dia, naquela de bico de trave, Villa-Lobos disse assim: "Não vai cair na asneira de aprender música. Você tem que fazer o que sente, naquele violão que você toca. Não vá aprender violão clássico. Não faça isso. Eu sei fazer", falou com aquele charuto dele, "eu sei fazer tudo, sei escrever, sei reger, sei dizer quando está errado". Ele me disse assim: "Você fica proibido. Não aprenda música. Deixe correr espontâneo, como você faz". [...] foram dizendo todos eles: "Eu também aconselho. Não se mete nesse negócio de música, porque você perde a espontaneidade."[331]

Talvez eles tivessem razão, mas é interessante pensar no assunto. A ideia — temor nada incomum — de que o aprofundamento dos estudos, no caso citado, dos estudos musicais, traz consigo, quase como uma contraindicação, a perda de uma espontaneidade, talvez da originalidade, da simplicidade, mesmo da criatividade, parece apontar para uma visão, possivelmente ingênua, em que se deseja a manutenção da pureza de elementos de um mundo tradicional, de uma idade de ouro de algo que se perdeu ou está em vias de se perder. Quase como uma visão museológica, quando esta significa guardar e preservar uma manifestação, viva e não morta (no caso aqui, uma manifestação da canção popular), que supostamente entregue à própria sorte poderia se perder. Trata-se de uma confusão da música popular com o folclore, este sim dependente de instrumentos de preservação, em vista da perda da transmissão oral dos conhecimentos assim acumulados e de contaminações estrangeiras em contextos urbanos. É uma reação à "'influência deletéria do urbanismo' com sua tendência à degradação popularesca e à influência estrangeira", como explica José Miguel Wisnik, comentando Mário de Andrade.

Ainda que Caymmi fosse um "popularesco" produzindo para o mercado cultural, como afirmou Risério, "graças a este contexto cultural [do modernismo], Caymmi, trabalhando na tradição do samba de roda do Recôncavo da Bahia, era automaticamente 'moderno'".[332] Não desejavam, ao que parece, que ele fosse contaminado. O conhecimento é visto como portador de um artificialismo que, sobre alguns, ao menos, acabaria por matar o talento "natural" sob o peso de excessivos processos formais e pesadas autocríticas. Não é uma questão fácil e não parece ter uma resposta unívoca. Todavia, por trás dessa ideia, de evitar o aperfeiçoamento técnico e teórico na área musical daquele que teria o "talento espontâneo" do homem do povo — e esta talvez seja a ideia mais ingênua de todas, a espontaneidade dessas expressões populares —, possivelmente esteja embutida uma crítica grave de Villa-Lobos e tantos outros, já que é uma ideia (e experiência) bastante disseminada, ao ensino formal ou acadêmico de música ou, pelo menos, a uma determinada concepção de ensino formal oferecido na época. É uma hipótese. Entretanto, e não há por que duvidar, o mundo acadêmico, seja em áreas dedicadas ao estudo da música ou outras espécies de estudos formais, não está livre de desenvolver cacoetes, artificialismos, formalismos e outros "ismos" que acabam por esterilizar uma vocação. Mário de Andrade, em seu *Ensaio sobre a música brasileira*,[333] já havia comentado que "a única bereva* da nossa música é o ensino, pessimamente orientado por toda parte",[334] além de observar no mesmo ensaio que "a fatalidade de educação consiste no estudo necessário e quotidiano dos grandes gênios e da cultura europeia. Isso faz com que a gente adquira as normas desta e os jeitos daqueles".[335] O próprio Villa-Lobos, conforme relata Wisnik,

> assinala que "no atual panorama universal da música artística vem se notando um vácuo inexplicável, de confusão e mal-entendidos entre os homens, desde a grande guerra (...)". Vai daí, afirmar que esses males, que também afetam a produção musical [...] têm uma "única causa": "os nossos métodos de ensino".[336]

É curioso e irresistível, entretanto, notar que não é essa a lição que nos legou Machado de Assis. Em seu conto "Um homem célebre",** o personagem Pestana, a despeito de seus estudos incansáveis, noite após noite, para se tornar um compositor de música de concerto, que representava os pícaros da glória, da notoriedade e fonte de suas aspirações mais profundas, que era a de se celebrizar através da música e gozar do prestígio social devotado aos produtos da alta cultura, não viu seu talento para compor polcas de sucesso popular extraordinário — e, pelo que o narrador deixa entrever, as polcas eram de fato excelentes — diminuir um só milímetro, bem ao contrário, malgrado seus esforços em evitá-las, por serem consideradas um gênero musical menor.***

---

*Segundo o *Novo Dicionário Aurélio*, bereva significa também pereba, abscesso, sarna, pequena ferida, ferida de mau caráter, de crosta duríssima.
**Publicado pela primeira vez no jornal *Gazeta de Notícias*, em 29 de junho de 1888, e no livro *Várias histórias*, de Machado de Assis, em 1896.
***José Miguel Wisnik comenta, em seu ensaio "Machado maxixe", a propósito da polca que o maestro Pestana compunha, que não era a polca original, de origem europeia, mas uma polca amaxixada, africanizada: "Temos que ler, portanto, 'polca', nas crônicas referidas, e muito estranhamente em 'Um homem célebre', não simplesmente como uma dança importada, que ela é, mas também como a insinuação de um objeto sincrético, em que ela se transforma, e cuja nomeação é problemática, pois envolve a mistura de música de escravos e música de salão" (José Miguel Wisnik, *Machado maxixe: o caso Pestana*, p. 32). Constata assim "a emergência do gênero novo e seu caráter sincopante, amaxixado e sub-repticiamente africanizado" (ibidem, p. 49). E conclui: "O conflito de Pestana dá forma a essa passagem, expressando na polca amaxixada o nascimento de um ser musical cujo estatuto — dúbio — pode ser reconhecido e ao mesmo tempo negado" (ibidem, p. 76).

Nem tampouco viu suas incursões pelo mundo de Cimarosa, Mozart, Gluck, Bach e Schumann, cultuados pelo maestro carioca, surtirem o efeito desejado, isto é, içá-lo ao patamar dos grandes compositores clássicos. Talvez seus estudos eruditos ironicamente tenham-no ajudado a fazer até melhores polcas, quem sabe? É bem verdade que, também no conto, as polcas pareciam acometê-lo como espirros,* implicando mais uma vez a disseminada ideia da espontaneidade das composições mais populares, que persiste em muitos até hoje, ainda que, visivelmente, ao menos na esfera do que Jairo Severiano chama de moderna Música Popular Brasileira — para escapar do confuso conceito de MPB, que atrapalha mais que ajuda —, tal conceito tenha se modificado.** Mesmo a propósito de Pestana, José Miguel Wisnik, em seu ensaio "Machado maxixe", propõe na análise de "Um homem célebre" que as suas polcas não surgiriam tão espontaneamente assim, mas que seriam um efeito retardado da "longa noite" de estudo do maestro: "É justamente quando a consciência desiste da luta acirrada com as 'profundezas do inconsciente' que algo daquilo que se acumulou no processo ganha forma inesperada e mesmo involuntária. Neste sentido, a meneada polca fluminense é, apesar de tudo, composta em diálogo com a longa viagem dentro dos clássicos."[337] De todo modo, o que se deseja enfatizar no exemplo de Pestana é que seus estudos "eruditos",*** por assim dizer, não enterraram seu talento, o de compor polcas, nem diminuíram a sua

---

*Nada impede, é claro, de se fazer uma leitura do conto de Machado ao revés — ao contrário, deve-se fazê-lo —, isto é, interpretar a sina de Pestana continuar cometendo polcas apesar de sua resistência (quase uma vingança de Machado) como uma crítica, através da comicidade do texto, aos que matam um talento real pela vaidade vã de ser o que não se é, motivado pelo que a sociedade, ao sabor da moda, valora.
**Não parece haver contexto hoje para se supor que, na esfera da Música Popular Brasileira, não haja um trabalho estético elaborado.
***Pela aparente inadequação da expressão "música erudita", muitos têm preferido substituí-la por música de concerto.

"espontaneidade",* como temiam Villa-Lobos e outros maestros a respeito de Caymmi. O próprio compositor comenta: "Eu cheguei aqui, trazendo uma novidade de harmonia moderna instintiva que agradou muito aos mestres de música, de Villa-Lobos passando por Mignone, Lourenço Fernandes, até chegar a Radamés, Leo Peracchi e Lírio Panicalli."[338]

Alguns estudos sobre a obra de Dorival Caymmi,** ao menos, desmistificam a propalada "espontaneidade" dos artistas populares, demonstrando "procedimentos poético-musicais"[339] sofisticados do compositor, como está dito no ensaio "Escrita sobre o mar", de Antonio Risério e Tuzé de Abreu, que analisa a canção praieira "O mar":

> Vejamos agora, com mais detalhes, a parte que chamamos "descritiva". Nesta seqüência, observaremos como Caymmi, construindo um samba supostamente "primitivo", continua um compositor dotado de um extraordinário sentido da estrutura do objeto artístico. Seja no terreno especificamente musical, seja no plano verbal, seja no campo das relações entre palavra e som. [...] É uma canção estupenda. Caymmi é excepcional, semantizando os elementos formais para criar uma solidariedade fundamental entre os planos do conteúdo e

---

*É bem verdade que esse aspecto do conto pode ser considerado na sua forma linear: Pestana só teria talento para polcas e não teria nem vocação nem talento para a música de concerto, seus esforços nessa direção sendo em vão. É o que parece demonstrar o conto em um primeiro nível de leitura. Wisnik, entretanto, sem "negar valor a esse nível de apreensão", observa que "seria estrito demais o entendimento do conto por meio de uma ironia reduzida a seu primeiro nível, lendo-se o eterno retorno da polca como uma simples evidência risível da condição menor do músico popular em face das exigências da alta cultura" (José Miguel Wisnik, *Machado maxixe: o caso Pestana*, p. 19). Sem esquecer o ensaio "O palimpsesto de Itaguaí" (publicado em *Pensando nos trópicos*, Rio de Janeiro, Rocco, 1991), em que Luís Costa Lima levanta a hipótese de que Machado de Assis foi um criador de palimpsestos. "Como informam os dicionários, o palimpsesto era um pergaminho cuja primeira escrita muitas vezes era rasurada para que uma segunda se depusesse sobre as letras apagadas", explica, para completar pouco depois: "Deixou assim de dar na vista e, considerado pacato cidadão, estabelecido e com profissão certa, pôde rasurar segundo seu texto, reservando a si a habilidade de dar piparotes sob a frase impressa."
**Ver o ensaio "Escrita sobre o mar", de Antonio Risério e Tuzé de Abreu, em *Caymmi: uma utopia de lugar*. Ver também os livros *Dorival Caymmi*, de Francisco Bosco, e meu *Caymmi e a bossa nova*.

da expressão. Com sua voz de baixo, com seu violão maravilhoso, vai do impressionismo, escapando ao padrão da tonalidade clássica, ao samba do povo da Bahia. Impressiona pela beleza das suas frases orgânicas, pela fluência e sonoridade do discurso, pela plasticidade do verso. E ainda nos brinda, na repetição final do tema de *O Mar*, com mais um interessante efeito colorido. Milenar e moderno.[340]

Existe um samba de Caymmi, "A preta do acarajé", que tem uma frase bem a propósito: "Todo mundo gosta de abará, ninguém quer saber o trabalho que dá." Trabalho que muitas vezes exigia anos de paciência, como no conhecido exemplo, que ajudou a reforçar, aliás, o folclore em cima da sua propalada preguiça, dos nove anos que levou para completar o samba-canção "João Valentão".* Criticando o mito da "espontaneidade" da "poesia caymmiana", Risério e Tuzé de Abreu explicam que o coloquialismo do compositor

> [...] costuma obscurecer o fato de que Caymmi é um artesão verbal consciente e paciente, como se o coloquialismo não fosse uma questão de estilo, ou como se a "espontaneidade" não fosse uma questão de método. Do contrário, Caymmi, leitor de García Lorca, não levaria às vezes anos para compor uma canção. Escreveria um poema por dia. Caymmi é cristalino, coloquial, mas nunca desleixado.**

---

*Para mais detalhes, ver Stella Caymmi, *Dorival Caymmi: o mar e o tempo*, p. 305-310. Cabe notar que em certas ocasiões Dorival Caymmi compunha uma música de uma só vez, como foi o caso de "Maracangalha" (ibidem, p. 329-330) e "Saudade da Bahia" (ibidem, p. 346- 347).
**Antonio Risério, *Caymmi: uma utopia de lugar*, p. 151. Risério ainda desdobra a questão do "mito da 'espontaneidade'" em Caymmi: "Pode o leitor finalmente se perguntar se o texto caymmiano (ou a música caymmiana) é fruto de uma ação premeditada, sob controle lógico, ou se os mecanismos da criação funcionam 'automaticamente'. Uma coisa e outra — é a resposta. A produção estética não é estranha à racionalidade. Ao mesmo tempo, a técnica da arte, como aprendemos com a psicanálise clássica, está enraizada nos chamados 'processos primários' da vida inconsciente. Roman Jakobson assinalou, com argumentação convincente, o que ele chamou de 'configuração verbal subliminar da poesia'. E chamando a nossa atenção para a existência dessa 'latência verbal intuitiva' escreveu: '[...] Qualquer composição poética significativa, seja um improviso, seja fruto de longo e árduo trabalho de criação, implica escolha do material verbal, escolha esta orientada num sentido determinado'" (ibidem, p. 151).

Em entrevista a Paulo Mendes Campos, publicada na *Revista da Música Popular*, em janeiro de 1955,[341] Caymmi revelou:

> Quando arranjei um violão, fui descobrindo um mundo novo de sonoridade. Como não aprendi música, descobrindo-a por mim mesmo, em companhia de um grande amigo [Zezinho, amigo de infância], tive uma vantagem: fui levado por isso mesmo a inventar um pouco de música. Foi o que me fez compositor. Mais tarde, descobri que a música tem vários sentidos. Ouvindo Bach e Mozart, por exemplo, tive um choque e percebi que uma certa música pode resistir ao tempo. Descobri também aos poucos a função exata da canção, pela qual tenho um amor devotado, por ser uma crônica de uma época, a linguagem de uma gente.

Ainda a Mendes Campos, na mesma entrevista, ele afirmou: "Não me conformo de não ter tido uma boa educação musical. Creio que não poderia ser um grande músico erudito, mas acho uma coisa formidável um Händel, um Haydn, um Bach, um Villa-Lobos." Ainda podem ser acrescentadas algumas outras hipóteses para o conselho de Villa-Lobos e outros maestros e músicos com quem Caymmi manteve contato próximo. Uma delas — bastante pragmática — seria que, àquela altura, talvez não valesse a pena para o baiano empreender um longo e árduo caminho para o aprendizado formal de música. Outra, a de que não enxergassem talento ou aptidão em Caymmi para essa tarefa. Hipótese bastante discutível, se verdadeira. Ou talvez Villa-Lobos quisesse evitar a contaminação da música erudita pela música urbana de massa — como as compostas por Caymmi —, já que o "nacionalismo folclorizante", segundo José Miguel Wisnik, não sabia o que fazer "da contiguidade excessivamente contemporânea e 'impura' da música urbana".[342] Não é improvável que incomodasse muito a Villa-Lobos e a outros músicos nacionalistas o

[...] confronto entre o intelectual letrado burguês e as culturas populares *no território urbano-industrial* — quando a música popular se abre num leque que vai do folclore aos meios de massa, cruzando na transversal esse campo contraditório e deixando a música-de-concerto meio nua na sua condição precária de exercício imitativo de procedimentos europeus (*Il neige!*) reduzido a elites.[343]

E o incômodo que isso causava ganhava proporções, ainda mais ao se levar em consideração que o programa nacionalista, com apoio do Estado, pretendia dar ao músico erudito, que não tinha "acesso ao mercado" nem à "força de expansão" da música popular, o protagonismo de um processo cívico-pedagógico.[344] Talvez fosse com espírito de superioridade que o conselho tenha sido dado, afinal o nacionalismo brasileiro projetava "a hegemonia da música erudita (bebida no *ethos* popular folclórico) sobre a música popular-comercial urbana".[345] Alheio a isso, Caymmi incorporava à sua música, sobretudo a de temática baiana e praieira, tanto o folclore quanto realidades vividas na Bahia. Como afirma Risério, "Caymmi nunca se recusou a sondagens musicais. Coexistem em sua obra tradição e invenção",[346] com a liberdade de não estar filiado a nenhum projeto.

De todo modo, em vista do temor de amigos como Villa-Lobos e Radamés Gnattali, o baiano desistiu dos estudos formais de música. Isso por volta dos anos 1940. Se isso foi bom ou não para o compositor, jamais se saberá. É verdade que não se deve desprezar o conselho de mestres, sobretudo de mestres dessa categoria. Mas mestres, mesmos os melhores, parecem cometer erros, vez por outra. Talvez, sempre no terreno da probabilidade, é claro, o conhecimento acumulado e sistematizado sobre música lançado — e ministrado de maneira inteligente — em terreno fértil pudesse ter oferecido a Caymmi mais recursos que, longe de estagná-lo, lhe permitissem ir mais longe em sua busca estética, que era muito acurada, como se pode vislumbrar também em um trecho da sua biografia:

> Caymmi é um letrista inspirado, com letras excelentes, lapidadas com o rigor de um ourives. Às vezes deixa de ser um ourives da canção, para ser um garimpeiro na beira do rio, em busca não da palavra certa — esta não lhe basta —, mas da palavra exata. Para ele, a perfeição se confunde com a exatidão. Exatidão profundamente enraizada na vida. Nada de abstrações. Nem sentimentalismos. Não tem maiores teorias sobre o que faz.
> Em sua opinião, a música popular — a verdadeira, não a pseudomúsica popular — é aquela que o povo canta espontaneamente na rua. [...]
> Inúmeras vezes, quando compõe, a letra e a música de uma canção vêm juntas. Não precisa do violão para compor, raramente compõe nele, preferindo ouvir suas canções na sua imaginação. Tem uma memória admirável. Querem seu segredo? Ele não tem pressa. E lhe sobra paciência. Aquela busca pacífica e confiante de quem sabe que encontrará o que procura. [...] "Quando ele pega o violão a música já está pronta" — revela sua companheira Stella.[347]

É bem verdade, a propósito da concepção que Caymmi tinha sobre música popular, que o povo, hoje em dia, já não cantarola somente o que o cativa, mas, sobretudo, o que maciçamente é repetido à exaustão pelos meios de comunicação — as músicas "colam" na memória. A mídia se "aprimorou" e, já há bastante tempo, sua indústria, e as demandas de toda ordem que dela advêm, não tem mais espaço para a paciência (qualidade, aliás, que Caymmi tinha de sobra), de esperar o clamor das ruas para reconhecer um sucesso popular. Ao contrário, ela prefere "fabricar" os seus "sucessos" (as aspas aqui são necessárias), o que parece ser uma das causas da crescente queda de qualidade da Música Popular Brasileira, pelo menos a veiculada pelos meios de comunicação, a despeito dos que temem fazer juízo de valor em tempos de pseudodemocracia musical, em que a crítica jornalística, exígua por sinal, talvez perplexa ante as mudanças a que assiste, muitas vezes acabe por se abrigar sob a comodidade do elogio fácil ou sob uma avaliação vaga e sem consistência. Deste modo, esses "sucessos fabricados" vêm sendo veiculados intensivamente na televisão, no cinema, no rádio e no mercado fonográfico (os dois últimos vivendo uma crise de enormes proporções, principalmente o mercado fonográfico) nas últimas décadas, ou seja, perdeu-se grande parte do que Caymmi denominou de "espontaneidade do povo" na determinação de um sucesso musical. Trata-se hoje de uma outra espontaneidade que é preciso relativizar.

Os novos meios e suportes de comunicação como a internet, o MP3, o iPod, que vêm surgindo desde o último quarto do século XX até a atualidade (e todo dia aparecem novos artefatos tecnológicos), indicam — e isso não é nenhuma novidade, com os inúmeros debates na imprensa, nos centros culturais e na universidade que, sob vários enfoques, procuram avaliar e dimensionar o impacto das novas tecnologias sobre a sociedade em seus diversos aspectos — uma mudança sem precedentes na forma de consumir música. Como tal transformação ainda está se processando, é preciso cuidado para não cair na tentação do exercício da mera adivinhação.

Estes novos meios e suportes exigem pesquisa, análise e reflexão, que vão muito além do que se possa produzir no corpo deste trabalho. São muitos os pesquisadores que vêm se dedicando ao tema e parece mais adequado que este tipo de investigação seja aprofundado por especialistas da área.

A pujança difusora do rádio veiculava sucessos que unificavam todo o país em torno de seus ídolos e suas músicas prediletas. Fenômeno, entretanto, que no fim do século XX e início do XXI parece estar desaparecendo pouco a pouco, com a segmentação proporcionada pela internet e pela interatividade dos antigos (imprensa, rádio, televisão, sobretudo) e novos meios de comunicação de modo geral. A atração pelo novo veículo e o fascínio pelos artistas, não só da música, mas também do rádio, teatro, dos humorísticos, ídolos dos esportes e personalidades do jornalismo, que propiciavam entretenimento, diversão e informação a um custo barato a um público até ali isolado e acostumado a proporcionar para si mesmo suas fontes de lazer, chegava ao auge na Era do Rádio. O rádio criava um novo mercado, com uma voracidade jamais vista por seus produtos de entretenimento, obrigando a indústria cultural nascente a se desenvolver rapidamente para atender a tal demanda. Claro que, é sempre bom ressaltar, em se tratando de rádio está-se falando de cultura (leia-se entretenimento) de massa, já que o projeto educacional de Edgar Roquette Pinto, como já foi mencionado na Introdução, ainda que louvável, não vingou. O referido projeto, aliás, se praticado — não exclusivamente, claro —, poderia ter produzido resultados importantíssimos e efetivos na área educacional que, a propósito, ainda hoje está longe de ter encontrado uma solução apropriada.

Na onda do sucesso de "O que é que a baiana tem?", os balangandãs, como já foi dito, soavam diferentes e exóticos tanto para cariocas e paulistas como para os brasileiros dos demais estados, também distantes da realidade baiana, acostumados com a produção musical transmitida pela rádio, na sua maior parte, de face carioca, ainda que o Rio de Janeiro fosse destino de muitos brasileiros oriundos de diferentes estados em busca de maiores e melhores oportunidades de vida, o que fazia da capital, como se deve esperar, um microcosmo do país. Se o Brasil, país de enormes dimensões territoriais, com todos os avanços tecnológicos dos meios de comunicação nas últimas décadas, ainda mantém grandes diferenças regionais, com rica diversidade cultural, muitas desconhecidas pelas demais regiões, pode-se imaginar como ele se configurava no final da década de 1930. E tal exotismo e novidade não causavam repúdio no público, pelo contrário, produziam intensa curiosidade e interesse, propiciando ricas trocas culturais. "Todas as culturas sempre misturaram elementos de procedências diferentes", assinala Hermano Vianna, para em seguida complementar que "muitos autores, há muito tempo (talvez desde sempre), combatem a visão purista dos fenômenos culturais."[348] É bom lembrar que um dos programas de música de sucesso do período — para o qual Caymmi foi convidado a colaborar ainda em 1938, mesmo ano da estreia do programa — era intitulado exatamente *Curiosidades Musicais*. Produzido por Almirante, na Rádio Nacional, este programa possuía produção e programação inovadoras no meio radiofônico, como descreve Jairo Severiano:

Em abril de 1938, a Nacional fez uma grande aquisição, contratando Almirante (Henrique Foréis Domingues) para cantar, produzir e apresentar programas. Isso constituiu um passo importante para a história do rádio brasileiro, que até então não tinha programas produzidos, isto é, montados, organizados, que focalizavam, explicavam e desenvolviam temas variados. O primeiro destes programas foi "Curiosidades Musicais", em que Almirante, de forma atraente, sempre procurando aguçar a curiosidade do público, tratava de assuntos ligados à música, como, por exemplo, a história de um gênero musical, de uma peça clássica ou de uma canção importante. O ouvinte divertia-se, aprendendo, conhecendo boa música. Para realizar "Curiosidades Musicais" e outras produções, seu idealizador começou a juntar livros, discos, partituras, recortes de jornais e correspondência de ouvintes, dando início a um formidável arquivo, o Arquivo Almirante, futura base do acervo do Museu da Imagem e do Som do Rio de Janeiro.[349]

Sobre o radialista, Caymmi afirmou, em entrevista, que "Almirante é uma figura importantíssima na música brasileira popular"[350] e, em outra oportunidade, rematou: "Foi pesquisador de costumes e uma grande figura do rádio."[351] O interesse de Almirante pelos costumes e música da Bahia o levou a pedir a colaboração do jovem compositor para seu programa, "um marco na radiodifusão nacional".[352] Luiz Artur Ferraretto, citando Luiz Carlos Saroldi, outro grande radialista e escritor, escreve que "*Curiosidades Musicais* inicia o período de consolidação do rádio no Brasil, que se estende até 1943, quando estreia *Um milhão de melodias*".* Mesmo antes do lançamento de *Banana da terra*, quando "O que é que a baiana tem?" iniciou sua carreira de sucesso, Almirante reconheceu o valor e potencial do compositor Caymmi e tratou de aproveitar seu conhecimento sobre os costumes de sua terra em seu programa — o radialista havia percebido, ao conhecê-lo, que estava diante de uma sensibilidade

---

*Luiz Artur Ferraretto, *Rádio: o veículo, a história e a técnica*, p. 110-111. Apesar de apontar *Curiosidades Musicais* como primeiro programa montado do rádio — Luiz Carlos Saroldi e Sonia Virgínia Moreira afirmam o mesmo: "pode ser considerado o primeiro programa produzido" (Luiz Carlos Saroldi e Sonia Virgínia Moreira, *Rádio Nacional: o Brasil em sintonia*, p. 38) —, Ferraretto ressalta ter Sérgio Cabral afirmado que a ideia já havia sido testada no *Programa Casé* (Luiz Artur Ferraretto, *Rádio: o veículo, a história e a técnica*, p. 111).

artística especial, com profundo senso de observação. E, como já foi dito, o contexto era de interesse crescente pelas coisas nacionais. Era no folclore que se imaginava encontrar as fontes autênticas da identidade nacional. Tanto era assim que a imprensa do dia a dia espelhava, a seu modo, as discussões dos doutos sobre o assunto. A título de curiosidade, segue o exemplo em que se procura distinguir para o público o falso do verdadeiro folclore, destacando neste os nomes de Gustavo Barroso, Villa-Lobos, Almirante e Dorival Caymmi:

> A citação dos nomes de Gustavo Barroso e Villa Lobos vem a propósito do falso folclore, que, infelizmente, é uma verdadeira praga no meio radiofônico. [...] Almirante e Dorival Caymi. Dentre os poucos folcloristas sinceros do radio, é justo que se destaquem esses dois nomes. Almirante, com as suas notáveis "Curiosidades Musicais", tem sido um precioso elemento divulgador das nossas riquezas no terreno da música e da poesia populares. [...] Quanto a Dorival Caymi, direi que ele difere de Almirante por uma razão fundamental: Fóreis é um estudioso da poesia e da música sertanejas; Caymi é a própria alma do sertão cantando. Caymi é, sem nenhum favor, a nossa maior e mais bela expressão de arte regionalista. Poeta, ele não procura rimas nem rebusca imagens. É simples, espontâneo, expressivo.

Dorival Caymmi, desde as suas primeiras aparições no rádio, foi classificado como compositor do folclore: "A recepção da obra de Dorival Caymmi, no momento da produção, é a de compositor e cantor de canções da Bahia, do folclore e praieiras, sempre na clave regionalista."[353] Tal recepção[354] aconteceu desde a noite de estreia profissional do baiano na festa junina da Rádio Tupi, em 24 de junho de 1938. Ele cantou "Noite de temporal" e atraiu, sobretudo, cantores e compositores ligados ao folclore brasileiro, que telefonaram para a rádio interessados nele, como o cantor Jorge Fernandes — que fazia grande sucesso com "Meu limão, meu limoeiro", do folclore — e o compositor Waldemar Henrique e sua irmã, a cantora Mara Costa

Pereira. "A primeira recepção de Dorival Caymmi é a de cantor e compositor de temas folclóricos, ligados sobretudo à Bahia."[355] Mesmo Caymmi, durante muito tempo ainda, influenciado pelo contexto de valorização do folclore — muito em função do ideário do modernismo, já mencionado no capítulo anterior —, vai encarar a própria obra por esse prisma, quando confunde música popular e, mais ainda, a música popular de cunho regionalista, com folclore. Em entrevista concedida a Paulo Mendes Campos para a *Revista de Música Popular*, já em 1953, ele afirma que "o folclore é uma das coisas mais sólidas do canto popular".

O fato é que os balangandãs estavam na moda e nada indicava que seriam esquecidos tão cedo. A imprensa carioca repercutiu o impacto causado por "O que é que a baiana tem?" e, tratando de saciar seus leitores curiosos sobre a origem dos balangandãs, publicou entrevistas com o compositor, além de buscar a opinião dos especialistas, acadêmicos ou não. Caymmi recorda:

> Saiu um rodapé literário, num jornal, dizendo assim: "Balangandãs ou berenguendens?" Apareceu um douto, um ilustrado, para contestar. Um dizia assim: "Uma palavra morta que ressuscita." Outro dizia assim: "Um jovem da Bahia ressuscita a história da negritude baiana." Tudo isso era curiosidade.[356]

O compositor conta como encarou o sucesso:

> Esse negócio dessa história muito influente, muito importante [...] eu observava muito os cuidados a tomar. Enfim, não deixei o sucesso (eu não tenho tendência mesmo) subir à cabeça. Não deixei a fama apressada me dominar. E assim foi. Os balangandãs suscitaram essas coisas: rodapés de jornais, suplementos dominicais e balangandãs e não-sei-o-quê. Uma indústria de tecidos lançou uma fazenda com a minha letra e com desenhos de baiana. [...] O sujeito vendia qualquer badulaque e dizia: "Esses são balangandãs, leva."[357]

A respeito do impacto causado pelo termo, Jorge Amado escreveu*
que, graças ao samba, a palavra "voltou novamente, por assim dizer, a
incorporar-se ao dicionário das palavras vivas [...]. A palavra, desenterrada pelo samba, virou quase sinônimo de coisa nacional [...] até discussão
de filólogos ela provocou...".[358] Discussões, aliás, que atravessaram décadas, mesmo depois do impacto e da novidade do termo já terem passado,
como se pode observar pelo artigo "Origem do termo balangandã", de
Abel Cardoso Júnior, biógrafo de Francisco Alves e Carmen Miranda —
que não era filólogo, mas um apaixonado pela Música Popular Brasileira,
além de pesquisador incansável —, publicado em 14 de junho de 1987,
em que discorda dos que defendem a origem onomatopeica do termo,
com as variantes, segundo ele, barangandã e berenguendém:

> Entendo que balangandã não possui o menor traço onomatopaico.
> Simplesmente vem de "balangar", que é o mesmo que balançar, ainda
> em uso, por exemplo, nas antigas regiões paulistas de linguajar caipira.
> Logo, "balangandã" é o penduricalho de cintura (depois passou a ser
> do pulso etc.) que balança. De estranhar que nos dicionários balangar às vezes vem logo imediatamente a balangandã e, salvo melhor
> juízo, ninguém, antes deste despretensioso aprendiz de Etimologia, se
> "abalangou" a notar derivação tão evidente! Quanto a berenguendém
> e barangandã, são corruptelas de pronúncia da palavra balangandã,
> muito própria dos negros velhos da Bahia e dos negros em geral...[359]

Por outro lado, um dos que assinalam na época a origem onomatopeica da palavra, com a qual parece concordar, é Luís da Câmara Cascudo
(muito admirado por Caymmi, por sinal), em seu *Dicionário do Folclore
Brasileiro*, de 1954, registrando a variação "barangandan" registrada
por Beaurepaire Rohan,[360] para denominar a "coleção de ornamentos
de prata que as crioulas trazem pendentes da cintura, nos dias de festa,
principalmente do Senhor do Bonfim".[361] Prossegue Cascudo:

---

*Segundo Dorival Caymmi, foi Jorge Amado quem escreveu no lugar do compositor a maior
parte dos textos do livro *Cancioneiro da Bahia* que acompanhavam as suas 62 letras de
músicas com trechos das partituras. É muito provável que Amado também tenha se baseado
em conversas e depoimentos de Caymmi para escrever os comentários do "Cancioneiro da
Bahia" (ver Stella Caymmi, *Dorival Caymmi: o mar e o tempo*, p. 257-262).

Igualmente fixaram [o termo balangandãs] Macedo Soares e Manoel Querino, este ajuntando a forma "balançançam", tipicamente onomatopaica. O vocábulo irradiou-se da Bahia, onde o objeto se tornou popular: *Quem não tem balangandãs/ Não vai ao Bonfim!*, diz uma cantiga.[362]

Trata-se do mesmo dito que Caymmi ouviu na infância e, mais tarde, utilizou para construir a letra de "O que é que a baiana tem?", que Câmara Cascudo afirma ser uma cantiga, sem dar maiores detalhes. Jorge Amado também descreve o adereço:

> Balangandans diz-se hoje de todas aquelas pequenas coisas de prata e ouro que pendem da pulseira, colares e torços das baianas. Em verdade, "balangandans" é uma penca de pequenos fetiches negros, feitos em prata e ouro, usados pelas baianas de "partido alto" nas grandes festas populares da Bahia.[363]

Segundo o *Novo Dicionário Aurélio da Língua Portuguesa*, o termo é "onomatopeico, expressivo dos ruídos feitos por objetos pendentes" e significa "ornamento ou amuleto, ordinariamente de metal, em forma de figas, medalhas, chaves etc., usado pelas baianas em dias de festa" ou ainda "penduricalho". Já o *Dicionário Houaiss*[364] apresenta três acepções: na primeira balangandã é definido como

> ornamento de metal em forma de figa, fruto, animal etc., que, preso a outros, forma uma penca usada pelas baianas em dias de festa; serve também como objeto decorativo, lembrança ou, se miniaturizado, joia ou bijuteria; berenguendém [no passado, era usado especialmente na festa do Senhor do Bonfim, em Salvador, pendente da cintura ou do pescoço das afro-brasileiras, e constituía amuleto contra o mau-olhado e outras forças adversas].

A segunda acepção é "penduricalho de qualquer formato"; a terceira acepção, no plural, balangandãs, tem um uso "informal", "jocoso", significando também testículos — esta última é um regionalismo do Nordeste do Brasil. Todas essas pesquisas apontam para a origem onomatopeica do termo.

7. ... *balangandãs*

Ainda a propósito dos balangandãs, antes de retornar ao ano de 1939 e ao espetáculo de Darcy Vargas, é importante ressaltar que, na volta de Carmen Miranda ao Brasil, em 1940, devido a combates que a cantora sofreu em certos meios intelectualizados e políticos, contrários à imagem que "ela" forjava do Brasil, contrários, sobretudo, à ideia de Brasil que o Estado Novo pretendia promover, foram compostas algumas músicas por encomenda da *Pequena Notável* — agora, *Bombshell* —, em resposta às críticas que vinha sofrendo de que havia desnacionalizado o samba ou de que estava americanizada. Não se pretende, com este trabalho, esmiuçar as relações do Estado Novo com a Carmen Miranda da segunda fase, ou seja, a fase americana da sua carreira, ou analisar a chamada "política da boa vizinhança", já cantada em prosa e verso por inúmeros historiadores e pesquisadores de áreas afins. Caymmi, a respeito das críticas feitas a Carmen, deu sua opinião:

> Só estou de acordo com o correr profissional dela, que foi feito mais para o povo americano, que era o grande cliente que pagou para assistir, que pagou para o cinema, sentou para assistir ao filme. E ela foi sucesso mesmo nos Estados Unidos, foi popular. [...] A minha versão é que ela tinha toda razão para fazer o que fez, estilizar mais

o traje de baiana, botar mais música, fazer uma figuração correndo o risco de parecer músico de [sic] rumbeiro, de cubanos, com babados e coisa, que foi [sic] eliminado logo porque tinha sempre um Aloysio de Oliveira à frente, para explicar tudo isso e uma ligação com pessoas inteligentes da embaixada do Brasil. [...] O resultado é que ela ficou estereotipada, pensaram fazer dela atriz de comédia, se saiu razoavelmente como comediante, trabalhou com Groucho Marx, um dos grandes comediantes, e ela fez um papel dentro daquela linha, fazia aquela baiana, enfim. E Aloysio de Oliveira fazendo versões de música brasileira para agradar. No Brasil um público que estava nessa de criticar porque ela estava cantando música de autores americanos em inglês. Mas era o papel dela, era a nova vida dela. Então ela tinha de cantar onde deram emprego, a senhora vai cantar nessa língua porque esse povo todo está pagando e quer entender.[365]

O episódio é citado aqui, sobretudo, para ressaltar que entre as músicas do repertório novo encomendado por Carmen estavam os sambas "Disseram que eu voltei americanizada", de Luiz Peixoto e Vicente Paiva, e "Diz que tem", também de Vicente Paiva com Aníbal Cruz. Ambos citando os balangandãs, mostrando como a baiana e, mais especificamente, a joia de inspiração africana, os balangandãs, tornaram-se "peças" de defesa da brasilidade da artista, entre outros elementos citados na música. Aparentemente, de uma hora para outra, os balangandãs haviam se tornado símbolo do país,* e não somente da Bahia. Outro "mistério" a ser desvendado.

A letra de "Disseram..." ("E disseram que eu voltei americanizada/ com o burro do dinheiro/ que estou muito rica/ que não suporto mais o breque do pandeiro/ e fico arrepiada ouvindo uma cuíca/ Disseram que com as mãos estou preocupada/ e corre por aí, eu sei, certo zum-zum/ que já não tenho molho, ritmo, nem nada/ E dos *balangandãs* já nem

---

*"De tal maneira firmou-se como objeto decorativo marcadamente brasileiro [o balangandã], que é sempre lembrado como presente aos estrangeiros ilustres que nos visitam." Quando a rainha Elizabeth esteve no Brasil, em novembro de 1968, "recebeu como lembrança um raríssimo exemplar [de balangandã] em ouro". (Recorte de mídia impressa com o título "Os balangandãs redescobertos", do Arquivo Stella Caymmi, sem data ou veículo, clip 1, p. 129; http://ukinbrazil.fco.gov.uk/pt/about-uk/quick-guide/queen-birthday-party.)

existe mais nenhum...") e a de "Diz que tem" ("Ela diz que *tem*, diz que *tem/ tem* o cheiro de mato, *tem* o gosto de coco/ *tem* samba nas veias, *tem balangandãs*...")[366] são influenciadas pelo samba de Caymmi e pela imagem que Carmen Miranda construiu para si mesma com base em "O que é que a baiana tem?" (depois elevada à enésima potência pela indústria hollywoodiana). Esta última, é interessante observar, além do uso dos balangandãs na letra, reitera o verbo "ter", na terceira pessoa do presente do indicativo, à maneira de "O que é que a baiana tem?" ("Tem torço de seda, tem!...."), acentuando a tônica e explorando a vibração da palavra "tem" (soando como "tein", um som metálico que lembra um pouco a vibração de um sino, ou como um instrumento percussivo), que aparece repetidas vezes, dando ao samba o que os compositores e músicos costumam chamar de "molho". A propósito, como bem notou Ruy Castro sobre "O que é que a baiana tem?", "Diz que tem" é construída de enumerações tipo *list song*, algo como "canções de enumerações", assim como muitas músicas baianas de Ary Barroso,* o que indica o uso de descrições enumerativas, um formato recorrente nas letras da Música Popular Brasileira. É curioso observar, ainda a respeito do uso da palavra "tem" nas letras dos sambas da época, que Carmen Miranda grava, ainda em 1940, um 78 rpm com outro samba de Caymmi, "O dengo", algumas vezes intitulado "O dengo que a nega *tem*", na face A, e "É um quê que a gente *tem*", samba de Ataulfo Alves e Torres Homem, na face B. Se "O dengo"** usa e abusa da tônica do "tem" — que

---

*Ruy Castro, *Carmen: uma biografia*, p. 169. A diferença entre os sambas de temática baiana de Ary Barroso e "O que é que a baiana tem?", de Dorival Caymmi — que tinham em comum a enumeração tipo *list song*, conforme observou Ruy Castro —, "estava na originalidade das enumerações de Caymmi (afinal, ele era baiano) e na graça com que as construíra" (ibidem, p. 170). A propósito da tônica proporcionada pelo uso do "tem", apesar de o termo vir sem repetições (que constam nas citadas "O que é que a baiana tem?" e "Diz que tem"), ela aparece em "No tabuleiro da baiana", de Barroso, também um samba de enumerações ("No tabuleiro da baiana tem/ Vatapá, oi/ Caruru/ Mungunzá, oi/ Tem umbu/ Pra Ioiô...") (Almir Chediak, *Ary Barroso: songbook*, vol. 2, p. 101). Segundo Jairo Severiano, antes das músicas de Ary Barroso e Dorival Caymmi, já havia canções com letras compostas de enumerações.
**"É dengo, é dengo, é dengo, meu bem!/ É dengo que a nega tem/ Tem dengo no remelexo, oi meu bem/ Tem dengo no falar também [*bis*]/ Quando se diz que no falar tem dengo/ Tem dengo, tem dengo, tem dengo, tem/ Quando se diz que no andar tem dengo/ Tem dengo, tem dengo, tem dengo, tem..." (Almir Chediak, *Dorival Caymmi: songbook*, vol. 2, p. 84-85).

afinal, funciona —, "É um quê que a gente tem" traz também na letra a referência aos balangandãs ("E o samba verde-amarelo já cantei pra todo mundo/ E houve muito bate-fundo com os meus *balangandãs*").

"Joujoux e balangandãs", marchinha de Lamartine Babo que levou o mesmo nome do espetáculo beneficente de Darcy Vargas no Theatro Municipal, com os balangandãs desde o título, já traz outro formato, que é a canção em forma de diálogo, que funciona muito bem em musical:

Balangandã — *Joujoux, Joujoux*
Joujoux — Que é, meu Balangandã?
B — Aqui estou eu
J — Aí estás tu
B — Minha *Joujoux*
J — Meu Balangandã
B — Nós dois
J — depois
B — O sol do amor que manhãs
J — De braços dados
B — Dois namorados
J — Já sei
B— Joujoux
J — Balangandã
J — Seja em Paris
B — Ou nos Brasis
J — Mesmo distante
B — Somos constantes
Tudo nos une
Que coisa rara
J — É o amor
Nada nos separa*

---

*A letra apresentada aqui foi cotejada com a primeira gravação de "Joujoux e balangandãs" (Lamartine Babo), feita na gravadora Columbia, em 78 rpm, em 1939, interpretada por Mario Reis e Mariah — que se revezam nas frases musicais como num diálogo, tal como está descrito no texto —, com o maestro Ignácio Kolman e a orquestra do Cassino da Urca, contando no coro com Dalva de Oliveira, Herivelto Martins, Nilo Chagas e Tertuliano Chagas. Ver http://qualdelas.blogspot.com/2009/04/joujoux-e-balangandas.html.

"Joujoux e balangandãs", a música, fora encomendada a Lamartine pelos organizadores do espetáculo, cujo tema teria partido de Celina Heck Machado e Léa Azeredo da Silveira,* fiéis escudeiras de Darcy Vargas — Lamartine, aliás, além de escalado como compositor para o espetáculo, "atuou também como diretor de coros".** Inspiradas em operetas, imaginaram uma história de amor entremeada de esquetes, números musicais e dança. Ambas "consideravam um achado juntar os dois termos, o francês *joujoux**** e o brasileiro balangandã no título, porque eles significavam a mesma coisa nas duas línguas: joia. E balangandã era uma palavra da moda".[367] Daí o diálogo montado por Lamartine, antropomorfizando as joias, afrobrasileira e francesa, criando um casal apaixonado, ela como Joujoux e ele como Balangandã, e tratando, modernamente, de "Brasis" — claro, também para rimar com Paris —, mas reconhecendo a diversidade étnica e cultural do país. Um avanço. Segundo Luís Antônio Giron, o escritor e dramaturgo Henrique Pongetti trabalhou sobre as ideias de Machado e Silveira, atuando na direção da revista musical e constando como colaborador no roteiro do espetáculo.**** Entretanto, de acordo com Caymmi, o contraste da "bijuteria francesa" com a "bijuteria brasileira, através dos balangandãs" popularizados em seu samba, foi ideia de Pongetti:[368] "De um lado chique (a influência francesa no Brasil), o chique da piteira longa, do penacho, das

---

*Conforme Luís Antônio Giron, Léa Azeredo da Silveira era "neta do senador Azeredo e professora de canto formada" (Luís Antônio Giron, *Mario Reis: o fino do samba*, p. 215).
** Segundo o blog Qual Delas?, dedicado à música, Lamartine Babo "participou intensamente" de *Joujoux e balangandãs*, o espetáculo, "não apenas como compositor, mas também como diretor de coros". Ver http://qualdelas.blogspot.com/2009/04/joujoux-e-balangandas.html.
***Joujoux significa brinquedo em francês e, segundo o dicionário *Petit Robert* (A. Rey e J. Rey-Debove, *Le Petit Robert: Dictionnaire de la Langue Française*, p. 1.051): "*fig. Se dit d'un object petit et mignon; d'une mécanique très perfectionnée, dont l'acquisition semble être un luxe*".
****Luís Antônio Giron explica que "A edição de 'Joujoux e balangandãs' para piano traz a seguinte informação: 'Inspiração das Senhoras Léa Azeredo e Ilda Boavista em colaboração com o escritor Henrique Pongetti'" (ibidem, p. 215). Na versão de *Joujoux e balangandãs* para o cinema consta: "versão cinematográfica da *feerie* de Henrique Pongetti e Léa Azeredo da Silveira, com a cooperação de Ilka Labarthe e Lia Amaral" (Alice Gonzaga, *50 anos de Cinédia*, p. 79).

plumas, da elegância da *Belle Époque*, e de um lado brasileiro, onde entra, com muita felicidade [para Caymmi], 'O que é que a baiana tem?'."[369] Caymmi ainda acrescenta que havia "uma equipe da qual fazia parte a mulher do Pongetti, Aída Pongetti".[370]

Giron comenta que as duas organizadoras do evento, para não entediar o público, decidiram intercalar as cenas de favela e senzala com episódios parisienses ("Quartier Latin") e números nova-iorquinos ("o Fox sapateado 'Gury', por Hélio Manhattan"), "numa mistura de miséria lírica e muito luxo".[371] Interessante observar que esta mesma concepção de "miséria lírica e muito luxo" iria nortear, décadas à frente, muitos desfiles de carnaval das escolas de samba no Rio de Janeiro, concepção em que Joãosinho Trinta tornar-se-ia figura emblemática. Havia ainda um atrativo a mais para reforçar o lado africano do evento. No *foyer* do Theatro Municipal foi organizada uma exposição de balangandãs autênticos, que remontavam ao tempo da escravidão no país, alguns exemplares em ouro e prata, emprestados de colecionadores. Caymmi comenta:

> Fizeram uma vitrine no *foyer* do Theatro Municipal, onde apareceram colecionadores que estavam escondidos por aí e tinham, em família, balangandãs autênticos da época da escravatura, em metais nobres. Tinha um que era todo de ouro, tinha outro que procedeu de Minas Gerais, se não me engano vinha de Mariano Procópio, era coisa autêntica, vinha do lado dos escravos. Joias ainda do Império. Quer dizer, na mão dos escravos, escravo alforriado e rico, rico não, remediado e que tinha liberdade de usar seus costumes, suas coisas, suas tradições.[372]

Joujoux e balangandãs, montado no Theatro Municipal, parece ter sido uma etapa importante daquilo que Hermano Vianna, comentando Nicolau Sevcenko, denomina de intensa reordenação das relações entre os mundos culturais, a propósito do "furor nativista"[373] que acometeu certo grupo de intelectuais e a alta sociedade paulista no final dos anos de 1910 e início dos anos 1920. Isto porque Vianna defende em seu livro *O mistério do samba*, de 1995, que a "paixão nacional" ou paixão nacionalista é anterior ao marco defendido pelos próprios modernistas da "descoberta do Brasil profundo" como sugeriu Tarsila do Amaral[374] à famosa viagem que ela, Mário e Oswald de Andrade fizeram às cidades coloniais de Minas Gerais acompanhando o poeta suíço Blaise Cendrars* — não se trata de entrar no mérito da questão, se a influência de Cendrars foi ou não foi decisiva para a segunda fase do modernismo brasileiro, o que nos afastaria do objetivo deste trabalho, além de a questão estar muito bem discutida no livro de Hermano Vianna. Só para antecipar o que está amplamente discutido em *O mistério do samba*, Vianna cita Eduardo Jardim de Moraes, que divide o modernismo brasileiro em duas fases: a de atualização, entre 1917 e 1924 — "modernização em que se sente fortemente a absorção das conquistas das vanguardas europeias do momento",[375] com a polêmica do modernismo versus passadismo — e a fase que se inicia em 1924, "quando o modernismo passa a adotar como primordial a questão da elaboração de uma cultura nacional, e que prossegue até o ano de 1929".[376] Entretanto, como contrapeso para essas cronologias, que são muito úteis, afinal, mas que correm o risco de parecerem simplificadoras, sempre é bom lembrar a advertência de Sérgio Buarque de Holanda, em artigo "Sobre o modernismo e a Semana de 22". Publicado no *Diário Carioca*, em 24 de fevereiro de 1952, a propósito dos trinta anos do episódio, cujo peso é, até os dias de hoje, objeto de análise, o artigo mostra como é complexo desenhar as fronteiras do modernismo no Brasil:

---

*A esse respeito, Sevcenko menciona a "ação catalisadora na transformação da cultura brasileira" de Paulo Prado e Olívia Penteado "ao se comporem com outro personagem crucial, o poeta Blaise Cendrars, apaixonado pela cultura negra. Quando Blaise veio a São Paulo em 1924, sob o patrocínio de Paulo Prado, Olívia Penteado o levou, junto a um grupo de artistas, ao Carnaval do Rio de Janeiro e à Semana Santa nas cidades históricas de Minas, numa série de excursões-revelações, que o grupo denominaria 'a descoberta-do-Brasil-1924'" (Nicolau Sevcenko, *Orfeu extático na metrópole: São Paulo, sociedade e cultura nos frementes anos 20*, p. 245).

Ora, a verdadeira história do modernismo foi, em grande parte, a história de uma resistência denodada a tudo quanto parecesse justificar essas visões simplificadoras. Muitas delas fundam-se de fato em meras aparências. Como o movimento volvesse no domínio artístico, e não só nele, contra o que parecia aos seus adeptos o império da rotina, passou facilmente por antitradicionalista. Como procurasse absorver as correntes avançadas das literaturas e artes de outras terras, tiveram-no por internacionalista e antinacional. Como sustentasse diante de certos padrões, geralmente acatados sem muita crítica, uma atitude inconformista e irônica, interpretou-se tudo isso como indício de ausência de seriedade e amor ao paradoxo e à pilhéria. Por fim, os lemas libertários, que vinham da própria rebelião contra a rotina e que, ao menos entre os mais lúcidos, foi sempre o requisito de uma disciplina individual e mais consciente, transformaram-se, ao contrário, em sinônimo de indisciplina e em convites à transigência. O engano de muitas dessas interpretações é visível para todo aquele que busque tomar conhecimento dos motivos centrais do movimento.[377]

De todo modo, é possível ver um paralelo entre *Joujoux e balangandãs*, o espetáculo, e a peça *O contratador de diamantes*, de Afonso Arinos, analisada pelo autor. Parecem etapas de um mesmo processo, afastadas no tempo por duas décadas; 1919, data da encenação de *O contratador de diamantes*, e 1939, de *Joujoux e balangandãs*. Saltam aos olhos os pontos em comum entre os dois eventos. Assim como *Joujoux*, *O contratador* foi encenado no Theatro Municipal, no caso o de São Paulo. Os dois espetáculos eram beneficentes.* Ambos contaram com a participação direta da elite econômica, social e política no elenco, na plateia e entre os patrocinadores — no caso da produção teatral paulista, Sevcenko observa: "Quando em maio de 1919 foi apresentado o nome dos componentes do elenco e dos patrocinadores, eles compunham uma

---

*O espetáculo teatral *O contratador de diamantes* foi em benefício do Asilo dos Inválidos da Santa Casa e da Sociedade de Cultura Artística (Nicolau Sevcenko, *Orfeu extático na metrópole: São Paulo, sociedade e cultura nos frementes anos 20*, p. 241).

autêntica relação do quem é quem na elite plutocrática paulista".[378] Os dois eventos contavam ainda com um elenco musical de peso.* E, por fim, nos dois palcos foram encenados temas populares e africanos, além da exposição de balangandãs no foyer do Municipal do Rio de Janeiro. Vianna avalia a complexidade do impacto causado por *O contratador de diamantes*:

> Qual o motivo da importância dessa "simples" montagem teatral? Bem, nada era tão simples assim, principalmente se levarmos em conta quem estava envolvido na encenação daquele texto que tão bem representava (incluindo até uma cena de congada, que foi dançada por negros "autênticos" no palco do Municipal) as idéias "populares" ou "populistas" de Afonso Arinos [...].[379]

Entre os patrocinadores do evento paulista estava o prefeito Washington Luiz, futuro presidente do país, que "cedeu o Teatro Municipal, custeou os cenários, a cargo de Wasth Rodrigues, e outras eventuais despesas gerais. As famílias [abastadas] bancaram os luxuosos figurinos e ensaios".[380] Vianna completa que "o sucesso foi retumbante, desencadeando uma espécie de furor nativista na alta sociedade paulistana"[381] da época. E assinala que "a moda 'nativista' atacou em várias frentes":[382] saraus regionalistas, poemas caipiras, quermesses, cinema sertanejo. Sérgio Buarque de Holanda nota, a propósito do modernismo no Brasil, que "a pesquisa do tradicional, do nacional, do regional, das artes e gostos populares, das manifestações localistas e folclóricas, foi, de fato, inseparável — e o foi desde o começo — do esforço de renovação".[383] E prossegue sobre este ponto, o de que o marco nacionalista é anterior a 1922. Hermano Vianna, como se viu anteriormente, se alinha com ele: "Ao menos em São

---

*Sobre a montagem de *O contratador de diamantes*: "O elenco musical era estupendo, com duas orquestras, uma grande no poço, outra menor no palco. A menor era regida por Francisco Mignone [...]. A orquestra maior, tendo como espala o professor Zacharias Autuori, teria como regente o maestro Francisco Braga, também compositor das músicas do espetáculo e que viria especialmente do Rio" (Nicolau Sevcenko, *Orfeu extático na metrópole: São Paulo, sociedade e cultura nos frementes anos 20*, p. 241-242).

Paulo, ele [o modernismo] veio a prolongar, por esse lado, o esforço regionalista iniciado muito antes de 1922, com a primeira *Revista do Brasil*, com a editora Monteiro Lobato e com as campanhas em prol da arquitetura neocolonial."[384]

Sevcenko explica que

> *O Contratador* surgiu assim, ao mesmo tempo, como cristalização e como catalisador de uma fermentação nativista que adquiria densidade crescente em direção aos anos 20. [...]
>
> Depois d'*O Contratador*, aquilo que era uma corrente intelectual se transforma numa moda de ampla vigência social.[385]

Joujoux e balangandãs, em 1939, por sua vez, reforçou ainda mais a onda nacionalista, porém com uma diferença fundamental em relação à sua antecessora paulista, já que ela se apoiou na música popular de massa e na força propagadora do rádio — que inexistia no Brasil em 1919 — assim como no cinema, em menor escala, e se encaixou no projeto de poder na área cultural do varguismo, no recém-instaurado Estado Novo. Para o nacionalismo musical modernista, desde a década de 1920, "a música é percebida como lugar estratégico na relação do Estado com as maiorias iletradas do país",[386] mas o objetivo era que este espaço fosse ocupado pela música "resultante da aliança da tradição erudita nacionalista com o folclore"[387] e pelo samba domesticado (que troca o malandro pelo trabalhador, como se viu no capítulo 2). Não foi o que aconteceu, ainda que essa política prosseguisse por todo o Estado Novo. A música popular — chamada de massa ou popularesca* — correu por fora do projeto musical nacionalista, potencializada pela ampla penetração dos novos meios tecnológicos, e o colocou em xeque. José Miguel Wisnik explica:

---

*Mário de Andrade discerne, na música popular urbana, "o folclore urbano, o que é virtualmente autóctone, o que é tradicionalmente nacional, o que é essencialmente popular, enfim, do que é popularesco, feito à feição do popular, ou influenciado pelas modas internacionais" (apud ibidem, p. 131).

> A intelectualidade nacionalista não pôde entender essa dinâmica complexa que se abre com a emergência de uma cultura popular urbana que procede por apropriações polimorfas junto com o estabelecimento de um mercado musical onde o popular em transformação convive com dados da música internacional e do cotidiano citadino.[388]

Entretanto, isso não foi problema para o Estado, que incorporou a linha direta com o povo, aberta pelos novos meios de comunicação e pela música popular, tirando o melhor proveito que podia. Vinte anos depois de *O contratador de diamantes*, se *Joujoux e balangandãs* não chegou a lançar moda — já que o rádio e o cinema tomavam a dianteira neste quesito como grandes veículos de massa, junto com a indústria fonográfica, a imprensa e o carnaval, este último grande evento catalisador de boa parte da produção musical da época, como já se viu no capítulo 1 —, o espetáculo soube ecoar e utilizar a seu favor, cultural e politicamente, os trunfos e o poder difusor extraordinário da Era do Rádio. Para tanto, nada que pudesse potencializar o espetáculo foi dispensado. Além de ocupar as manchetes dos principais jornais e revistas, *Joujoux e balangandãs* não se limitou ao Theatro Municipal. O musical foi transmitido ao vivo pela Rádio Nacional,* ancorado pelos *speakers* J. G. de Araújo Jorge e Celso Guimarães, e transformado em filme por um dos mais importantes estúdios do período, a Cinédia, o que levou à loucura o dono Ademar Gonzaga:

> Os estúdios da Cinédia foram alugados, com todo o equipamento, a preço de custo, para colaborar com a Sra. Darcy Vargas. O aluguel inicial era de dez dias, começando a 26 de agosto de 1939; porém, os trabalhos prolongaram-se por setembro e outubro, prejudicando grandemente toda a programação da Cinédia.[389]

---

*A Rádio Nacional operou em ondas médias até 31 de dezembro de 1942, quando passou a transmitir em ondas curtas, permitindo que fosse sintonizada em todo o país.

É fácil perceber que em plena ditadura do Estado Novo simplesmente não se podia recusar um pedido da primeira-dama, ainda mais quando o evento era para caridade, no caso específico "levantar fundos para a construção de duas entidades: a Cidade das Meninas e a Casa do Pequeno Jornaleiro".[390] Caymmi comenta o caráter beneficente do evento:

> Dona Darcy Vargas [...] fazia [...] uma peça anual com gente da sociedade com dotes artísticos, [...] uma peça escrita por um profissional para que fosse levada em benefício, tomando dinheiro do empresariado, daquela gente boa e de recursos para empregar em caridade, instituições de proteção às crianças, como a Cidade das Meninas, a Casa do Pequeno Jornaleiro, coisas que funcionavam na época. E o que justificava ser Primeira-Dama nobremente eram esses gestos, uma Primeira-Dama digna de ser chamada de Primeira-Dama, como Dona Darcy Vargas, que deixou uma obra de assistência ao pobre, ao menor, ao desamparado, enorme. Não havia meninos de rua, e a tendência era haver, porque ela criou a Casa do Pequeno Jornaleiro. Então os meninos ganhavam uma farda e uma pasta para botar os jornais e vendiam jornais nas ruas. Era um emprego.[391]

Dizer não a dona Darcy equivaleria a dizer não ao governo Vargas, o que seria no mínimo indelicado (com ela) e contraproducente (com Getúlio). "Dona Darcy" — como resumiu irreverentemente Luís Antônio Giron a propósito do evento — "era a nova 'Ditadora do Samba'." Caymmi completa: "[O espetáculo] era muito bem assessorado, todo mundo oferecia seus préstimos para dona Darcy Vargas, todos os bons profissionais. Então dava para escolher."[392]

Se do ponto de vista da difusão o espetáculo se apoiava em praticamente todos os meios de comunicação de que dispunha a época, do ponto de vista artístico não fazia por menos. Apesar de o elenco do espetáculo ser eminentemente formado por amadores da elite carioca, foram convocados alguns dos compositores mais importantes do período, como Ary Barroso, Lamartine Babo e — o responsável pelos balangandãs do título — o novato Dorival Caymmi. O melhor do *staff* do rádio da época foi chamado. Giron conta que "dona Darcy convidou pessoalmente alguns profissionais, como os maestros Radamés Gnattali e Romeu Ghipsman, que já estavam ensaiando uma orquestra de 80 elementos procedentes das rádios Nacional e Mayrink Veiga" para acompanhar o elenco de "280 pessoas de fino trato",[393] a maioria completamente inexperiente para enfrentar qualquer palco, quanto mais um das dimensões e importância do Municipal. Mas, à parte esses cuidados, a primeira-dama tinha um enorme trunfo para compensar o amadorismo do seu elenco: Mario Reis. Giron, biógrafo do cantor, relata o episódio:

> Dona Darcy falou pessoalmente a Mario. Convidou-o como figura principal do evento, pois a ele estava reservado o número final. Explicou-lhe a importância social da iniciativa e de como seria bom contar com ele, um intérprete que todos admiravam e havia tanto tempo estava fora do ar. Alzirinha [Vargas] insistiu. Doutor Mario engoliu em seco, e disse que sim.[394]

A insistência da primeira-dama pela presença de Mario Reis se explica. A resistência do cantor também. No auge do sucesso, três anos antes, o cantor havia encerrado, resoluto, sua carreira inesperadamente, para "assumir o cargo de chefe de gabinete do prefeito da cidade do Rio de Janeiro, cônego Olímpio de Melo".[395] Como se vê, foi debalde, já que a "Ditadora do Samba" solicitava (ou exigia) sua presença em *Joujoux*... Ele era perfeito para os propósitos de Darcy Vargas (sem esquecer a força simbólica do título de primeira-dama, que representava o governo e, portanto, o Estado Novo): Reis era, ao mesmo tempo, oriundo da classe alta carioca e, por força da carreira artística, um cantor de sucesso que transitava no mundo do samba com a mesma familiaridade que no *bel monde*. Que chamariz poderia ser mais forte do que o retorno de Mario Reis? Não havia mesmo escapatória. E, sem rota de fuga, o cantor, conformado, tratou de se assegurar da qualidade de sua apresentação, que afinal era sua *rentrée* não só no mundo do espetáculo, mas do rádio, do cinema — os dois últimos transmitiram e filmaram o evento, respectivamente — e do disco.* Muito zeloso da sua imagem artística, sua primeira medida foi procurar imediatamente Lamartine Babo para conhecer a marchinha "Joujoux e balangandãs" que fora escalado para cantar no chamado *grand finale*, junto com Mariah (Maria Clara de Araújo,** também da alta sociedade), e encomendar outra canção para contextualizar essa sua "queda de paraquedas"***) em pleno Municipal. O resultado foi "Voltei a cantar", um samba autobiográfico em que, segundo Luís Antônio Giron, "Mario colaborou com a letra e deu palpites em relação à melodia".[396] Caymmi recorda:

> [Mario Reis] era um homem que frequentava a sociedade, um elemento simpaticíssimo, uma pessoa muito querida. [...] Ele encomendou a Lamartine a volta dele. Então, Lamartine fez o samba "'Voltei a cantar' porque senti saudade [do tempo em que eu andava pela] da [sic] cidade com sustenidos e bemóis desenhados na minha voz". E aí fala da saudade que ele sentiu em cinco anos [sic] de afastamento da música popular. Ele encomendou ao grande compositor popular brasileiro Lamartine Babo, autor de muita música bonita de vários gêneros, desde a marchinha mais gostosa e mais popularescazinha de Carnaval, até "Serra da Boa Esperança".[397]

Mario Reis estava preocupado — e muito — não só com sua participação compulsória no evento, mas com o potencial fiasco do empreendimento. Ele estava convicto de "que toda aquela agitação

---

*Segundo Jairo Severiano, Mario Reis nem estava tão contrariado assim: "Naturalmente, 'atendendo aos amigos', o cantor consentiu em gravar na Columbia as duas composições [do espetáculo *Joujoux e balangandãs*] e, aproveitando o embalo, gravou mais quatro para o carnaval de 1940: as marchas 'Iaiá boneca' (Ary Barroso), 'Vírgula' (E. Frazão e Alberto Ribeiro) e os sambas 'Deixa essa mulher sofrer' (Ary Barroso) e 'Você me maltrata' (Xavier de Souza, Arlindo Marques Júnior e Roberto Roberti)" (ibidem, p. 115).
** Maria Clara de Araújo, a Mariah, mais tarde tornou-se Sra. Maurício Joppert.
***A canção "Voltei a cantar": "Voltei a cantar/ porque senti saudade/ do tempo em que eu andava na cidade,/ com sustenidos e bemóis/ desenhados na minha voz.../ E... a saudade rola... rola.../ Como um disco de vitrola/ Começo a recordar/ Cantando em tom maior/ E acabo no tom menor/ Oh! meu samba, velho amigo!/ novamente estou... contigo.../ Tua vida me transtorna!/ Bom filho à casa torna.../ De ti.../ Nunca me esqueci" (Luís Antônio Giron, *Mario Reis: o fino do samba*, p. 216-217).

resultaria no *Armagedon* da *high society*".[398] Os temores de Reis não eram infundados, como lembram os olhos críticos e bem-humorados de Giron:

> [...] a grã-finagem carioca ia requebrar e cantar sambas como se estivesse na Praça Tiradentes de vinte anos antes. Pior, com direito até à figura da *commère*, que saíra de cartaz em 1926, com a queda da burleta, comédia musical de costumes. A *commère* apresentava o espetáculo e fazia o elo de ligação entre os quadros. Era um papel de extrema responsabilidade. Pois foi destinado à senhora Lourdes Rosenburgo, que nunca havia subido a um palco na vida. Aliás, só Mario e os músicos conheciam bem aquele tablado oco, cheio de alçapões, chapas de madeira, luzes, tela e cordas.[399]

Menos ácido que Giron e sem a obrigação da perspectiva crítica, Caymmi comenta sobre a participação da *commère*, lembrando que no espetáculo havia também a figura do *compère*:

> o embaixador Vasco Leitão da Cunha, figura elegante, era o *compère*. *Compère* é palavra francesa, como *commère*. Desembaraçados, os condutores da festa, os introdutores dos números musicais e dos esquetes. [...] E do outro lado, uma dama famosa da sociedade: Lourdes Rosenburgo, uma figura marcante da sociedade. A sociedade carioca se fazia de nomes totalmente independentes da crônica social muito usada hoje. [...] O fato de estar no Theatro Municipal era um fato assim de uma elite... (Poder econômico e político só não). [Elite] Intelectual, sobretudo chique. Nós tínhamos ainda uma grande influência européia, em termos de chique. Era bonito você ter estado uma temporada na Europa, comentar. Não tinha essa trivialidade de hoje, essa coisa assim, esse americanismo, essa coisa que a Guerra trouxe. Então, era muito chique.[400]

Mas dona Darcy tinha outra carta na manga — e nem mesmo ela imaginava o quanto. Cândido Botelho, barítono paulista de família quatrocentona, interpretaria um samba de Ary Barroso praticamente desconhecido do grande público: "Aquarela do Brasil." De acordo com Jairo Severiano, "'Aquarela do Brasil' foi lançada por Aracy Cortes* em 10/6/39, na revista *Entra na Faixa*, de Ary (Barroso) e Luiz Iglesias". E completa: "Inadequada à voz da cantora, não fez sucesso."[401] Desta vez, entretanto, a história seria outra.** O sucesso foi grande e, possivelmente, Getúlio Vargas intuiu ali que "Aquarela do Brasil" poderia simbolizar musicalmente o nacionalismo que seu governo pregava. Giron comenta sobre este ponto: "Getúlio exultou. Ali estava o prefixo musical da sua administração."[402] Caymmi reconhece que o evento abriu "o campo para dois profissionais: eu e o tenor*** Cândido Botelho [que] [...] era um homem da sociedade, um tenor profissional, cantava no rádio, era amigo de Stella Maris, e amigo da classe, [...] da Rádio Mayrink Veiga, companheiro do rádio".[403]

Para completar a trinca de ouros de dona Darcy, o autor do sucesso do momento, Dorival Caymmi, também foi chamado. Diferentemente de Mario Reis e Cândido Botelho, Caymmi era uma exceção, o único dos que iria cantar no palco do Theatro Municipal naquela noite,**** 28 de julho de 1939, não oriundo da alta sociedade:

---

*Luís Antônio Giron acrescenta que, na revista *Entra na Faixa*, na qual "Aquarela do Brasil" foi apresentada pela primeira vez, "a vedete Aracy Cortes" se apresentou "vestida de baiana verde-amarela" (Luís Antônio Giron, *Mario Reis: o fino do samba*, p. 221).
**Apesar do sucesso de "Aquarela do Brasil" no espetáculo *Joujoux e balangandãs* e de ter sido gravada por Francisco Alves em 18/8/1939, Ary Barroso a inscreveu "no concurso de sambas para o carnaval de 1940, vencido por 'Ó, seu Oscar' (1º), 'Despedida da Mangueira' (2º) e 'Cai, cai' (3º). Considerando-se injustiçado, Ary rompeu com Villa-Lobos, presidente da comissão julgadora, com quem só se reconciliaria em 1955" (ibidem, p. 178). "Aquarela do Brasil" inaugurou o gênero samba-exaltação (também chamado por Barroso de sambas heroicos). Além do enorme sucesso que obteve no Brasil, a música, incluída no filme *Alô, amigos*, de Walt Disney, em 1943, teve uma carreira internacional extraordinária — nos Estados Unidos, em apenas dois anos, atingiu a marca de dois milhões de execuções —, se consagrando "como uma espécie de segundo hino da nossa nacionalidade" (ibidem, p. 178).
***Conforme Jairo Severiano, Cândido Botelho era barítono. Há casos em que o cantor é tenor no início da carreira, quando jovem, e com a idade torna-se barítono.
****Segundo, ainda, Luís Antônio Giron, o espetáculo "foi um sucesso tão grande que Darcy Vargas foi obrigada a fazer uma apresentação popular, dia 30, e três reprises, dias 4, 11 e 16 de agosto" (Luís Antônio Giron, *Mario Reis: o fino do samba*, p. 223).

> O importante e marcante para mim foi a convivência com tipos do Rio de Janeiro das várias classes. Eu estava [no espetáculo *Joujoux e balangandãs*] exatamente com a nata da sociedade. Assim como na pensão [da rua São José, onde se hospedou ao chegar ao Rio de Janeiro] eu estava com estudantes de várias origens estaduanas. Como já estava sendo solicitado para festas caseiras da classe média em geral da Zona Norte: de Vila Isabel, da Barão de Itapagibe, festas do Méier, de famílias conservadoras. Que era um Rio de Janeiro que existia mesmo e que tinha suas características próprias, de subúrbio com chácaras, com coisas assim, muito bonito. E favela era assunto pitoresco. Havia uma favela, duas e tal, citadas até por Noel Rosa, mas que eram coisas que não eram marcantes de miséria. Então, o que marcou bem aí [em *Joujoux*...] foi aquela convivência com a nata da sociedade brasileira, o Rio de Janeiro, do Palácio do Catete ao Theatro Municipal, era a elite mesmo.[404]

Convidado para cantar "O que é que a baiana tem?" com uma menina, o baiano também foi chamado para auxiliar Lucília Noronha Barroso do Amaral* nos ensaios de "O mar",[405] número cujo cenário, lembrou Caymmi, foi concebido por Gilberto Trompowski e Fernando Valentim. A jovem, considerada a mais linda da sociedade, segundo o compositor, acabou por desistir de participar do espetáculo por não se considerar em condições de interpretar a canção praieira. Caymmi, a pedido de dona Darcy — "Por que não canta o senhor mesmo?"[406] —, substituiu-a no espetáculo, conforme contou em entrevista:

> Eu fui à costureira e improvisou-se uma roupa de pescador. Arranjou-se um cenário para a ocasião, aproveitando-se o cenário de infinito que estava lá no Municipal, e que é próprio do teatro, [colocaram] uma linha de bailarinas da Dona Clara Korte, professora de dança para jovens da sociedade. Ela improvisou um balé ali para fingir ondas. E eu vinha de pescador, me apoiava numa canoa do cenário e cantava "O Mar". [...] A orquestra de Radamés Gnattali reforçada,

---

*Lucília Noronha era esposa de Miguel Barroso do Amaral, tio de Zózimo, jornalista que marcaria, algumas décadas depois, o colunismo social no Brasil.

uma orquestra sinfônica. Eu ensaiei bastante e cantei com aquela orquestra um número muito bonito ["O mar"]. E depois cantei "O Que é Que a Baiana Tem?", apenas com o violão e uma menina cantando comigo a parte feita por Carmen Miranda.[407]

Na coxia do Theatro Municipal, na noite de estreia, Ary, Lamartine e Caymmi, os três compositores comprometidos com o espetáculo, se encontraram:

> [...] porque um estava com Cândido Botelho, para "Aquarela do Brasil"; o outro estava com Mario Reis para assessorar as duas primeiras audições e o retorno de Mario Reis; e eu estava cantando as minhas duas músicas com motivação, a "Balangandãs" [sic] e mais "O Mar" e, afinal de contas, atuando também como cantor, no palco, vestido a caráter.[408]

O compositor acrescenta: "Antonio Callado, anos depois, me contou que também estava lá pelos bastidores fazendo a reportagem do espetáculo." Descreve ainda o impacto que sentiu com "Aquarela do Brasil", com acompanhamento da orquestra do maestro Radamés Gnattali, também autor do arranjo,* no Municipal na noite do evento:

---

*Sobre o arranjo que Radamés Gnatalli fez de "Aquarela do Brasil", de Ary Barroso, afirma Luís Antônio Giron: "O arranjo de Radamés, copiado das *big bands* americanas da moda, dava aos metais a função de ritmar o samba e — como fazia Xavier Cugat com a rumba — tinha um quê de política de boa vizinhança. Getúlio exultou. Ali estava o prefixo musical de sua administração. E faria de tudo, a partir de então, para divulgá-lo. Internacionalmente" (Luís Antônio Giron, *Mario Reis: o fino do samba*, p. 221). Conforme Luiz Carlos Saroldi e Sonia Virgínia Moreira, "Luciano [Perrone] sugeriu a Radamés dar aos metais uma função rítmica a fim de reforçar o clima necessário às gravações de samba. O exemplo cantarolado pelo baterista seria escrito pelo maestro e gravado nos estúdios da [Rádio] Nacional, embora nunca fosse lançado comercialmente. Trata-se de 'Ritmo de samba na cidade', acetato de 1938, hoje em poder de Luciano Perrone" (p. 43). A novidade, para esses autores, foi incorporada em gravações de artistas da época, por exemplo nos arranjos de "Meu consolo é você" (Nássara e Roberto Martins), gravada por Orlando Silva em 1939, e de "Aquarela do Brasil" (Ary Barroso), tanto para o espetáculo *Joujoux e balangandãs*, com Cândido Botelho, quanto para a gravação do samba por Francisco Alves, também em 1939. Sérgio Cabral entrevistou Perrone: "Íamos, eu e Radamés, andando na Rádio Nacional, em direção à sala do Almirante, quando pedi a ele um arranjo 'diferente' [...]. Expliquei que, se escrevesse o ritmo de samba para os instrumentos de sopro, a minha vida ficaria mais fácil na bateria. [...] No dia seguinte, no ensaio do rádio, os pistons, trombones etc. estavam tocando dentro do ritmo de samba. Nas gravações, porém, o primeiro arranjo desse jeito de Radamés foi mesmo para 'Aquarela do Brasil'" (Sérgio Cabral, *No tempo de Ari Barroso*, p. 182).

[Cândido Botelho] foi achado por Henrique Pongetti, que achou a música de Ari Barroso no Teatro Recreio, que era nada mais nada menos do que "Aquarela do Brasil". E casou muito bem, porque Ary disse: "Oh, esse coqueiro que dá coco, onde eu amarro a minha rede", e aí mostrava a casa-grande e a senzala. É teatral, bonita. As "fontes murmurantes", "Sá dona caminhando [...] o seu vestido rendado", imagens muito brasileiras. Ary foi felicíssimo com isso e ficou aquele quadro, aquele Brasil com cheiro de colônia até o final do Império, aquele Brasil brasileiro. E ficou, do outro lado, o chique da importação européia, o francês.[409]

Além das composições de Caymmi, Ary e Lamartine, Luís Antônio Giron registra que foram apresentadas no palco do Municipal a abertura orquestral "Blues of Hawaii", uma cena de "Arsène Lupin", com Célia Pontes e o embaixador Vasco Leitão da Cunha, e "A viúva alegre", com Nonette de Castro. Alice Gonzaga,* na ficha técnica da Cinédia da versão cinematográfica de *Joujoux e balangandãs* — que apresenta a reprodução dos números daquela noite —, acrescenta ao roteiro da noite: "Boneca de piche" (Ary Barroso), o *fox* sapateado "Gury", com Hélio Manhattan, "La lampe", "Madame espera um chapéu", com a sra. Hugo Pontes, "Muguets de Paris", com Alma da Cunha Miranda, "Nós temos balangandãs",** com Janny Hime, a toada "Yayá Baianinha" (de Humberto Porto), o tango "Nostalgia de Mar del Plata", "Policromia, Quartier Latin, Ritmos bárbaros", um *pot-pourri* que incluía o "Bolero" de Ravel, com a sra. Abiah Carvalho, "Uma semana em tempo de swing", "Soldado" e "Midinette".

Segundo Dorival Caymmi, "a plateia era de locais disputadíssimos, na própria sociedade".[410] Ele recorda as presenças na estreia de

---

*Na mesma ficha técnica consta Dorival Caymmi como autor de "Makuchila". O compositor desconhece essa canção (como comenta em entrevista concedida em 23/11/1999, que não foi gravada). No espetáculo *Joujoux e balangandãs*, assim como no filme da Cinédia de mesmo nome, Caymmi cantou apenas "O mar" e "O que é que a baiana tem?" (Alice Gonzaga, *50 anos de Cinédia*, p. 79).

**Segundo o *Dicionário Cravo Albin de Música Popular Brasileira online*, *Nós temos balangandãs* é uma peça teatral de Costa Lima. Provavelmente, no espetáculo *Joujoux e balangandãs*, foi apresentada uma cena da referida peça. Ver www.dicionariompb.com.br.

Leopoldo Modesto Leal, Lourdes Rosenburgo, Rosinha Mendonça Lima, esposa de Mendonça Lima, ministro de Viação e Obras Públicas, o prefeito Henrique Dodsworth, além, naturalmente, de Getúlio e Darcy Vargas. O governador Benedito Valladares, de Minas Gerais, também estava presente.* Completavam a plateia, além da alta sociedade carioca, ministros, diplomatas estrangeiros e o Estado-Maior do Exército. Estavam ali presentes, portanto, os representantes do poder social, econômico, político e militar do país. Observador atento, o compositor tanto nos reporta o movimento nos camarins aquela noite quanto a curiosidade do povo que se ajuntava à frente do teatro para ver o público chegando, "uma apoteose social":[411]

> Eram pessoas da sociedade que estavam no camarim geral dos rapazes. Então, estavam D. João de Orleans e Bragança, que era um jovem que fez dois quadros em *Joujoux e balangandãs*, que eram uma coisa linda. Um deles era assim: uma gravura de Debret, estática, as atitudes copiadas do desenho do Debret, que eram o escravo, o carregador, o vendedor de coisas. E D. João era um deles. Leopoldo Modesto Leal, outro da sociedade, também figurante aí. [...] a coisa bonita, atraente e fascinante, para mim, foi o teatro por dentro, o camarim, a coxia, o movimento, o serviço de *champagne* correndo por dentro dos camarins, o serviço chique. Era um negócio altamente refinado. O sereno lá fora, o povo na rua vendo entrar, parar aqueles carros e descer aquela gente muito bem-vestida. Era realmente uma coisa gloriosa [...] Como todo mundo fazia questão de ser [figurante]. Eu me senti como apenas um figurante. Eu fui figurante, mas entrei chamando a atenção porque eu entrei como cantor, como a revelação da música popular na época. A sociedade me recebeu muito bem. Eu não era frequentador, mas era uma pessoa requisitada para festas, tive relacionamentos bons.[412]

---

*A presença do governador Benedito Valladares é mencionada na cobertura feita pela revista *A Noite Ilustrada* (sem data) (Giron, *Mário Reis: o fino do samba*, p. 219).

Como bem notou Luís Antônio Giron, "o DIP [sic] estava de olho".[413] Assim, a cobertura do evento pela imprensa foi em sua maioria forçosamente elogiosa. A revista *Ilustração Brasileira*[414] de setembro intitulou o espetáculo "uma grande festa de arte e mundanismo" e, entre as fotos publicadas, está a de Caymmi com a menina vestida de baianinha — à Carmen Miranda — no número "O que é que a baiana tem?". Já para *A Noite Ilustrada* foi um "suntuoso espetáculo" e "uma das mais formosas noitadas sociais entre as que se contam em sua gloriosa crônica na cidade". O jornal *O Globo* de 21 de julho trouxe estampadas, em destaque na primeira página, duas fotografias em que aparecem as bailarinas que encenaram "O mar". A legenda cita a "lindíssima canção de Dorival Caymmi". Com DIP ou sem DIP, o espetáculo terá sempre seu lugar de destaque na história da Música Popular Brasileira pelo retorno aos palcos — ainda que breve — de Mario Reis,* pelas duas canções de Lamartine, por dar destaque à "Aquarela do Brasil", com Cândido Botelho, e por apresentar a inédita canção praieira de Caymmi, que somente seria gravada em 7 de novembro de 1940, pela Columbia. Para Giron, as modulações de "O mar" são "um dos marcos iniciais da liberdade harmônica na Música Popular Brasileira", conforme escreveu no encarte da caixa de discos *Caymmi, amor e mar*.[415]

O filme *Joujoux e balangandãs*, por sua vez, estreou em 1º de dezembro de 1939, no Rio de Janeiro, nas salas São Luiz, Odeon, Roxy e América.** Com 75 minutos de duração, foi dirigido por Amadeu Castelaneta e produzido por Ademar Gonzaga, da Cinédia. Caymmi considera Castelaneta "cultíssimo e dinâmico", e conta sua surpresa quando

---

*Além desse primeiro retorno artístico em 1939, Mario Reis voltaria a gravar em 1951, 1960, 1965 e 1971 — neste ano, o cantor se apresentou no Golden Room do Copacabana Palace —, sem, contudo, retomar a carreira. Conferir, de Jairo Severiano, *Uma história da Música Popular Brasileira: das origens à modernidade*.
**Em São Paulo, o filme *Joujoux e balangandãs* foi lançado em 4 de dezembro, nas salas Art-Palácio, Rosário e Odeon.

ele se propôs — olha só, pasmem! — a botar em filme *Joujoux e balangandãs*. E correu com aquela gente toda, começou a juntar toda a gente da sociedade que participou, infiltrar com artistas, com figurantes, para fazer o *Joujoux e balangandãs* em cinema. E não é que conseguiu? Certamente houve falhas e desencontros, não é? Mas a minha parte, eu louco para participar, estava lá, acompanhei muita coisa.[416]

O *Jornal do Brasil* de 2 de dezembro publicou a crítica de Mário Nunes que, apesar do tom cuidadoso, recomendava: "Não seria lícito esperar muito, consequentemente, de artistas que pela primeira vez se viam diante de uma câmera."[417] Nunes pede, assim, indulgência do público, argumentando o amadorismo do elenco, mas sem deixar de apontar as falhas do filme como a falta de ligação entre os quadros, ausência de dinamismo, som deficiente. Entretanto, elogiou a fotografia, os cenários e a seleção musical.

Não foram só dona Darcy e, por assim dizer, o Estado Novo a requisitar Dorival Caymmi para seus objetivos. Uma parcela da *intelligentsia* da época, entre Rio de Janeiro e São Paulo, também se aproximou do compositor, tentando atraí-lo indiretamente para a "causa comunista", ainda que simpatia e afinidades fossem a tônica no cardápio das novas amizades. Era representada, especialmente, por Jorge Amado, Carlos Lacerda (ainda na esquerda no período, mas às vésperas da sua guinada política para a direita), Samuel Wainer, Moacir Werneck de Castro, Clóvis Graciano, Octávio Malta, Emil Farhat (pai do jornalista e crítico de música Tárik de Souza), Danilo Bastos, Brício de Abreu, entre outros. Caymmi os conheceu, em sua maioria, no ambiente boêmio dos bares do centro da cidade, como o Bar da Brahma, na Galeria Cruzeiro, reduto de jornalistas de esquerda. Sobre sua ligação com eles, explicou:

> "[...] minha envolvência [sic] não era política, era apenas uma envolvência de amigo, de admirador, e lidava com intelectual, publicidade, rádio, comunicação, que era a minha profissão, cantor e compositor. E lidando com o que eu gostava: imprensa. Gostava não, gosto".

Mas então havia aquela coisa, aqueles ataques, umas certas malcriações. Eu não achava isso bonito. Eu não fui envolvido em política exatamente porque primeiro eu não era idealista político, idealista partidário eu quero dizer.[418]

Do grupo, foi com Jorge Amado que Caymmi estabeleceu amizade mais profunda, que os uniu até a morte do escritor em 2001. Tinham muitas afinidades e a maior delas, sem dúvida nenhuma, era a Bahia, tema principal da obra de ambos. Quando se conheceram, Jorge Amado era redator-chefe das revistas *Dom Casmurro** e *Diretrizes*** e estava no Rio de Janeiro desde 1929:*** "Jorge Amado eu conheci apresentado nesse ano, em 39, não me lembro por quem, na altura entre o bar do Café Belas Artes e o Café Nice, na rua. Eu não conhecia Jorge Amado. Vim conhecer em 39, por ali pela avenida Rio Branco", relembra Caymmi.[419] E completa:

> Em seguida, os encontros foram certamente no nosso ambiente. Eu não sabia onde ele morava, ainda. Mas ele sabia que eu morava numa pensão de estudantes da rua São José, bem no Centro. E todos os dias eu estava nos mesmos pontos, na rua do Ouvidor, [na rua] Gonçalves Dias, estava no ambiente musical que era a Casa Nice [sic] e o Trianon defronte, estava no Metrópolis, onde iam os jogadores de futebol. Os pontos eram por ali. Então todo mundo se encontrava todo dia.[420]

---

*"A revista *Dom Casmurro*, sob a direção de Álvaro Moreyra e Brício de Abreu, que circulou de 1938 a 1944, é considerada, ainda hoje, 'umas das mais importantes publicações literárias do país'." Ver http://www.apodi.info/index.php?option=com_content&task=view&id=1370&Itemid=1.

**Fundada por Samuel Wainer e Azevedo Amaral, "A revista *Diretrizes* surgiu em 1938, com uma linha editorial voltada para a área de política, economia e cultura, em pleno Estado Novo. Foi contemporânea da revista *O Cruzeiro* dos Diários Associados, de Assis Chateaubriand. O jornalista Samuel Wainer foi também fundador, em 1951, do jornal *Última Hora*, um marco na história da imprensa brasileira" (http://www.intercom.org.br/boletim/a03n71/agenda_wainer.shtml, Samuel Wainer, *Minha razão de viver*, p. 49).

***Em fevereiro de 1931, Jorge Amado "passa no vestibular [sic] da Faculdade de Direito da Universidade do Rio de Janeiro como um dos primeiros colocados" (Rosane Rubim e Maried Carneiro, *Jorge Amado: 80 anos de vida e obra. Subsídios para pesquisa*).

A revista *Diretrizes* fora fundada em março de 1938 por Samuel Wainer e Azevedo Amaral, que "tinha estreitas ligações com o DIP".[421] Contudo, o conteúdo da revista não estava livre da "censura prévia"[422] do órgão. Como no conselho editorial da revista "figuravam nomes como Astrogildo Pereira, um dos fundadores do PCB, e Graciliano Ramos, um opositor histórico do Estado Novo",[423] Wainer tomou o cuidado de convidar também a participar dele "a poetisa Adalgisa Nery, casada com Lourival Fontes, o todo-poderoso do DIP".[424] A redação da revista contava com escritores como José Lins do Rego, Rachel de Queiroz, Aníbal Machado e Rubem Braga, além de Graciliano Ramos e Jorge Amado como redator-chefe. Sobre seu trabalho à frente da *Dom Casmurro* e da *Diretrizes*, Amado escreveu:

> (*Rio de Janeiro, 1939 — urca*)
> Tempos bicudos, pobre de Jó, sou redator-chefe de *Dom Casmurro*, semanário de literatura, espécie de *Nouvelles Littéraires* traduzidas em brasileiro por Brício de Abreu, bon-vivant com muitos anos de Paris, o cargo não me rende vintém furado. Tampouco o de redator de *Diretrizes*, na primeira fase da revista de Samuel Wainer. Vivo de biscates. A ditadura do Estado Novo fecha-me as portas, dificulta as oportunidades de trabalho [...].
> Tempos difíceis, nem dinheiro, nem democracia, apesar disso fazíamos a festa e enfrentávamos o Estado Novo, éramos jovens, insolentes.[425]

À redação de *Diretrizes*, foram se juntar Osório Borba e Octávio Malta. Em suas memórias, Samuel Wainer conta que "só vinte anos mais tarde Otávio Malta me faria uma revelação da maior importância: ele fora enviado da Bahia para o Rio com a incumbência de assegurar para o PCB o controle da *Diretrizes*".[426] Àquela altura, já no segundo número, a revista havia se transformado em um reduto de opositores do Estado Novo. Foi quando Caymmi passou a frequentar o grupo, como relata Samuel Wainer:

> Essa miopia política, que me ofuscava a visão de coisas óbvias como a presença do PCB no cotidiano de *Diretrizes*, tem causas facilmente identificáveis. Eu estava deslumbrado com a constatação de que tivera acesso ao clube dos intelectuais como Jorge Amado, Zé Lins, Graciliano, Rachel de Queiroz, José Américo de Almeida, Érico Veríssimo. Participava de rodas animadas pelas músicas de Dorival Caymmi, que chegara ao grupo pelas mãos de seu amigo Jorge Amado. Sentia-me honradíssimo por tantos privilégios.[427]

Se Samuel Wainer, jornalista já com alguma experiência adquirida por sua passagem pelas publicações *Revista Brasileira* e *Revista Contemporânea*, estava deslumbrado com os luminares da esquerda que faziam parte da redação da *Diretrizes*, o que dizer do jovem Dorival Caymmi?

> Eu comecei a ver gente de jornal, encontrar mais os intelectuais na rua, fazer amizade. [...] Jorge me apresentava: "o rapaz que canta coisas da Bahia", aí fui entrando no meio de intelectuais [...] tinham um ponto que era [...] a Galeria Cruzeiro, ponto nevrálgico da vida carioca. Então, ali toda tarde você fatalmente encontrava essa gente e, à boca pequena, sempre discutia política.[428]

Com simplicidade, Caymmi explicou sua relação com tantos comunistas na época, mostrando que o que mais o atraía eram a inteligência e a cultura do grupo: "As melhores cabeças estavam lá", dizia com simplicidade. Em outra entrevista esclareceu:

> Eu me integrei sempre com o que havia de mais intelectual aqui no Rio e forçosamente tinha que cair no Partido Comunista, porque a maioria em evidência eram todos comunistas. Era um comunismo atuante. Não era radical, não era um comunismo de fancaria, era um negócio idealista, com idéias muito bonitas para o desenvolvimento da cultura do povo.[429]

Sobre comunismo, o baiano trazia a visão do pai, Durval Caymmi, "que tinha horror disso", além da perseguição aos comunistas empreendida pela polícia baiana:

> Então, eu comecei a viver naquela roda e fiquei até identificado, porque era uma roda que falava de uma literatura mais moderna, falava em ideário, de idealismo, coisas muito saudáveis, não tinha aquele comunista pregado por papai, de cabeça feita por agentes anticomunistas certamente, porque sempre houve. Eu achei muita diferença no que papai tinha medo na Bahia do que a realidade jovem do Rio de Janeiro. Então eu fiquei muito ligado. Não freqüentei Partido Comunista, não era comunista de carteirinha.[430]

Caymmi, ainda na Bahia, teve uma experiência divertida do "comunismo" de Pedro Rego, uma figura que mais parecia um personagem saído de um romance de Jorge Amado:

> Então, depois de você mexer na política, me pareceu mais dentro do essencial à sobrevivência do homem numa certa época foi o comportamento do homem comunista, que falava denso: "Temos que dar condição de vida, temos que dar isso...". Quer dizer, pela primeira vez eu vi dito isso, não pelo sacerdote, no sermão, nem pelo proclamador de coisas e tal na praça, embiritado ou maluco. Sempre tem uma coisa de gente desse tipo na rua, às vezes um filósofo, como Pedro Rego, um que eu conheci que criou a "teoria do nosso", o "nossismo". Uma vez ele chegou para mim e para um colega, um camarada que estudava medicina, que vivia por ali, com um ar muito malandro ele arrumou os cabelos grisalhos [...], de olhos travessos, ele disse: "Acabei de nossificar 5 mil-réis de fulano ali." Para uns ele era maluco, para outros, divertido. Mas ele era um filósofo da "teoria do nosso", esse negócio de "o que é meu, é seu, então leva". E se isso pertence tanto a você quanto a mim, então é nosso. Ele não tinha nada de vestir e não queria nada dos outros exclusivamente. Eu sempre achei linda essa teoria do Pedro Rego. Ele sabia que todo estudante tem mesada, e o melhor lugar para praticar o nossismo era nas mesadas.[431]

O compositor, de fato, não exerceu uma militância de esquerda propriamente dita, mas, a convite de amigos como Jorge Amado e o pintor Clóvis Graciano, teve participações esporádicas em alguns episódios importantes, que lhe renderam até uma intimação para comparecer à polícia. Explica que "nessa ocasião, já havia uma política de perseguição muito violenta, do regime, ditadura [...]. Jorge era marcado já como comunista, Carlos Lacerda, Octávio Malta, Samuel Wainer, Emi Fonseca..."[432] também. Relembra a gostosa conversa de final de tarde com os amigos na redação da *Diretrizes*, o fascínio que o comunismo exercia sobre os jovens, o contato que teve com defensores da monarquia, dando uma ideia do clima geral da época:

> Então era o cigarro, a máquina de escrever, um símbolo manjado, e [a revista] *Diretrizes*... Um bom lugar para entrar de tarde, de repente, sem direito a café nenhum, mas só o papo valia. Bom, o Jorge Amado, sempre ameaçado de ser preso, e gostando — dava uma certa admiração pela perseguição. Naqueles tempos isso dava um certo vigor ao ideal. Bom, então eu vivia nesse meio também, como em outros meios radicais, de outras posições políticas. Teve época de eu conviver com monarquistas da barra pesada, eu me dei com dois, pessoas de pouca relação, devido ao tempo e espaço, mas foi lindo assim. D. João de Orleans e Bragança, da minha faixa de idade e que não tinha nada de monarquista, nem falava em monarquia. Na família, tinha um que dizia assim: "Os princípios da monarquia são necessários por isso e isso." Tinha essa coisa assim muito fora de moda, mas nos outros princípios políticos, mais modernos, tinha mais debatedores. O comunismo tinha essa graça, o encanto de ser escondido, o cobiçado por ser escondido, tinha o risco de ser preso. Aquela coisa: "Olha, espalha, espalha que sujou o negócio aí e o cara aí não é...". Isso funcionando entre a Livraria São José, a José Olympio, a Freitas Bastos, a Lapa, a Cinelândia, o Lamas [...], a [sic] [Bar da] Brahma ali.[433]

Caymmi chegou a passar um fim de semana com o grupo, que era muito unido, em Quindins, fazenda da família de Lacerda em Vassouras, onde o jornalista se refugiava. Foi nessa ocasião, em que estavam reunidos, além de Lacerda, Jorge Amado, Octávio Malta, Samuel Wainer e Caymmi, que o compositor fez "Beijos pela noite", uma música com letra de Amado e Lacerda. Jorge Amado compôs a letra do refrão:

> Aqui
> O teu corpo nos meus braços
> Nossos passos pela estrada
> Nossos beijos pela noite
> E a lua
>
> Pelos campos minha amada
> Pelos bosques, pelas águas
> Acompanha o nosso amor

E Carlos Lacerda fez as duas estrofes seguintes:

> Hoje já passado tanto tempo
> Pela noite escura e triste
> Pelas frias alamedas
> A chuva apaga a marca dos teus passos
> No caminho abandonado
> A saudade é o meu luar
>
> Um dia sentirás a mocidade
> No teu corpo fatigado
> Da saudade dos caminhos
> E então sob a lembrança dos meus beijos
> Nosso amor adolescente
> Poderá recomeçar[434]

O apreço que Caymmi tinha por eles era profundo e duradouro, mantendo-se por toda a vida do compositor. Tanto que convidou Jorge Amado e Samuel Wainer para serem testemunhas no seu casamento civil com Stella Maris — eles não tiveram na época condições financeiras para um casamento religioso, que só foi realizado em 1954 —, e sempre deram aos dois amigos o status de padrinhos (Jorge autoproclamou-se padrinho da mulher do amigo). Ele comentava, admirado, a amizade que havia entre eles: "Quando você vê a união que havia entre Carlos Lacerda, Samuel Wainer, Jorge Amado!"[435]

Para surpresa e pesar de Caymmi, o grupo se separou. Ele testemunhou a reação dos amigos à mudança política para a direita de Carlos Lacerda. Recorda o clima radical da época: "Quem não era comunista era malvisto, porque os intelectuais, na grande maioria, eram assim, e apelidavam logo quem não era, botavam logo um rótulo: era um reacionário."[436] De acordo com Caymmi, "os que são de direita foram de esquerda alguma vez. [...] E vice-versa. Aí é que você vê a coisa engraçada. É muito bom ser espectador disso, não é?"[437], refletiu o compositor, que narra o ocorrido:

> [...] de repente surgiu um negócio que me deu um choque: começaram a chamar Carlos Lacerda de cor-de-rosa. Ele seria vermelho, um homem de esquerda, como a maioria daquele grupo. Então, logo em seguida, Carlos Lacerda iria trabalhar numa revista de negócios, [...] que era o termômetro das finanças, chamada *Observador Econômico* [sic], de [...] Valentim Bolsas, [...] portanto um homem capitalista. [...] Quer dizer, estava mudando o rumo. [...] Mudou de opinião. Mudou. [...] com as razões dele essas coisas que eu nunca participei. [...] Me pareceu uma atitude sólida, escolhida, é um caso de esolha [...] você pode mudar de opinião [...]. Eu comecei a ver [sic] um certo ti ti ti nos pontos da Brahma [o bar]. O grupo foi se dissolvendo. A partir da atitude de Carlos Lacerda, segundo eles. Começou cada um a tomar uma posição política, cada qual a mudar de idéia, tomar um destino. É natural, não!? Só havia crítica [da parte do grupo de esquerda]. O negócio era mais para crítica: "Ah, isso aí é um cor-de-rosa." Isso eu ouvia em toda parte. Inclusive de um amigo nosso médico, pessoa íntima. [...] E eu dizia assim: "Viana, eu não posso falar de Carlos Lacerda porque além de ter admiração por ele como carioca, como homem que gosta do Rio de Janeiro, a convivência minha com ele foi a mais agradável possível, com ele, com Ziloca, e vi, de certa forma, o Serginho crescendo." Então, eu fiquei numa situação assim: eu não podia perder a amizade do Carlos Lacerda, não podia perder a amizade do Otávio Malta. E acabei procurando saber com quem eu devia falar, sem botar o nome de um ou de outro no meio.[438]

De fato, de acordo com Maurício Dominguez Perez,[439] "em 1945, com a publicação de um artigo na revista *Observador Econômico e Financeiro*, considerado pelo comitê central do PCB crítico à causa, Lacerda é acusado de traidor e rompe com o comunismo".[440] Em entrevista, Caymmi deixa clara a sua posição: "Direita ou esquerda, eram pessoas confiáveis. Tanto que eu não abri mão da amizade de nenhum deles."[441] Na opinião de Caymmi, "esse negócio todo político resultou muito bom. Jorge Amado evoluiu muito como escritor. Lacerda fez uma carreira muito bonita ao lado da direita e chegou a governador. Samuel Wainer chegou a diretor de um jornal muito importante, como o *Última Hora*, diretor-proprietário". No mesmo ano de 1945, Caymmi foi convencido por Clóvis Graciano e Jorge Amado, em São Paulo, a compor o hino da campanha de Luís Carlos Prestes ao Senado:

> Esse hino eu fiz em São Paulo, na casa de Clóvis Graciano, e tinha caráter político, a pedido do grupo que estava em volta de mim: "Faça aqui a música, com uns versos que digam que é uma campanha para Luiz Carlos Prestes para senador." E eu fiz aquilo com isenção, porque fiz a pedido de amigos — "Vamos votar, em Prestes votar, no Partido Comunista" (canta). Muito bem, fiz para agradar a Clóvis Graciano, Jorge Amado, e fulano, beltrano, enfim... Sem esquecer o nome de Moacir Werneck de Castro.[442]

A letra do hino foi composta por Jorge Amado. Zélia Gattai, presente à reunião, comentou em entrevista: "Dorival Caymmi não era um homem político, nunca foi. Ele era um amigo. Então, Jorge, naquele entusiasmo das passeatas e das reuniões, carregava Caymmi."[443] O compositor fez uma marchinha naquela mesma noite, que Zélia guardou de cor:

(Ai Maria! Ai Maria!)*
Vamos votar
Em Prestes votar [refrão]
No Partido Comunista
Para todos terem terra
E o pão de cada dia
Para o povo liberdade
Para o Brasil democracia
[refrão]
Ordem e tranquilidade
Progresso e democracia
Para o povo igualdade
O Partido é o nosso guia[444]

Jorge Amado e Clóvis Graciano não pararam por aí. Carregaram Caymmi para cantar o hino em um comício em São Miguel Paulista. Eles estavam engajados na campanha de Prestes ao Senado e, além de São Miguel Paulista, haveria comícios importantes em Piracicaba e Campinas. Jorge Amado também estava concorrendo a uma vaga para deputado constituinte na mesma eleição. Caymmi recorda:

> Eu me lembro de um comício que nós falamos. Até eu falei. Sobre operários, em São Miguel Paulista. Falei e o padre vinha com a procissão imensa para acabar com o comício. O padre vinha assim: "Da nossa fé, ó Virgem/ O brado abençoai."** Para tumultuar o comício.[445]

Com tantos amigos e participação em atividades comunistas, o compositor não escapou da mira da polícia. Jorge Amado havia, ainda no início de 1945, incluído o compositor na delegação baiana do 1º

---

*Trecho acrescentado depois por Jorge Amado.
**"Queremos Deus", canto religioso da fé católica à Nossa Senhora.

Congresso dos Escritores, no Theatro Municipal, em São Paulo. Além de presidente da delegação, Amado havia sido eleito vice-presidente do congresso. Segundo Rosane Rubim e Maried Carneiro, "o congresso resulta numa manifestação democrática contra a ditadura Estado-novista. [Jorge Amado] É preso por pouco tempo junto com Caio Prado Junior".[446] Logo que retornou ao Rio de Janeiro, Caymmi foi intimado a comparecer à polícia: "Eu estive na polícia. Eu, Portinari, Carlos Drummond de Andrade. Fui inquirido na polícia."[447] Lá, foi interrogado pelo temido Cecil Borer (Cecil de Macedo Borer). Em entrevista, Caymmi reproduz o episódio:

> Cecil Borer perguntou: "O senhor esteve na reunião da Fazenda da Floresta?". Eu digo: "Não, senhor." "Mas aqui tem um retrato seu. O senhor não está aqui? O senhor não esteve nessa festa?". Eu digo: "Aqui não. Mas esse aqui, na outra fotografia, sou eu."[448]

Caymmi apontava para uma fotografia que havia tirado no 1º Congresso dos Escritores, em São Paulo, fato que também o comprometia. Caymmi tratou de se defender:

> "Mas eu não sou do Partido Comunista, não tenho carteira, não sou filiado." Aí o Cecil Borer, que era um polícia violento, conhecido, me disse: "Não quer ser lobo, não lhe vista a pele. Como quem diz: "Se você não quer ser comunista, por que é que anda metido no meio?"[449]

O sogro e o cunhado do compositor trabalhavam na época na polícia civil e procuraram ajudá-lo. Stella conta a angústia que viveu: "Meu pai, que era investigador da polícia civil, ficou apavorado do nosso relacionamento com pessoas do Partido Comunista."[450] Ao final nada de pior aconteceu além do interrogatório, mas foi uma clara advertência de que a polícia estava de olho em seu relacionamento com comunistas.

Além de "Beijos pela noite", que contou também com Carlos Lacerda, Caymmi compôs mais seis músicas com Jorge Amado:* "É doce morrer no mar" (inspirada em versos do romance *Mar morto*, do escritor),** "Cantiga de cego", "Canto de obá", "Retirantes" — as três últimas compostas em 1947 para a adaptação teatral de *Terras do sem fim*, também do escritor—;*** "Hino da campanha de Prestes"; "Modinha para Tereza Batista". Foi Jorge Amado, junto com Clóvis Graciano, quem convenceu o compositor a publicar, em 1947, um livro com as suas músicas,**** *Cancioneiro da Bahia*, pela Livraria Martins Editora — o primeiro fez o prefácio***** e o segundo as ilustrações. Caymmi conta como tudo começou em entrevista para sua biografia de 8 de agosto de 1992:

> Só fui induzido por Jorge muitos anos depois, já em [19]47, quando me sugeriram (não foi ele o primeiro), alguém me sugeriu fazer um cancioneiro, uma coletânea das minhas canções. Porque achavam a poesia de "O mar" bonito [sic]. O Jorge foi logo no editor dele e me convenceu de que era uma ideia boa, que patrocinava aquilo, que influenciava e tal.[451]

---

*Ainda há a participação de Caymmi na "ilustração musical" do longplay *Canto de amor à Bahia e quatro acalantos de Gabriela, cravo e canela*, de Jorge Amado, pela gravadora Festa, com foto de Pierre Verger na capa, lançado no memorável ano de 1958, conjuntamente ao concorridíssimo lançamento do romance *Gabriela, cravo e canela*, do escritor. O lançamento no Rio de Janeiro foi na Livraria São José, com ambos, Caymmi e Amado, autografando juntos o LP, com a presença, entre outros, de Gilberto Freyre, Di Cavalcanti, Manuel Bandeira, Marques Rebelo, Oscar Niemeyer, além do cineasta francês Marcel Camus. Sem mencionar as inúmeras composições de Caymmi para a teledramaturgia e o cinema baseadas ou inspiradas nos romances de Jorge Amado — que exigia sempre composições do baiano, inéditas ou não — na TV Globo, a partir dos anos 1970.
**Sobre o episódio em torno da composição "É doce morrer no mar", em que estavam presentes Érico Verissimo, Moacir Werneck de Castro, Octávio Malta, Clóvis Graciano, além de Jorge Amado. Stella Caymmi, *Dorival Caymmi: o mar e o tempo*, p. 192-193.
***Ver artigo da autora a esse respeito em "A parceria musical de Dorival Caymmi e Jorge Amado na adaptação teatral do romance *Terra do sem fim*", in *Colóquio Jorge Amado: 70 anos de "Mar morto"*, p. 77-94.
****Na primeira edição do *Cancioneiro da Bahia*, de 1947, havia sessenta músicas de Dorival Caymmi. Não entraram nessa relação "Beijos pela noite" e "Hino da campanha de Prestes".
*****Além do prefácio, foi Jorge Amado quem redigiu os textos atribuídos a Caymmi nos comentários que acompanhavam cada música apresentada no livro, a partir da sua própria experiência como baiano e, talvez, de depoimentos dados pelo compositor, assim como a divisão das canções, ora temática, ora por gêneros musicais.

Em outra entrevista, datada de 23 de junho de 1993, o compositor afirma que na época aceitou fazer o *Cancioneiro da Bahia*, mas "sem muita convicção": "Fui e aceitei [...] porque editei o que se chamou de *songbook*, com prefácio de Jorge Amado e por solicitação de Clóvis Graciano, da Livraria Martins Fontes, de São Paulo, nasceu um livro de canções."[452] Na crítica que escreveu sobre o livro para o jornal *O Estado de S. Paulo*, em 27 de novembro de 1947, o ensaísta e crítico Sérgio Milliet aproveitou para assinalar a atração que Caymmi exercia sobre os intelectuais:

> O cantor baiano, que conquistou o grande público, mas também bom número de intelectuais, sabe principalmente escolher seu repertório. No folclore da "boa terra" é que ele o tem encontrado mais amiúde. O tema principal é desenvolvido pelo compositor com exata compreensão do espírito de sua terra, com uma simpatia que nada esquece e uma acuidade que seleciona sem hesitações o mais característico.

Dorival Caymmi atraiu também para si outra roda bastante diversa, mas tão animada quanto, a que cercava o milionário Carlos Guinle, que, além de empresário, era um aficionado do jazz e da música de concerto, mantendo em sua casa não só um moderno estúdio para escutar as preciosidades que tinha em sua discoteca, como um piano para as famosas *jam sessions* que oferecia. De acordo com o jornalista Brício de Abreu, Guinle foi o primeiro a popularizar as *jam sessions* em terras cariocas, que, além de Caymmi, atraíam o pianista Jacques Klein, Hugo Lima, Cid Perry de Almeida, entre outros amigos do empresário. Na já mencionada entrevista que concedeu a Paulo Mendes Campos, com fotografias de Darwin Brandão, o compositor revelou sua admiração pelo jazz:

> — E você gosta de jazz?
> — Muito. Não há nada mais puro e espontâneo em nosso tempo do que o jazz. Amo no jazz a improvisação, o virtuosismo instrumentista e a criação. O jazz é, a meu ver, a expressão musical mais forte do meu tempo.

— Suas predileções?

— Para mim, o maior é Jelly-Roll Morton. Vou até Fats Walter e Louis Armstrong.

— E o be-bop?

— De be-bop não gosto. É uma espécie de "dadaísmo" musical.[453]

Além da música, Caymmi e Guinle tinham em comum a paixão pela pintura e pelo mar — e, por que não dizer, pelas mulheres. Eles se conheceram em 1944 durante a temporada de *Jangadeiros*, show que o compositor estrelou no *grill-room* do Cassino do Hotel Copacabana Palace — que pertencia à família de Guinle —, com base em suas canções praieiras. A forte amizade que os uniu só não durou tanto quanto a de Caymmi com Jorge Amado porque o empresário morreu precocemente, aos 36 anos, em 1955, em Roma. Como já foi dito no capítulo 2, ambos foram parceiros em sete músicas, todas da vertente urbana do compositor, ou fase carioca, como preferem alguns — ou ainda, como classifica Jairo Severiano, a fase dos "requintados sambas-canção".[454] Os dois assinaram canções que se tornaram clássicos, como "Sábado em Copacabana", "Valerá a pena", "Não tem solução", "Tão só", "Ninguém sabe", "Você não sabe amar" e "Rua deserta", as duas últimas com Hugo Lima. A parceria foi alvo do humor ácido de Stanislaw Ponte Preta (Sérgio Porto), que dizia que Caymmi entrava com letra e música e o *playboy* com o uísque. O próprio Caymmi deu margem a dúvidas quando declarou: "A verdade é que Carlinhos não fez nenhuma dessas músicas. Eu queria mesmo era homenageá-lo."[455] Em outra entrevista, afirmou: "Eu não sou de parceria, eu dei parceria a Carlinhos Guinle por amizade, por carinho."[456] Não se sabe realmente em que medida Guinle participou da parceria, mas é de supor que o empresário tenha colaborado com a letra das canções. Sua empolgação e empenho na parceria ficavam evidentes quando, em carta a Caymmi, enviada de Nice, na França, de 27 de maio de 1951, pergunta: "Você gostou do nosso samba 'Você não sabe amar'? Que tal a gravação, fez sucesso?" — Guinle se referia à gravação que o cantor carioca Francisco Carlos fizera da canção, em 78 rpm, pela RCA-Victor. Na mesma carta, procura orientar Caymmi a respeito do interesse da Editora Irmãos Vitale em suas músicas:

> Eu sei que o negócio do Vitale talvez seja melhor na volta, mas te peço para separar todos os contratos e obrigações tuas para mostrar a um advogado, até melhor, se quiseres depois de ter os contratos em mão telefona ao Celso Rocha Miranda, meu sócio, ele sempre está a par de tudo (é como irmão) e ele poderá mostrar aos advogados para darem um simples parecer no caso, isto já é meio caminho andado e não te obriga a nada.

Apesar do enorme sucesso obtido, a chamada fase urbana de Dorival Caymmi, iniciada em 1947 com "Marina", a parceria de Guinle em muitas das suas composições do período recebeu críticas de forte cunho ideológico, como se verifica no artigo[457] que Arnaldo Câmara Leitão, jornalista de São Paulo, escreveu na coluna "Rádio Show":

> Outra particularidade, tristemente notória no atual Caymmi, são alguns de seus últimos sambas. Parece que as aristocráticas boemias, em que o compositor tem andado de tempos para cá, estão influindo negativamente em sua produção. Dorival Caymmi está se afastando do povo. Mormente os sambas-canções tipo dos feitos em parceria com o milionário Guinle, românticos, sofisticados e burgueses, traduzem um estado mental suficiente e acomodado, completamente ao inverso daquele que gerou páginas admiráveis, já integradas em definitivo no melhor cancioneiro nacional, que narram a luta e o sofrimento do nordestino do mar e da cidade. Mas, claramente, esse será o tributo pago às reportagens publicitárias valorizadoras, ao champanha e whisky das mansões confortáveis, aos cruzeiros marítimos de iate etc. Ou será que um dos até agora compositores populares máximos do país atingiu o saturamento criador?[458]

Em 21 de setembro de 1950, na revista *Radar*, foi a vez da jornalista Isa Silveira Leal investir contra os modernos sambas-canção de Caymmi: "Não é no ambiente artificial de uma boate que se criam coisas como 'É doce morrer no mar'." A jornalista criticava expressões e frases (contidas nas letras) de suas músicas recentes como "não tem solução" e "convém a nós", que considerava frias, e pedia: "Caymmi, por favor, não se transforme! Continue aquele mesmo poeta que já estávamos acostumados a admirar." Como se viu anteriormente, "Não tem solução" era o título de uma de suas parcerias com Guinle; entretanto, a outra frase, "convém a nós", pertencia a "Nunca mais", música unicamente de Caymmi:

> Eu queria escrever
> Mas depois desisti
> Preferi te falar
> Assim a sós
> Terminar nosso amor
> Para nós é melhor
> Para mim é melhor
> Convém a nós
> Convém a nós...
> Nunca mais vou querer o teu beijo
> Nunca mais
> Nunca mais vou querer teu amor
> Nunca mais
> Uma vez me pediste sorrindo
> Eu voltei
> Outra vez me pediste chorando
> Eu voltei
> Mas agora
> Eu não posso
> E nem quero
> Nunca mais
> O que tu me fizeste amor
> Foi demais
> O que tu me fizeste amor
> Foi demais*

---

*A letra de "Nunca mais" foi transcrita da gravação feita por Dorival Caymmi no LP *Sambas de Caymmi* (1955), Odeon, faixa 3.

Mas não há o que duvidar, tratava-se de patrulha ideológica e a crítica tinha endereço certo: o grupo de Carlinhos Guinle. Chico Buarque comentou, em entrevista, sobre a natureza das relações de amizade que Caymmi e Tom Jobim mantinham com esquerdistas, muitos deles famosos:

> Eu não misturo essas coisas. Isso não faz a menor diferença. Nunca fez. Musicalmente eu convivi com quem? Com Tom. O Tom é um tipo Caymmi. Eles tinham vários amigos comunistas, sem serem comunistas. Tom até se divertia.[459]

Guinle, quando se preocupou em dar uma assessoria jurídica a Caymmi, sabia o que estava fazendo. A relação com as editoras de música era bastante assimétrica, o lado mais fraco pendendo para o compositor. Foi na época da publicação do *Cancioneiro da Bahia*, em 1947, que Caymmi sentiu na pele o poder das editoras de música. Mas, desde 1939, como foi mencionado, o baiano já se engajara na luta pelos direitos autorais. Ele se surpreendeu com a lei que o impedia de publicar no *Cancioneiro da Bahia* a partitura completa das suas composições acompanhando as respectivas letras. Na entrevista a seguir, comenta as dificuldades que enfrentou para defender seus direitos de autor:

> Os editores [de música] não me deram direito de publicar a música, alegando direitos exclusivos de editar, porque a letra pode, a música não. Até 4 compassos pela lei pode; então botava os 4 primeiros, não escritos por mim, atribuídos a terceiros. Era a convenção de ideias, nessa hora alegava-se uma porção de coisas. E eu já sentia coisas na minha profissão. Por exemplo, meu editor tirava 30% do direito da música a título de divulgação. Mas ele não tem poder de divulgação nenhum. Ele vende a da [*sic*] música papel nas lojas, distribui nas lojas de música, Casas Werner, Melodia... Divulgação quem faz é o cantor, é o Sylvio Caldas, é o Orlando Silva, é a Carmen Miranda, Carlos Galhardo, é o-não-sei-o-quê. Por que o direito? Aí começou a ficar o lado político por aí. Eu digo: "Ah, não é justo." Tanto que a classe

foi lutando para se descobrir que nós não tínhamos uma defesa, uma sociedade de defesa do nosso direito de compositor popular. Quem conseguia algum dinheiro eram os que tinham privilégios, como, vamos dizer Ary Barroso, Lamartine Babo, Joubert de Carvalho, Freire Júnior, homens ligados ao teatro e à música [...]. Então, esses tinham acesso à Sociedade de Autores Teatrais, onde se conseguia o obséquio, o favor de ceder algum dinheiro. Eu soube disso ao chegar. Então, sem conhecer, eu comecei a entrar na luta de formar-se o grupo de compositores para fundarmos a Associação Brasileira de Compositores e Autores — ABCA. Pra gente lutar contra o monstro maior que nos perseguia, incomodava, mas não pagava, não era obrigado a pagar. Era a atual SBAT. Mas que nos ajudou muito. E também a disposição, porque Ary Barroso estava habituado com o teatro, Lamartine Babo com o teatro, Freire Jr. com o teatro, Joubert de Carvalho habituado com o teatro, e então aceitaram pertencer a um grupo que eles denominaram... um departamento de compositores dentro dos teatrais, compositores de música popular. [...] E nós fundamos a ABCA, que virou a UBC, que está aí até hoje.[460]

Caymmi, entretanto, saiu vitorioso em uma queda de braço com a editora de música Mangione (E. S. Mangione). Ele conseguiu que a editora prestasse contas tanto sobre seu contrato de edição quanto da administração de suas obras, conforme relatado em sua biografia:

> A Mangione jamais lhe prestara conta das vendagens de partituras suas para piano e orquestra, ou da utilização de músicas suas em filmes, ou mesmo pagou a parte que cabia ao compositor pela cessão de suas obras para os catálogos da firma norte-americana Robbins Music Corporation e da firma argentina Ediciones Internacionales Fermata.[461]

O artista entrou em acordo com a editora e permaneceu na casa. Em entrevista de 23 de novembro de 1999, Caymmi não se recordava da música que teria motivado a ação. A história foi publicada em jornal com o título "A editora não prestou contas ao compositor — Dorival Caymmi teve ganho de causa na Justiça — prazo fatal assinado à empresa-ré":

> É autor da demanda o compositor Dorival Caymmi, que, em sua petição, pede seja a editora compelida a prestar contas do contrato de edição e administração de suas obras. Salienta, outrossim, que a ré [Editora Mangione] jamais lhe [Caymmi] apresentou minúcias relativas à variação de preços da vendagem de piano e orquestração, comprovantes dos recebimentos feitos em fábricas de discos, comprovantes correspondentes à inclusão de suas obras em filmes cinematográficos, quer no Brasil, quer no estrangeiro e, sobretudo, a cota-parte devida às suas obras pela cessão de seu catálogo à firma norte-americana Robbins Music Corporation e à firma argentina Ediciones Internacionales Fermata.

Acrescenta ainda que, havendo recebido fortes somas em dinheiro por essas cessões, a suplicada as embolsou integralmente, não distribuindo a percentagem devida aos compositores, entre os quais o primeiro suplicante.*

Desde o início da carreira, Caymmi editava principalmente na Mangione, onde estava registrada a maior parte da sua produção, e na Editora Irmãos Vitale, com um número menor de composições do autor. Caymmi conta as dificuldades que teve na sua relação com as editoras de música:

> Eu tinha um contrato excelente, que era dentro de uma época em que eu fiz o melhor do meu trabalho de compositor, e que estava nas editoras Mangione e uma ou duas na Vitale. A maioria, o grosso, com a Mangioni, como está até hoje. Eu tive uma pressão interna sobre essa coisa de não pagar integral o direito, mas fazia adiantamento

---

*O recorte da referida matéria pertence ao arquivo pessoal de Dorival Caymmi. Não há certeza da fonte e da data da publicação. Aparentemente a reportagem foi publicada no *Diário da Noite* (de Pernambuco), com matéria oriunda da Agência de Notícias do Jornal ou Diário da Noite (do Rio de Janeiro) — o recorte não está completo. A data provável da publicação é 24/7/1950.

de vales. Esse negócio de vale é um sistema muito usado [...] um recurso meio asfixiante para o autor. E o autor, em geral, a maioria dos autores procurava meter um vale, que era uma jogada comum, assim de "meter um vale no patrão". Então, os editores exploravam muito isso. No sentido de dar um vale e diz assim: assina aqui um vale pra descontar e pagar na folha geral, no pagamento trimestral, pagar descontando os vales, e pagavam certamente um imposto menor, contribuição ao governo. Então preferia pagar em pequenos vales. E depois de dez anos desse direito, tinha uma lei que permitia a obra toda ficar desvinculada do editor. Então, eu fiz um esforço tenebroso. Mas contingências particulares, situação de vida difícil, caso de doença de família, essa coisa da rotina familiar, da rotina de vida, fases difíceis, me coagiram e eu não pude me livrar como eu queria desse processo. Não tinha como suportar o baque de me faltar aquela contribuição mensal ou ocasional, assim um vale, ou trimestral, que era o certo, oficial mesmo. Não tive como ficar livre daquilo, porque eu não tinha condição de perder esse dinheiro, essa fonte. Eu tive que me submeter à nova lei, a lei asfixiante de ficar indefinidamente com o editor, como está até hoje.[462]

Um dos maiores dissabores na carreira de Caymmi envolveu o pianista Jacques Klein, amigo da roda de Carlinhos Guinle, sem culpa no episódio, e companheiros de luta em defesa do direito autoral, o que levou o compositor de "O que é que a baiana tem?" a romper com a União Brasileira de Compositores, a UBC. No capítulo 3 já foi mencionada a participação de Caymmi na luta pelo direito autoral do compositor brasileiro e na fundação da Associação Brasileira de Compositores e Autores (ABCA), em 1938. O sucesso que obteve com "O que é que a baiana tem?", no início de sua carreira, o credenciou a ser um dos requisitados para a comissão que foi a Getúlio Vargas em busca de apoio para a instituição recém-criada. Mais tarde, em 1942, os compositores, que à época da fundação da ABCA permaneceram na Sociedade Brasileira de Autores Teatrais (SBAT), se uniram aos filiados da ABCA e criaram a UBC.

Já desde o tempo da ABCA, conta o baiano, o compositor não vinha sendo pressionado pelo presidente da instituição, Osvaldo Santiago, a compor em parceria com ele e outros compositores filiados, visando fortalecer a editora da associação, em face das grandes editoras de música. Foi assim que Dorival Caymmi e Osvaldo Santiago, "além de 'Balaio grande', a parceria mais conhecida dos dois, e 'Seu defeito é não ter' — gravada por Dircinha Batista, em 1941 —, compuseram os sambas 'Sem os carinhos teus' e 'Eu quero amar' e a marcha 'Até as pedras da rua'. As três últimas músicas, compostas entre 1940 e 1941, permanecem inéditas até hoje".[463] Em 1952, Santiago, com o mesmo argumento de anos antes, pediu a Caymmi e a Alcyr Pires Vermelho que editassem suas músicas na editora da UBC. O compositor lembra que Pires Vermelho alegou não poder atender ao pedido de Santiago, possivelmente por não ter nenhuma música inédita naquele momento, a não ser que Caymmi lhe desse uma parceria. Constrangido, Caymmi cedeu a Pires Vermelho a parceria de "E eu sem Maria", um samba-canção de sua autoria. Caymmi explica em entrevista:

> [...] a música era conhecida, "E eu sem Maria", eu era cantor e cantava o repertório com o violão nas noites, no rádio [...] Todo mundo sabia que "E eu sem Maria" era de Dorival Caymmi, era só minha e é só minha. Quando ela foi registrada em nome de dois [Caymmi e Alcyr Pires Vermelho], eu fui tentando defender, não ele nem o Santiago, mas a minha classe, ajudando a minha classe a tomar um impulso, foi a minha classe. Não foi por nenhum deles, nem por amizade nem nada.[464]

Evidentemente, vale o que está registrado, e portanto "E eu sem Maria" é de autoria de Dorival Caymmi e Alcyr Pires Vermelho e foi gravada naquele mesmo ano por Alcides Gerardi, em 78 rpm, pela Odeon, com os devidos créditos. Dois anos depois, Jacques Klein lançou um disco pela gravadora Sinter todo dedicado ao repertório de Dorival Caymmi, incluindo "E eu sem Maria", sem os créditos a Pires Vermelho. O pianista conhecia o samba-canção de ouvir Caymmi cantar em seus shows e na casa de Carlinhos Guinle e presumira que fosse unicamente de Caymmi. Não houve má-fé. Sobre o pianista, Caymmi comenta: "Jacques Klein, que vinha a ser um homem da Sala Cecília Meireles, um dos grandes pianistas jovens, que fez uma carreira bonita interpretando Beethoven, quer dizer, um homem respeitado."[465] Sem tentar esclarecer o ocorrido com o compositor baiano, foram ao jornal e o atacaram, conforme narra Caymmi em entrevista:

> Eles foram em cima com uma ação em cima da Sinter, para pagar os prejuízos que eles arbitraram — Santiago, [...] que era o homem forte da UBC com Alcyr Pires Vermelho. E ainda tem [...] uma declaração do Alcyr Pires Vermelho [...] de vontade própria: "Possivelmente processarei Dorival Caymmi por apropriação indébita." Quer dizer, uma nota violenta n'*O Globo*. [...] É uma coisa que choca, não é? [...] fere. Quer dizer, eu precisava roubar algum autor? Eu? Estava na cara que eu não precisaria roubar.[466]

Além da declaração contra Caymmi no jornal, Vermelho processou a gravadora Sinter. Em 14 de julho de 1956, o jornalista Luiz Alípio de Barros, em sua coluna "Ronda da Cidade", no jornal *Última Hora*, publicou a história com o título "Caymmi: móvel sem culpa de um processo de 417 mil". Isto porque, após dois anos do processo, Alberto Pittigliani, diretor-presidente da Sinter, pagou 417 mil cruzeiros de indenização a Vermelho, por direitos autorais e por não ter dado crédito ao compositor, "quando", segundo o jornalista, "por direito, na divisão da renda do LP, o compositor Alcyr Pires Vermelho teria que receber mil e tantos cruzeiros". Na mesma reportagem Pittigliani apressou-se em negar que a gravadora iria acionar Caymmi: "Como pode a Sinter processar um amigo e um grande compositor como Caymmi?", declarou ao repórter da *Última Hora*.

Vale a pena ler a íntegra da reportagem:

"Luiz Alípio de Barros apresenta RONDA DA CIDADE:
CAYMMI: MÓVEL (SEM CULPA) DE UM PROCESSO DE 417
MIL CRUZEIROS

A "Sinter", conhecida empresa gravadora de discos desta praça, foi obrigada a pagar, de acordo com uma ação judicial que lhe foi movida, a bagatela de 417 mil cruzeiros (Cr$417.000,00) de direitos autorais ao compositor Alcyr Pires Vermelho. Alberto Pittigliani, diretor-presidente da "Sinter", que já pagou o dinheirinho, contou-nos a história do tal processo.

A "Sinter" gravou, algum tempo atrás, um LP com músicas de Dorival Caymmi, o ótimo baiano, na interpretação do consagrado pianista Jacques Klein. Entre as músicas, constava a composição "Eu sem Maria", a quem o baiano havia dado parceria a Alcyr Pires Vermelho e, e por esquecimento do famoso baiano, não consta no LP a coautoria do Pires Vermelho. Tanto bastou para Pires Vermelho, através da sociedade de compositores a que pertence, movesse uma ação de direitos autorais e de não citação de seu nome na música.

Depois de apela daqui e dali, a "Sinter" teve de morrer em 417 mil cruzeiros, quando, por direito na divisão da renda do LP (parceria em uma das músicas), o compositor Alcyr Pires Vermelho teria que receber mil e tantos cruzeiros. Mas, de acordo com o correr e o processo, a "Sinter" pode acionar o nosso Caymmi para reembolsamento dos 400 e tantos mil cruzeiros.

Considera o Senhor Pittigliani tudo isso uma grossa marotagem contra o "bom Caymmi", e nos afirmou: "Como pode a "Sinter" processar um amigo e um grande compositor como Caymmi? E justamente numa coisa que ele não tem nenhuma culpa?! E disse com revolta: "E nós, da "Sinter", que tínhamos tantos planos para a gravação da autêntica música brasileira... Ficamos tão abalados com a coisa que mandamos suspender até segunda ordem a gravação de músicas nacionais...![467]

Caymmi cortou relações com Osvaldo Santiago e Alcyr Pires Vermelho, retirou-se da UBC, transferindo-se para a SBACEM (Sociedade Brasileira de Autores, Compositores e Escritores de Música). Quando em show pediam a canção, explicava: "Eu evito cantar esta música. Por enquanto estou chocado com os acontecimentos." E nunca mais cantou "E eu sem Maria".

A cantora Nana Caymmi gravou a canção em 2002 em *Nana Caymmi: o mar e o tempo*, CD que fez inspirada na biografia do pai:*

> A noite é bela
> E eu sem Maria
> A noite é linda
> E eu sem Maria
> Dias e noites se passam
> Maria não vem
> Noites de amor e de sonho
> E eu sem ninguém
> Qualquer Maria
> Para eu querer bem
> Qualquer Maria
> Qualquer Maria
> Para falarmos de amor
> Sob a luz dessa lua
> A noite é bela
> E eu sem Maria**

A década de 1950, conforme avançava, testemunhava a decadência progressiva das emissoras radiofônicas, apontando para o fim da Era do Rádio, ou, como diz Sérgio Cabral,

---

*Daí o CD ter o mesmo título do livro publicado no ano anterior.
**A letra de "E eu sem Maria" (Dorival Caymmi e Alcyr Pires Vermelho) foi transcrita da gravação feita por Nana Caymmi, no CD *Nana Caymmi: o mar e o tempo* (2002), Universal Music, faixa 13.

[...] fim do chamado radio *broadcasting*, criado no tempo em que a competição entre as emissoras obrigava-as a contratar com exclusividade elencos fabulosos, com a participação de cantores, orquestras, pequenos conjuntos, radioatores, produtores, escritores, humoristas etc.[468]

Entretanto, conforme ensina Fernand Braudel, historiador das mentalidades, "o fato de a mudança aderir à não mudança, utilizando suas linhas de menor resistência, significa dizer que quando algo muda é porque já se encontrava fragilizado, corroído ou decadente, ou seja, muda o que é mais fraco, o que perdeu o seu vigor, ou esgotou a sua curva temporal".[469] Restaram aos profissionais do rádio "as alternativas do trabalho na televisão ou o desemprego".[470] Assim, a mesma década que viu o rádio enfraquecer — e não morrer, apesar de um longo período de agonia — e, portanto, mudar, assistiu à emergência de um "novo rádio", o "rádio com imagem", na definição genial e lúdica que Jairo Severiano deu à televisão, em uma conversa recente. Enfim, o século XX foi mesmo aquele em que as novas tecnologias foram conquistando e incorporando progressivamente os sentidos humanos: a audição, a visão, o tato...

Quase trinta anos depois do surgimento do rádio no Brasil, em 18 de setembro de 1950, em São Paulo, foi inaugurada a TV Tupi, a primeira televisão do país. Poucos meses depois, em 20 de janeiro de 1951, dia do padroeiro da cidade do Rio de Janeiro, São Sebastião, foi a vez de a TV Tupi carioca ser inaugurada. Iniciava-se, então, uma nova e importante etapa das comunicações brasileiras, pelas mãos de Assis Chateaubriand, o mesmo que deu a primeira oportunidade a Caymmi, quando o contratou para a Rádio Tupi, em 1938. Como a história insiste na mudança — ainda que em diferentes temporalidades, aproveitando um pouco mais a memória de Braudel —, os ventos da transformação sopraram e o rádio andou se revigorando mais à frente, com novos avanços tecnológicos, por exemplo, as rádios de frequência modulada, além de avanços na área propriamente da comunicação e marketing, como a segmentação da programação, para dar um exemplo. Não sem crise evidentemente, pois o rádio viveu muitas de lá para cá: o golpe (quase) mortal da compra sucessiva de emissoras por igrejas de diversas denominações nas duas últimas décadas deu a impressão de que os dias de radialismo voltado para o entretenimento e a informação haviam acabado. Atualmente, testemunhamos novas possibilidades que a internet vem abrindo para o rádio, desde o final do século passado, sem esquecer as emissoras jornalísticas convencionais voltadas, sobretudo, para a informação: notícia, serviços, cultura e entretenimento. O potencial é absolutamente incrível, ainda que, tudo o indica, o império seja o da imagem, ou da imagem sonora, do audiovisual. Será interessante acompanhar mais este percurso do veículo ante o século recém-iniciado. Certamente novos livros, ensaios e teses virão, e muitos devem estar sendo escritos neste exato momento sobre o rádio, como este que, mesmo sendo crítico, como não poderia deixar de ser, pretende ser também, e principalmente, uma celebração de amor ao veículo e a uma época gloriosa, como foi a Era do Rádio.

Como parece demonstrado ao longo deste trabalho, a carreira de Dorival Caymmi foi repleta de riscos, embates, dramas, tensões e dificuldades, porém sempre enfrentadas. Foi, sem dúvida, uma carreira das mais felizes da Música Popular Brasileira. E sua vida nos mostra como são necessários risco, drama e algum nível de tensão, já que, sem a presença daquilo que é verdadeiramente humano, qualquer trabalho, seja uma tese, um livro, um quadro, uma música, um poema ou mesmo uma escultura — tudo isso perderia seu sentido mais profundo.

Fica na memória, à guisa de despedida, aquela festa junina nos estúdios da Rádio Tupi na avenida Venezuela, uma festa perdida no passado, tão brasileira, tão nossa, naquele dia 24 de junho, Dia de São João, o santo que se costuma cantar pelo Brasil afora, em festas de bandeirinhas e balões coloridos, ouvindo-se ao longe o coro da quadrilha: "São João, São João/ Acende a fogueira/ do meu coração...".* Fica na memória, tão cara a Caymmi, que nesse dia principiava — e cada vez que se conta a estória, ela principia outra vez — a grande e, por que não dizer, feliz aventura que foi a vida (artística) de Dorival Caymmi.

---

*"Sonho de papel", marchinha de Alberto Ribeiro.

Notas

1. Santuza Cambraia Naves, "A entrevista como recurso etnográfico", in: *Matraga*, p. 157.
2. Ibidem.
3. Apud Stella Caymmi, *Dorival Caymmi: o mar e o tempo*, p. 152.
4. Jairo Severiano, *Uma história da música popular brasileira: das origens à modernidade*, p. 97.
5. Mário Ferraz Sampaio, *História do rádio e da televisão no Brasil e no mundo: memórias de um pioneiro*, p. 42.
6. Jairo Severiano, *Uma história da música popular brasileira: das origens à modernidade*, p. 97.
7. Mário Ferraz Sampaio, *História do rádio e da televisão no Brasil e no mundo: memórias de um pioneiro*, p. 53.
8. Ibidem, p. 49
9, Reynaldo C. Tavares, *Histórias que o rádio não contou: do rádio galena ao digital, desenvolvendo a radiodifusão no Brasil e no mundo*, p. 50.
10. Apud Jairo Severiano, *Uma história da música popular brasileira: das origens à modernidade*, p. 97.
11. Ibidem, p. 97
12. Apud Stella Caymmi, *Dorival Caymmi: o mar e o tempo*, p. 87.
13. Almirante, *No tempo de Noel Rosa (11/12/1910 — 04/05/1937): a verdade definitiva sobre Noel e a música popular*, p. 64.
14. Reynaldo C. Tavares, *Histórias que o rádio não contou: do rádio galena ao digital, desenvolvendo a radiodifusão no Brasil e no mundo*, p. 52.
15. Renato Murce, *Bastidores do rádio: fragmentos do rádio de ontem e hoje*, p. 19.
16. Saint-Clair Lopes, *Radiodifusão hoje*, p. 19.
17. Jorge Caldeira, *A nação mercantilista*, p. 274-280.
18. Sérgio Cabral, *A MPB na Era do Rádio*, p. 27-29.
19. Ibidem, p. 8.
20. Jairo Severiano, *Uma história da música popular brasileira: das origens à modernidade*, p. 19.
21. Ibidem, p. 99-100.
22. Mário Ferraz Sampaio, *História do rádio e da televisão no Brasil e no mundo: memórias de um pioneiro*, p. 121.

23. Renato Murce, *Bastidores do rádio: fragmentos do rádio de ontem e hoje*, p. 32. Os grifos são meus.
24. Reynaldo C. Tavares, *Histórias que o rádio não contou: do rádio galena ao digital, desenvolvendo a radiodifusão no Brasil e no mundo*, p. 55.
25. Decreto nº 21.111, de 1º de março de 1932.
26. Ricardo Cravo Albin, *O livro de ouro da MPB: a história de nossa música popular de sua origem até hoje*, p. 81.
27. Mário Ferraz Sampaio, *História do rádio e da televisão no Brasil e no mundo: memórias de um pioneiro*, p. 113.
28. Apud ibidem, p. 112.
29. Luiz Artur Ferraretto, *Rádio: o veículo, a história e a técnica*, p. 97.
30. Renato Murce, *Bastidores do rádio: fragmentos do rádio de ontem e hoje*, p. 35.
31. Sérgio Cabral, *A MPB na Era do Rádio*, p. 35.
32. Ademar Casé apud Rafael Orazem Casé, *Programa Casé: o rádio começou aqui*, p. 39.
33. Luiz Artur Ferraretto, *Rádio: o veículo, a história e a técnica*, p. 106.
34. Sérgio Cabral, *A MPB na Era do Rádio*, p. 37.
35. Autor de *Bastidores do rádio: fragmentos do rádio de ontem e hoje*.
36. Mário Ferraz Sampaio, *História do rádio e da televisão no Brasil e no mundo: memórias de um pioneiro*, p. 123.
37. Renato Murce, *Bastidores do rádio: fragmentos do rádio de ontem e hoje*, p. 35.
38. Ibidem, p. 36.
39. Sérgio Cabral, *A MPB na Era do Rádio*, p. 37.
40. Ibidem, p. 38.
41. Ruy Castro, *Carmen: uma biografia*, p. 95.
42. Saint-Clair Lopes, *Radiodifusão hoje*, p. 63.
43. Luiz Carlos Saroldi e Sonia Virgínia Moreira, *Rádio Nacional: o Brasil em sintonia*, p. 22.
44. Apud Luiz Artur Ferraretto, *Rádio: o veículo, a história e a técnica*, p. 121.
45. Ibidem, p. 107.
46. Apud Luiz Carlos Saroldi e Sonia Virgínia Moreira, *Rádio Nacional: o Brasil em sintonia*, p. 23.
47. Ibidem, p. 22.
48. Luiz Artur Ferraretto, *Rádio: o veículo, a história e a técnica*, p. 131.
49. Hiram Araújo, *Carnaval: seis milênios de história*, p. 145 e 148.
50. Jairo Severiano, *Uma história da música popular brasileira: das origens à modernidade*, p. 30-31.
51. Ibidem, p. 31.
52. Apud ibidem, p. 69.
53. Ibidem, p. 69.
54. Apud ibidem.
55. Apud ibidem, p. 70.
56. Claudia Matos, *Acertei no milhar: samba e malandragem no tempo de Getúlio*, p. 19.

57. Jairo Severiano, *Uma história da música popular brasileira: das origens à modernidade*, p. 70.
58. Hermano Vianna, *O mistério do samba*, p. 123.
59. Sérgio Cabral, *As escolas de samba do Rio de Janeiro*, p. 37.
60. Claudia Matos, *Acertei no milhar: samba e malandragem no tempo de Getúlio*, p. 19.
61. Hermano Vianna, *O mistério do samba*, p. 112.
62. Claudia Matos, *Acertei no milhar: samba e malandragem no tempo de Getúlio*, p. 87.
63. Ibidem.
64. Apud Hermano Vianna, *O mistério do samba*, p. 11.
65. Jairo Severiano. *Uma história da música popular brasileira: das origens à modernidade*, p. 77.
66. Ibidem, p. 126.
67. Claudia Matos, *Acertei no milhar: samba e malandragem no tempo de Getúlio*, p. 88.
68. Jairo Severiano, *Uma história da música popular brasileira: das origens à modernidade*, p. 166.
69. Entrevista publicada na revista *Veja*, Editora Abril, em 17/5/1972, edição nº 193, p. 5.
70. Stella Caymmi, *Dorival Caymmi: o mar e o tempo*, p. 57.
71. Apud Claudia Matos, *Acertei no milhar: samba e malandragem no tempo de Getúlio*, p. 27.
72. Ibidem, p. 26.
73. Jairo Severiano e Zuza Homem de Mello, *A canção no tempo: 85 anos de músicas brasileiras*, vol. 1, p. 51.
74. Jairo Severiano, *Uma história da música popular brasileira: das origens à modernidade*, p. 56.
75. José Ramos Tinhorão, *História social da música popular brasileira*, p. 242.
76. Jairo Severiano, *Uma história da música popular brasileira: das origens à modernidade*, p. 92-93.
77. Ibidem, p. 79.
78. Ibidem.
79. Ibidem, p. 119.
80. Sérgio Cabral, *As escolas de samba do Rio de Janeiro*, p. 41.
81. Ibidem, p. 34.
82. Jairo Severiano, *Uma história da música popular brasileira: das origens à modernidade*, p. 80.
83. Apud Hermano Vianna, *O mistério do samba*, p. 124.
84. Sérgio Cabral, *As escolas de samba do Rio de Janeiro*, p. 34.
85. Jairo Severiano, *Uma história da música popular brasileira: das origens à modernidade*, p. 173.
86. Francisco Bosco, *Dorival Caymmi*, Coleçao Folha Explica, p. 13.
87. Jairo Severiano, *Uma história da música popular brasileira: das origens à modernidade*, p. 136.

88. Jairo Severiano e Zuza Homem de Mello, *A canção no tempo: 85 anos de músicas brasileiras*, vol. 1, p. 86.
89. Luís Antônio Giron, *Mario Reis: o fino do samba*, p. 216.
90. Jairo Severiano e Zuza Homem de Mello, *A canção no tempo: 85 anos de músicas brasileiras*, vol. 1, p. 177.
91. Ibidem.
92. Apud Sérgio Cabral, *A MPB na Era do Rádio*, p. 55.
93. Ibidem, p. 55.
94. Ibidem.
95. Apud Sérgio Cabral, *No tempo de Almirante: uma história do rádio e da MPB*, p. 133.
96. Hermano Vianna, *O mistério do samba*, p. 28-29.
97. Hiram Araújo, *Carnaval: seis milênios de história*, p. 167.
98. Ibidem, p. 172.
99. Sérgio Cabral, *As escolas de samba do Rio de Janeiro*, p. 21.
100. Jairo Severiano, *Uma história da música popular brasileira: das origens à modernidade*, p. 72.
101. Apud Stella Caymmi, *Dorival Caymmi: o mar e o tempo*, p. 62.
102. Ibidem.
103. Fred Góes, *50 anos do Trio Elétrico*, p. 14.
104. Claudia Matos, *Acertei no milhar: samba e malandragem no tempo de Getúlio*, p. 34.
105. Ibidem.
106. Sérgio Cabral, *A MPB na Era do Rádio*, p. 47.
107. Hermano Vianna, *O mistério do samba*, p. 114.
108. Jairo Severiano, *Uma história da música popular brasileira: das origens à modernidade*, p. 218, 219.
109. Ibidem, p. 219.
110. Ibidem, p. 224.
111. Ibidem, p. 225.
112. Ibidem, p. 225.
113. Alice Gonzaga, *50 anos de Cinédia*, p. 12.
114. Ricardo Cravo Albin, *O livro de ouro da MPB: uma história de nossa música popular de sua origem até hoje*, p. 132.
115. Sérgio Cabral, *A MPB na Era do Rádio*, p. 39-40.
116. Ibidem, p. 39.
117. Ibidem, p. 41.
118. Ibidem, p. 42.
119. Jairo Severiano, *Uma história da música popular brasileira: das origens à modernidade*, p. 122.
120. Sérgio Cabral, *A MPB na Era do Rádio*, p. 30.
121. Claudia Matos, *Acertei no milhar: samba e malandragem no tempo de Getúlio*, p. 18-19.
122. Ibidem, p. 20.
123. Associação Brasileira de Compositores e Autores, *Edição comemorativa do terceiro aniversário*, p. 5

124. Ibidem, p. 5.
125. Stella Caymmi, *Dorival Caymmi: o mar e o tempo*, p. 165.
126. Renato Murce, *Bastidores do rádio: fragmentos do rádio de ontem e hoje*, p. 55.
127. Associação Brasileira de Compositores e Autores, *Edição comemorativa do terceiro aniversário*, p. 20
128. Stella Caymmi, *Dorival Caymmi: o mar e o tempo*, p. 165.
129. Ibidem, p. 165-166.
130. Mário Ferraz Sampaio, *História do rádio e da televisão no Brasil e no mundo: memórias de um pioneiro*, p. 121.
131. Sérgio Cabral, *No tempo de Almirante: uma história do rádio e da MPB*, p. 153.
132. Hélio Silva e Maria Cecília Ribas Carneiro, *Os Presidentes*.
133. Reynaldo C. Tavares, *Histórias que o rádio não contou: do rádio galena ao digital, desenvolvendo a radiodifusão no Brasil e no mundo*, p. 180.
134. Jairo Severiano, *Getúlio Vargas e a música popular*, p. 22.
135. Sérgio Cabral, *A MPB na Era do Rádio*, p. 60.
136. Jairo Severiano, *Getúlio Vargas e a música popular*, p. 23-24.
137. Ibidem, p. 26.
138. Sérgio Cabral, *A MPB na Era do Rádio*, p. 62.
139. Claudia Matos, *Acertei no milhar: samba e malandragem no tempo de Getúlio*, p. 88.
140. Ibidem.
141. Apud ibidem, p. 89.
142. Apud Hermano Vianna, *O mistério do samba*, p. 125.
143. Claudia Matos, *Acertei no milhar: samba e malandragem no tempo de Getúlio*, p. 88.
144. Ibidem, p. 89.
145. Apud Jairo Severiano, *Getúlio Vargas e a música popular*, p. V.
146. Ibidem, p. 10.
147. Ibidem, p. 17-18.
148. Ibidem, p. 24-25.
149. Ibidem, p. 31.
150. Sérgio Cabral, *A MPB na Era do Rádio*, p. 77.
151. Claudia Matos, *Acertei no milhar: samba e malandragem no tempo de Getúlio*, p. 107.
152. Sérgio Cabral, *A MPB na Era do Rádio*, p. 77.
153. Jairo Severiano e Zuza Homem de Mello, *A canção no tempo: 85 anos de músicas brasileiras*, vol. 1, p. 188.
154. Ibidem.
155. Jairo Severiano, *Getúlio Vargas e a música popular*, p. 38.
156. Ibidem, p. 47.
157. Ibidem, p. 40.
158. Ibidem, p. 53.
159. Ibidem, p. 1.
160. Ibidem, p. 1.
161. Luiz Artur Ferraretto, *Rádio: o veículo, a história e a técnica*, p. 112.

162. Stella Caymmi, *Dorival Caymmi: o mar e o tempo*, p. 85.
163. Ibidem, p. 58-59.
164. Apud ibidem, p. 116.
165. Dorival Caymmi, entrevista concedida a Stella Caymmi, Rio de Janeiro, 23/6/1993.
166. Dorival Caymmi, entrevista concedida a Stella Caymmi, Rio de Janeiro, 29/2/1992.
167. Dorival Caymmi, entrevista concedida a Stella Caymmi, Rio de Janeiro, 23/6/1993.
168. Ibidem.
169. Ibidem.
170. Ibidem.
171. Ibidem.
172. Ibidem.
173. Ibidem.
174. Apud Dorival Caymmi, entrevista concedida a Stella Caymmi, Rio de Janeiro, 11/8/1996.
175. Apud Stella Caymmi, *Dorival Caymmi: o mar e o tempo*, p. 124.
176. Apud ibidem.
177. Dorival Caymmi, entrevista concedida a Stella Caymmi, Rio de Janeiro, 11/8/1996.
178. Apud Stella Caymmi, *Dorival Caymmi: o mar e o tempo*, p. 129.
179. Ruy Castro, *Carmen: uma biografia*, p. 168.
180. Ibidem.
181. Apud Sérgio Cabral, *No tempo de Almirante: uma história do rádio e da MPB*, 1990, p. 138.
182. Apud ibidem, p. 128.
183. Apud ibidem.
184. Ruy Castro, *Carmen: uma biografia*, p. 168.
185. Stella Caymmi, *Dorival Caymmi: o mar e o tempo*, p. 138.
186. Ruy Castro, *Carmen: uma biografia*, p. 169.
187. Ibidem, p. 168.
188. Dorival Caymmi, entrevista concedida a Stella Caymmi, Rio de Janeiro, 5/10/1992.
189. Ibidem.
190. Apud Stella Caymmi, *Dorival Caymmi: o mar e o tempo*, p. 129.
191. Ruy Castro, *Carmen: uma biografia*, p. 171.
192. Dorival Caymmi, entrevista concedida a Stella Caymmi, Rio de Janeiro, 5/10/1992.
193. Ibidem.
194. Dorival Caymmi, entrevista concedida a Stella Caymmi, Rio de Janeiro, 29/2/1992.
195. Dorival Caymmi, entrevista concedida a Stella Caymmi, Rio de Janeiro, 5/10/1992.
196. Ibidem.
197. Apud Stella Caymmi, *Dorival Caymmi: o mar e o tempo*, p. 128.

198. Ibidem, p. 136.
199. Dorival Caymmi, entrevista concedida a Stella Caymmi, Rio de Janeiro, 9/11/1992.
200. Dorival Caymmi, entrevista concedida a Stella Caymmi, Rio de Janeiro, 16/5/1995.
201. Stella Caymmi, *Dorival Caymmi: o mar e o tempo*, p. 432.
202. Ibidem.
203. Ibidem, p. 433.
204. Dorival Caymmi, entrevista concedida a Stella Caymmi, Rio de Janeiro, 9/11/1992.
205. Ibidem.
206. Ibidem.
207. Dorival Caymmi, entrevista concedida a Stella Caymmi, Rio de Janeiro, 5/10/1992.
208. Francisco Bosco, *Dorival Caymmi*, p. 59
209. Artigo "O sonho não acabou", de João Nabuco, publicado na *Revista*, suplemento dominical encartado no jornal *O Globo* de 26/7/2009.
210. Fred Góes (org.), *Brasil, mostra a sua máscara*, p. 15-16.
211. Stella Caymmi, *Dorival Caymmi: o mar e o tempo*, p. 138.
212. Ibidem, p. 130.
213. Ibidem, p. 135.
214. Ibidem, p. 133-134.
215. Dorival Caymmi, entrevista concedida a Stella Caymmi, Rio de Janeiro, 5/10/1992.
216. Ruy Castro, *Carmen: uma biografia*, p. 172.
217. Jairo Severiano e Zuza Homem de Mello, *A canção no tempo: 85 anos de músicas brasileiras*, vol. 1, p. 182.
218. Apud Stella Caymmi, *Dorival Caymmi: o mar e o tempo*, p. 131.
219. Apud ibidem.
220. Apud Sérgio Cabral, *No tempo de Almirante: uma história do rádio e da MPB*, p. 141.
221. Dorival Caymmi, entrevista concedida a Stella Caymmi, Rio de Janeiro, 5/10/1992.
222. Apud Sérgio Cabral, *No tempo de Almirante: uma história do rádio e da MPB*, p. 141.
223. Dorival Caymmi, entrevista concedida a Stella Caymmi, Rio de Janeiro, 5/10/1992.
224. Apud Stella Caymmi, *Dorival Caymmi: o mar e o tempo*, p. 138.
225. Apud ibidem, p. 139.
226. Ibidem, p. 139.
227. Ruy Castro, *Carmen: uma biografia*, p. 179.
228. Apud Stella Caymmi, *Dorival Caymmi: o mar e o tempo*, p. 141.
229. Dorival Caymmi, entrevista concedida a Stella Caymmi, Rio de Janeiro, 5/10/1992.
230. Jairo Severiano e Zuza Homem de Mello, *A canção no tempo: 85 anos de músicas brasileiras*, vol. 1, p. 182.

231. Stella Caymmi, *Dorival Caymmi: o mar e o tempo*, p. 141.
232. Apud ibidem, p. 141.
233. Dorival Caymmi, entrevista concedida a Stella Caymmi, Rio de Janeiro, 11/8/1996.
234. Dorival Caymmi, entrevista concedida a Stella Caymmi, Rio de Janeiro, 5/10/1992.
235. Ibidem.
236. Dorival Caymmi, entrevista concedida a Stella Caymmi, Rio de Janeiro, 13/2/1997.
237. Dorival Caymmi, entrevista concedida a Stella Caymmi, Rio de Janeiro, 11/8/1996.
238. Dorival Caymmi, entrevista concedida a Stella Caymmi, Rio de Janeiro, 5/10/1992.
239. Dorival Caymmi, entrevista concedida a Stella Caymmi, Rio de Janeiro, 11/8/1996.
240. Dorival Caymmi, entrevista concedida a Stella Caymmi, Rio de Janeiro, 13/2/1997.
241. Stella Caymmi, *Dorival Caymmi: o mar e o tempo*, p. 313.
242. Ibidem, p. 158.
243. Dorival Caymmi, entrevista concedida a Stella Caymmi, Rio de Janeiro, 11/8/1996.
244. Jairo Severiano e Zuza Homem de Mello, *A canção no tempo: 85 anos de músicas brasileiras*, vol. 1, p. 89.
245. Dorival Caymmi, entrevista concedida a Stella Caymmi, Rio de Janeiro, 5/10/1992.
246. Ibidem.
247. Ibidem.
248. Stella Caymmi, *Dorival Caymmi: o mar e o tempo*, p. 190.
249. Apud ibidem.
250. Apud ibidem, p. 173.
251. Jairo Severiano e Zuza Homem de Mello, *A canção no tempo: 85 anos de músicas brasileiras*, vol. 1, p. 254.
252. Sobre a gravação de "Marina" que Caymmi fez em 1947, pela RCA-Victor, ver Stella Caymmi, *Dorival Caymmi: o mar e o tempo*, p. 254-255.
253. Stella Caymmi, *Dorival Caymmi: o mar e o tempo*, p. 167.
254. Apud ibidem, p. 177-178.
255. Apud ibidem, p. 170.
256. Apud ibidem, p. 171.
257. Apud ibidem, p. 180.
258. Ibidem, p. 191-192.
259. Ibidem, p. 316.
260. Sérgio Cabral, *No tempo de Ari Barroso*, 1993.
261. Stella Caymmi, *Dorival Caymmi: o mar e o tempo*, p. 317.
262. Ibidem, p. 315-316.
263. Apud ibidem, p. 289.
264. Sérgio Cabral, *No tempo de Ari Barroso*, p. 332.

265. Ibidem, p. 336.
266. Ibidem, p. 347.
267. Dorival Caymmi, entrevista concedida a Stella Caymmi, Rio de Janeiro, 5/10/1992.
268. Ibidem.
269. Luiz Tatit, *O cancionista: composição de canções no Brasil*, p. 107.
270. Dorival Caymmi, entrevista concedida a Stella Caymmi, Rio de Janeiro, 5/10/1992.
271. Jairo Severiano e Zuza Homem de Mello, *A canção no tempo: 85 anos de músicas brasileiras*, vol. 1, p. 100.
272. Dorival Caymmi, entrevista concedida a Stella Caymmi, Rio de Janeiro, 5/10/1992.
273. *O Mundo Ilustrado*, em 29 de dezembro de 1954, p. 43.
274. Abel Cardoso Júnior, *Carmen Miranda: a cantora do Brasil*, p. 133.
275. Aloysio de Oliveira, *De banda pra lua*, p. 63.
276. Ruy Castro, *Carmen: uma biografia*, p. 173.
277. Stella Caymmi, *Dorival Caymmi: o mar e o tempo*, p. 142.
278. Aloysio de Oliveira, *De banda pra lua*, p. 58-59.
279. Apud Stella Caymmi, *Dorival Caymmi: o mar e o tempo*, p. 145-146.
280. Apud Ruy Castro, *Carmen: uma biografia*, p. 213.
281. Apud ibidem.
282. Dorival Caymmi, entrevista concedida a Stella Caymmi, Pequeri (MG), 15/10/1995.
283. Ibidem.
284. Ibidem.
285. Ibidem.
286. Ibidem.
287. Ibidem.
288. Ibidem.
289. Ibidem.
290. Stella Caymmi, *Dorival Caymmi: o mar e o tempo*, p. 128.
291. Ibidem.
292. Dorival Caymmi, entrevista concedida a Stella Caymmi, Rio de Janeiro, 5/10/1992.
293. Ruy Castro, *Carmen: uma biografia*, p. 115.
294. Ibidem, p. 178.
295. Dorival Caymmi, entrevista concedida a Stella Caymmi, Rio de Janeiro, 5/10/1992.
296. Ruy Castro, *Carmen: uma biografia*, p. 188.
297. Dorival Caymmi, entrevista concedida a Stella Caymmi, Rio de Janeiro, 5/10/1992.
298. Ibidem.
299. Apud Stella Caymmi, *Dorival Caymmi: o mar e o tempo*, p. 146.
300. Aloysio de Oliveira, *De banda pra lua*, p. 73.
301. Dorival Caymmi, entrevista concedida a Stella Caymmi, Pequeri (MG), 15/10/1995.

302. Ibidem.
303. Apud Stella Caymmi, *Dorival Caymmi: o mar e o tempo*, p. 222.
304. Apud ibidem, p. 223.
305. Dorival Caymmi, entrevista concedida a Stella Caymmi, Rio de Janeiro, 5/10/1992.
306. Stella Caymmi, *Dorival Caymmi: o mar e o tempo*, p. 223.
307. Dorival Caymmi, entrevista concedida a Stella Caymmi, Rio de Janeiro, 5/10/1992.
308. Ibidem.
309. Ruy Castro, *Carmen: uma biografia*, p. 196.
310. Dorival Caymmi, entrevista concedida a Stella Caymmi, Rio de Janeiro, 5/10/1992.
311. Ibidem.
312. Ibidem.
313. Francisco Bosco, *Dorival Caymmi*, p. 62.
314. Hermano Vianna, *O mistério do samba*, p. 98.
315. Ibidem, p. 100.
316. Ibidem, p. 101.
317. Antonio Risério, *Caymmi: uma utopia de lugar*, p. 158-159.
318. Hermano Vianna, *O mistério do samba*, p. 98.
319. Nicolau Sevcenko, *Orfeu extático na metrópole: São Paulo, sociedade e cultura nos frementes anos 20*, 1992, p. 250.
320. Mário de Andrade, *Ensaio sobre a música brasileira*, p. 72.
321. Ibidem, p. 16.
322. Ibidem, p. 28.
323. Ibidem, p. 37.
324. Ibidem, p. 13, 14.
325. Ibidem, p. 16.
326. Ibidem, p. 28.
327. Antonio Risério, *Caymmi: uma utopia de lugar*, p. 14.
328. Ibidem, p. 13.
329. Ibidem, p. 14.
330. Ibidem, p. 17.
331. Dorival Caymmi, entrevista concedida a Stella Caymmi, Rio de Janeiro, 23/6/1993.
332. Antonio Risério, *Caymmi: uma utopia de lugar*, p. 16.
333. Ver Mário de Andrade, *Obras completas de Mário de Andrade*.
334. Mário de Andrade, *Ensaio sobre a música brasileira*, p. 73.
335. Ibidem, p. 43.
336. José Miguel Wisnik, "Getúlio da paixão cearense (Villa-Lobos e o Estado Novo)", in: *Música: o nacional e o popular na cultura brasileira*, p. 184.
337. José Miguel Wisnik, *Machado maxixe: o caso Pestana*, p. 75.
338. Dorival Caymmi, entrevista concedida a Stella Caymmi, Rio de Janeiro, 17/12/1998.
339. Antonio Risério, *Caymmi: uma utopia de lugar*, p. 127.
340. Ibidem, p. 135, 146-147.

341. *Revista da Música Popular*, janeiro de 1955, n. 4.
342. José Miguel Wisnik, "Getúlio da paixão cearense (Villa-Lobos e o Estado Novo)", in: *Música: o nacional e o popular na cultura*, p. 164.
343. Ibidem, p. 152.
344. Ibidem, p. 161.
345. Ibidem, p. 138.
346. Antonio Risério, *Caymmi: uma utopia de lugar*, p. 14.
347. Stella Caymmi, *Dorival Caymmi: o mar e o tempo*, p. 260-261.
348. Hermano Vianna, *O mistério do samba*, p. 168.
349. Jairo Severiano, *Uma história da música popular brasileira: das origens à modernidade*, p. 319-320.
350. Dorival Caymmi, entrevista concedida a Stella Caymmi, Rio de Janeiro, 5/10/1992.
351. Dorival Caymmi, entrevista concedida a Stella Caymmi, Pequeri (MG): 15/10/1995.
352. Reynaldo Tavares, *Histórias que o rádio não contou: do rádio galena ao digital, desenvolvendo a radiodifusão no Brasil e no mundo*, p. 267.
353. Stella Caymmi, *Caymmi e a bossa nova: o portador inesperado: a obra de Dorival Caymmi (1938-1958)*, p. 115.
354. Sobre a recepção de Caymmi no período entre 1938 e 1958, ver Stella Caymmi, *Caymmi e a bossa nova: o portador inesperado — A obra de Dorival Caymmi (1938-1958)*.
355. Stella Caymmi, *Caymmi e a bossa nova: o portador inesperado: a obra de Dorival Caymmi (1938-1958)*, p. 45.
356. Dorival Caymmi, entrevista concedida a Stella Caymmi, Rio de Janeiro, 5/10/1992.
357. Ibidem.
358. Dorival Caymmi, *Cancioneiro da Bahia*, p. 138.
359. Apud Stella Caymmi, *Dorival Caymmi: o mar e o tempo*, p. 134.
360. *Dicionário de Vocábulos Brasileiros*, de Beaurepaire-Rohan, p. 14 (bibliografia citada por Luís da Câmara Cascudo, *Dicionário do folclore brasileiro*, p. 80).
361. Apud Luís da Câmara Cascudo, *Dicionário do folclore brasileiro*, p. 80. A joia afro-brasileira também poderia ser confeccionada em ouro.
362. Ibidem.
363. Apud Dorival Caymmi, *Cancioneiro da Bahia*, p. 84.
364. *Dicionário Eletrônico Houaiss da Língua Portuguesa*, CD-ROM.
365. Dorival Caymmi, entrevista concedida a Stella Caymmi, Pequeri (MG), 15/10/1995.
366. Grifos da autora.
367. Luís Antônio Giron, *Mario Reis: o fino do samba*, p. 215.
368. Dorival Caymmi, entrevista concedida a Stella Caymmi, Pequeri (MG), 15/10/1995.
369. Ibidem.
370. Ibidem.
371. Luís Antônio Giron, *Mario Reis: o fino do samba*, p. 215.

372. Dorival Caymmi, entrevista concedida a Stella Caymmi, Pequeri (MG), 15/10/1995.
373. Apud Hermano Vianna, *O mistério do samba*, p. 98.
374. Apud ibidem, p. 96.
375. Apud ibidem, p. 95.
376. Ibidem.
377. Sérgio Buarque de Holanda, *Sérgio Buarque de Holanda*, p. 60.
378. Nicolau Sevcenko, *Orfeu extático na metrópole: São Paulo, sociedade e cultura nos frementes anos 20*, p. 241.
379. Hermano Vianna, *O mistério do samba*, p. 98. Sobre o tema, conferir o capítulo 3 de seu livro, "A unidade da pátria", na p. 55.
380. Nicolau Sevcenko, *Orfeu extático na metrópole: São Paulo, sociedade e cultura nos frementes anos 20*, p. 241.
381. Hermano Vianna, *O mistério do samba*, p. 98.
382. Ibidem.
383. Sérgio Buarque de Holanda, *Sérgio Buarque de Holanda*, p. 60.
384. Ibidem.
385. Nicolau Sevcenko, *Orfeu extático na metrópole: São Paulo, sociedade e cultura nos frementes anos 20*, p. 247.
386. José Miguel Wisnik, "Getúlio da paixão cearense (Villa-Lobos e o Estado Novo)", in: *Música: o nacional e o popular na cultura brasileira*, p. 135.
387. Ibidem, p. 134.
388. Ibidem, p. 148.
389. Alice Gonzaga, *50 anos de Cinédia*, p. 79.
390. Luís Antônio Giron, *Mario Reis: o fino do samba*, p. 213.
391. Dorival Caymmi, entrevista concedida a Stella Caymmi, Pequeri (MG), 15/10/1995.
392. Ibidem.
393. Luís Antônio Giron, *Mario Reis: o fino do samba*, p. 215.
394. Ibidem, p. 213.
395. Jairo Severiano, *Uma história da música popular brasileira: das origens à modernidade*, p. 114.
396. Luís Antônio Giron, *Mario Reis: o fino do samba*, p. 216-217.
397. Dorival Caymmi, entrevista concedida a Stella Caymmi, Pequeri (MG), 15/10/1995.
398. Luís Antônio Giron, *Mario Reis: o fino do samba*, p. 216.
399. Ibidem.
400. Dorival Caymmi, entrevista concedida a Stella Caymmi, Pequeri (MG), 15/10/1995.
401. Jairo Severiano; Zuza Homem de Mello, *A canção no tempo: 85 anos de músicas brasileiras*, vol. 1, p. 178.
402. Luís Antônio Giron, *Mario Reis: o fino do samba*, p. 221.
403. Dorival Caymmi, entrevista concedida a Stella Caymmi, Pequeri (MG), 15/10/1995.
404. Dorival Caymmi, entrevista concedida a Stella Caymmi, Pequeri (MG), 15/10/1995.
405. Ibidem.

406. Ibidem.
407. Ibidem.
408. Ibidem.
409. Dorival Caymmi, entrevista concedida a Stella Caymmi, Pequeri (MG), 15/10/1995.
410. Dorival Caymmi, entrevista concedida a Stella Caymmi, Pequeri (MG), 15/10/1995.
411. Luís Antônio Giron, *Mario Reis: o fino do samba*, p. 221.
412. Dorival Caymmi, entrevista concedida a Stella Caymmi, Pequeri (MG), 15/10/1995.
413. Luís Antônio Giron, *Mario Reis: o fino do samba*, p. 223. Na verdade, DNP (Departamento Nacional de Propaganda), órgão antecessor do DIP — este último só foi inaugurado em 27 de dezembro de 1939.
414. "Uma Grande Festa de Arte e Mundanismo", *Ilustração Brasileira*, set. 1939, n. 53, p. 32 (apud Luís Antônio Giron, *Mario Reis: o fino do samba*, p. 223).
415. EMI Music, 2000, p. 8.
416. Dorival Caymmi, entrevista concedida a Stella Caymmi, Pequeri (MG), 15/10/1995.
417. Apud Alice Gonzaga, *50 anos de Cinédia*, p. 78.
418. Dorival Caymmi, entrevista concedida a Stella Caymmi, Rio de Janeiro, 29/3/1994.
419. Dorival Caymmi, entrevista concedida a Stella Caymmi, Rio de Janeiro, 3/3/1992.
420. Ibidem.
421. Samuel Wainer, *Minha razão de viver*, p. 52.
422. Ibidem.
423. Ibidem, p. 51.
424. Ibidem.
425. Jorge Amado, *Navegação de cabotagem: apontamentos para um livro de memórias que jamais escreverei*, p. 366, 369.
426. Samuel Wainer, *Minha razão de viver*, p. 52.
427. Ibidem, p. 53.
428. Dorival Caymmi, entrevista concedida a Stella Caymmi, Salvador, 8/8/1992.
429. Dorival Caymmi, entrevista concedida a Stella Caymmi, Rio das Ostras, 3/3/1992.
430. Dorival Caymmi, entrevista concedida a Stella Caymmi, Salvador, 8/8/1992.
431. Dorival Caymmi, entrevista concedida a Stella Caymmi, Rio de Janeiro, 23/6/1993.
432. Ibidem.
433. Ibidem.
434. Stella Caymmi, *Dorival Caymmi: o mar e o tempo*, p. 151.
435. Dorival Caymmi, entrevista concedida a Stella Caymmi, Rio de Janeiro, 29/3/1994.
436. Ibidem.
437. Dorival Caymmi, entrevista concedida a Stella Caymmi, Rio das Ostras. 3/3/1992.
438. Ibidem.

439. Maurício Dominguez Perez, *Estado da Guanabara: gestão e estrutura administrativa do governo Carlos Lacerda*, p. 21.
440. Ibidem.
441. Dorival Caymmi, entrevista concedida a Stella Caymmi, Rio das Ostras. 3/3/1992.
442. Dorival Caymmi, entrevista concedida a Stella Caymmi, Rio de Janeiro, 29/3/1994.
443. Zélia Gattai, entrevista concedida a Stella Caymmi, 18/11/1998.
444. Ibidem.
445. Dorival Caymmi, entrevista concedida a Stella Caymmi, Rio das Ostras, 3/3/1992.
446. Rosane Rubim e Maried Carneiro, *Jorge Amado: 80 anos de vida e obra. Subsídios para pesquisa*, p. 40.
447. Dorival Caymmi, entrevista concedida a Stella Caymmi, Rio das Ostras, 3/3/1992.
448. Dorival Caymmi, entrevista concedida a Stella Caymmi, Rio de Janeiro: 3/3/1992.
449. Ibidem.
450. Dorival Caymmi, entrevista concedida a Stella Caymmi, s/data.
451. Dorival Caymmi, entrevista concedida a Stella Caymmi, Rio de Janeiro, 8/8/1992.
452. Dorival Caymmi, entrevista concedida a Stella Caymmi, Rio de Janeiro, 23/6/1993.
453. Entrevista publicada na *Revista da Música Popular*, em janeiro de 1955.
454. Apud Stella Caymmi, *Dorival Caymmi: o mar e o tempo*, p. 13.
455. Apud ibidem, p. 220.
456. Dorival Caymmi, entrevista concedida a Stella Caymmi, Rio de Janeiro, 9/6/1996.
457. Recorte do Acervo de Dorival Caymmi, sem veículo e sem data.
458. Apud Stella Caymmi, *Dorival Caymmi: o mar e o tempo*, p. 220.
459. Apud ibidem, p. 448.
460. Dorival Caymmi, entrevista concedida a Stella Caymmi, Rio de Janeiro, 12/9/1993.
461. Stella Caymmi, *Dorival Caymmi: o mar e o tempo*, p. 278.
462. Dorival Caymmi, entrevista concedida a Stella Caymmi, Rio de Janeiro, 12/9/1993.
463. Stella Caymmi, *Dorival Caymmi: o mar e o tempo*, p. 164.
464. Dorival Caymmi, entrevista concedida a Stella Caymmi, Rio de Janeiro, 12/9/1993.
465. Ibidem.
466. Ibidem.
467. Luiz Alípio de Barros, coluna "Ronda da Cidade", *Última Hora*, 14/7/1956.
468. Sérgio Cabral, *A MPB na Era do Rádio*, p. 17.
469. Apud Stella Caymmi, *Caymmi e a bossa nova: o portador inesperado — a obra de Dorival Caymmi (1938-1958)*, p. 135-136.
470. Sérgio Cabral, *A MPB na Era do Rádio*, p. 17.

Referências bibliográficas

ALBIN, Ricardo Cravo. *O livro de ouro da MPB: a história de nossa música popular de sua origem até hoje.* Rio de Janeiro: Ediouro, 2003.
ALENCAR, Edigar de. *Nosso Sinhô do Samba.* Rio de Janeiro: Funarte, 1981.
ALMEIDA, B. Hamilton. *Padre Landell de Moura: um herói sem glória: o brasileiro que inventou o rádio, a TV, o teletipo...* Rio de Janeiro: Record, 2006.
ALMIRANTE (Henrique Foréis Domingos). *No tempo de Noel Rosa (11/12/1910 — 04/05/1937): a verdade definitiva sobre Noel e a música popular.* Rio de Janeiro: Francisco Alves, 1977. (Coleção Contrastes e Confrontos.)
AMADO, Jorge. *Navegação de cabotagem: apontamentos para um livro de memórias que jamais escreverei.* Rio de Janeiro: Record, 1992.
ANDRADE, Mário de. "Ensaio sobre a música brasileira". In: *Obras completas de Mário de Andrade.* 3ª ed. São Paulo: Martins Fontes, 1972.
ARAÚJO, Hiram. *Carnaval: seis milênios de história.* Rio de Janeiro: Griphus, 2000. Publicação oficial da Prefeitura da Cidade do Rio de Janeiro, de distribuição gratuita.
ASSOCIAÇÃO BRASILEIRA DE COMPOSITORES E AUTORES. *Edição comemorativa do terceiro aniversário.* Rio de Janeiro: ABCA, outubro, 1941.
BARBOZA, Marília T.; ALENCAR, Vera de. *Caymmi: som, imagem, magia.* Prefácio de Jorge Amado. Discografia de Jairo Severiano. Rio de Janeiro: Sargaço Produções Artísticas, 1985.
BOSCO, Francisco. *Dorival Caymmi.* São Paulo: Publifolha, 2006. (Coleção Folha Explica.)
BOSI, Alfredo. *História concisa da literatura brasileira.* São Paulo: Cultrix, 1994.
BRAUDEL, Fernand. "História e ciências sociais: a longa duração". In: *Escritos sobre a história.* São Paulo: Perspectiva, 1980, p. 41-78.
CABRAL, Sérgio. *As escolas de samba do Rio de Janeiro.* Rio de Janeiro: Lumiar, 1996.
_____. *A MPB na Era do Rádio.* São Paulo: Moderna, 1996. (Coleção Polêmica).
_____. *No tempo de Ari Barroso.* Rio de Janeiro: Lumiar, 1993.
_____. *No tempo de Almirante: uma história do rádio e da MPB.* Rio de Janeiro: Francisco Alves, 1990.
CALDEIRA, Jorge. *A nação mercantilista.* São Paulo: Editora 34, 1999.
CÂMARA CASCUDO, Luís da. *Dicionário do folclore brasileiro.* Rio de Janeiro: MEC/Instituto Nacional do Livro, 1954.

CARDOSO JÚNIOR, Abel. *Carmen Miranda: a cantora do Brasil*. São Paulo: edição particular do autor, 1978.
CARVALHO, Marielson. *Acontece que eu sou baiano: identidade e memória no cancioneiro de Dorival Caymmi*. Salvador: EDUNEB, 2009.
CASÉ, Rafael Orazem. *Programa Casé: o rádio começou aqui*. Rio de Janeiro: Mauad, 1995.
CASTRO, Ruy. *Carmen: uma biografia*. São Paulo: Companhia das Letras, 2005.
CAYMMI, Dorival. Entrevista. *Jornal do Brasil*. Rio de Janeiro, 5/1/1986. Revista Domingo.
_____.*Cancioneiro da Bahia*. 5ª ed. Rio de Janeiro: Record, 1978.
_____.*Cancioneiro da Bahia*. São Paulo: Livraria Martins Editora, 1947.
CAYMMI, Stella. *Caymmi e a bossa nova: o portador inesperado (1938-1958)*. Rio de Janeiro: Ibis Libris, 2008.
_____. "A parceria musical de Dorival Caymmi e Jorge Amado na adaptação teatral do romance *Terras do sem fim*". In: *Colóquio Jorge Amado: 70 anos de "Mar morto"*. Salvador: Casa de Palavras, 2007, p. 77-94.
_____.*Dorival Caymmi: o mar e o tempo*. São Paulo: Editora 34, 2001.
CHEDIAK, Almir. *Braguinha: songbook*. Rio de Janeiro: Lumiar, 2002.
_____. *Ary Barroso: songbook*. Vols. 1 e 2. Rio de Janeiro: Lumiar, 1994.
_____. *Dorival Caymmi: songbook*. Vols. 1 e 2. Rio de Janeiro: Lumiar, 1994.
CONGRESSO NACIONAL DE COMUNICAÇÃO. *Anais...* 1ª ed. Rio de Janeiro: Associação Brasileira de Imprensa/ABI, 1971.
DINIZ, Júlio Cesar Valladão. "Música popular: leituras e desleituras". In: OLINTO, Heidrun Krieger; SCHØLLHAMMER, Karl Erik (orgs.). *Literatura e mídia*. Rio de Janeiro: Loyola, 2002, p. 173-186.
_____. "Na clave do moderno (algumas considerações sobre música e cultura)". *Semear* 4. Rio de Janeiro: PUC-Rio/Cátedra Pe. Antônio Vieira, 2000.
EFEGÊ, Jota. *Figuras e coisas da música popular*. Vol. 1. Rio de Janeiro: Funarte, 1978.
_____.*Figuras e coisas da música popular*. Vol. 2. Rio de Janeiro: Funarte, 1979.
ENCICLOPÉDIA DA MÚSICA BRASILEIRA. *Popular, erudita e folclórica*. Verbete "Impressão musical no Brasil". 2ª ed. rev. e ampliada. São Paulo: Art Editora/Publifolha, 1998, p. 370.
FERNANDES, Antônio Barroso (org.). *As vozes desassombradas do museu: Pixinguinha, João da Baiana, Donga*. Vol. 1. Prefácio de Ricardo Cravo Albin. Notas de Ligia dos Santos e Antônio Barroso Fernandes. Rio de Janeiro: Secretaria de Educação e Cultura/Museu da Imagem e do Som, 1970. (Coleção Ciclo de Música Popular Brasileira.)
FERRARETTO, Luiz Artur. *Rádio: o veículo, a história e a técnica*. Porto Alegre: Sagra Luzzato, 2001.
FERREIRA, Aurélio Buarque de Holanda. *Novo Dicionário Aurélio*. Rio de Janeiro: Nova Fronteira, 1975, p. 1067.
GIRON, Luís Antônio. *Mario Reis: o fino do samba*. São Paulo: Editora 34, 2001.
GÓES, Fred (org.). *Brasil, mostra a sua máscara*. Rio de Janeiro: Língua Geral, 2007. (Coleção Museu de Tudo.)
_____.*50 anos do trio elétrico*. Salvador: Corrupio, 2000.
GONZAGA, Alice. *50 anos de Cinédia*. Rio de Janeiro: Record, 1987.

GUINLE, Jorge Eduardo. *Jazz — Panorama. Jorge Eduardo Guinle: entrevista a Luiz Orlando Carneiro*. 3ª ed. Rio de Janeiro: José Olympio, 2002.
HOLANDA, Sérgio Buarque de. *Sérgio Buarque de Holanda*. Organização de Renato Martins. Rio de Janeiro: Beco do Azougue, 2009. (Coleção Encontros.)
JAUSS, Hans Robert. *A história da literatura como provocação à teoria literária*. São Paulo: Ática, 1994.
KUBLER, George. *The Shape of Time: Remarks on The History of Things*. New Haven/Londres: Yale University Press, 1962.
LOPES, Nei. *O samba na realidade...* Rio de Janeiro: Codecri, 1970.
_____. "Uma breve história do samba". Encarte da Coleção de CDs Apoteose ao Samba, EMI, s/d.
LOPES, Saint-Clair. *Radiodifusão hoje*. Rio de Janeiro: Temário, 1970. (Coleção Temário Comunicação.)
_____. "Radiodifusão no mundo e no Brasil". Editado na publicação *IM da ABERT*, n. 24, maio 1969.
MARINHO, Beatriz; LISBOA, Luiz Carlos. *Dorival Caymmi*. Rio de Janeiro: Editora Rio, 2005. (Coleção Gente.)
MATOS, Claudia. *Acertei no milhar: samba e malandragem no tempo de Getúlio*. Rio de Janeiro: Paz e Terra, 1982.
MENDONÇA, Ana Rita. *Carmen Miranda foi a Washington*. Rio de Janeiro: Record, 1999.
MONTEIRO, Martha Gil. *A Pequena Notável*. Rio de Janeiro: Record, 1989.
MOREIRA, Sônia Virgínia. *O rádio no Brasil*. Rio de Janeiro: Rio Fundo, 1991.
MURCE, Renato. *Bastidores do rádio: fragmentos do rádio de ontem e hoje*. Rio de Janeiro: Imago, 1976.
NABUCO, João. "O sonho não acabou". *O Globo*. Revista. Rio de Janeiro, 26/7/2009.
NASCIMENTO, Marcio. *PRA-9 Rádio Mayrink Veiga: um lapso de memória na história do rádio brasileiro*. Rio de Janeiro: Litteris, 2002.
NAVES, Santuza Cambraia. "A entrevista como recurso etnográfico". *Matraga*. Rio de Janeiro, vol. 14, n. 21, jul.-dez. 2007, p. 155-164.
_____. *O violão azul: Modernismo e música popular*. Rio de Janeiro: FGV, 1998.
OLINTO, Heidrun Krieger. "Letras na página/palavras no mundo: novos acentos sobre estudos de literatura". *Palavra* 1. Rio de Janeiro: Departamento de Letras da PUC-Rio, 1993, p. 7-40.
OLIVEIRA, Aloysio de. *De banda pra lua*. Rio de Janeiro: Record, 1982.
REY, A.; REY-DEBOVE, J. *Le Petit Robert: Dictionnaire de la Langue Française*. Paris: Dictionnaires Le Robert, 1987, p. 1.051.
RISÉRIO, Antonio. *Caymmi: uma utopia de lugar*. São Paulo/Salvador: Perspectiva: COPENE, 1993. (Coleção Debates.)
RUBIM, Rosane; CARNEIRO, Maried. *Jorge Amado: 80 anos de vida e obra. Subsídios para pesquisa*. Salvador: Fundação Casa de Jorge Amado, 1992.
SAMPAIO, Mário Ferraz. *História do rádio e da televisão no Brasil e no mundo: memórias de um pioneiro*. Edição comemorativa do 60º Aniversário da Radiodifusão Brasileira. Rio de Janeiro: Achiamé, 1984.

SANDRONI, Carlos. *Feitiço decente: transformações do samba no Rio de Janeiro, 1917-1933*. Rio de Janeiro: Jorge Zahar/Ed. UFRJ, 2001.

SAROLDI, Luiz Carlos; MOREIRA, Sonia Virgínia. *Rádio Nacional: o Brasil em sintonia*. 3ª ed. Rio de Janeiro: Jorge Zahar, 2005.

SEVCENKO, Nicolau. *Orfeu extático na metrópole: São Paulo, sociedade e cultura nos frementes anos 20*. São Paulo: Companhia das Letras, 1992.

SEVERIANO, Jairo. *Uma história da música popular brasileira: das origens à modernidade*. São Paulo: Editora 34, 2008.

_____. *Yes, nós temos Braguinha*. São Paulo: Martins Fontes, 1987.

_____. *Getúlio Vargas e a música popular*. Rio de Janeiro: FGV, 1983.

SEVERIANO, Jairo; MELLO, Zuza Homem de. *A canção no tempo: 85 anos de músicas brasileiras*. Vol. 1: 1901-1957. São Paulo: Editora 34, 1997.

_____. *A canção no tempo: 85 anos de músicas brasileiras*. Vol. 2: 1958-1985. São Paulo: Editora 34, 1998.

SEVERIANO, Jairo; SANTOS, Alcino; BARBALHO, Gracio; AZEVEDO, M. A. de. *Discografia brasileira 78 rpm: 1902-1964*. Vol. 2. Rio de Janeiro: Funarte, 1982.

SOUZA, Eneida Maria de. "Carmen Miranda: do *kitsch* ao *cult*". In: CAVALCANTE, Berenice; STARLING, Heloisa Maria Murgel; EISENBERG, José (orgs.). *Decantando a República: inventário histórico e político da canção popular moderna brasileira*. Vol. 1. Rio de Janeiro/São Paulo: Nova Fronteira/Fundação Perseu Abramo, 2004.

_____. *Crítica cult*. Belo Horizonte: Ed. UFMG, 2002.

SOUZA, Tárik de. "Dorival Caymmi". *Veja*. São Paulo: Abril, n. 193, 17/5/1972. Entrevista.

SOUZA, Tárik de; ANDREATO, Elias. *Rostos e gostos da música popular brasileira*. Porto Alegre: L&PM, 1979.

TATIT, Luiz. *O século da canção*. Cotia, SP: Ateliê Editorial, 2004.

_____. *O cancionista: composição de canções no Brasil*. 2ª ed. São Paulo: Edusp, 2002.

TAVARES, Reynaldo C. *Histórias que o rádio não contou: do rádio galena ao digital, desenvolvendo a radiodifusão no Brasil e no mundo*. São Paulo: Negócio, 1997.

TINHORÃO, José Ramos. *História social da música popular brasileira*. São Paulo: Editora 34, 1998.

_____. *Música popular: do gramophone ao rádio e TV*. São Paulo: Ática, 1981.

_____. *Pequena história da música popular brasileira: da modinha à canção de protesto*. Petrópolis: Vozes, 1974.

VASCONCELOS, Ary. *Raízes da música popular brasileira*. São Paulo: Martins, 1977.

VIANNA, Hermano. *O mistério do samba*. 2ª ed. Rio de Janeiro: Jorge Zahar/EdUFRJ, 1995.

WAINER, Samuel. *Minha razão de viver*. Rio de Janeiro: Record, 1987.

WISNIK, José Miguel. *Machado maxixe: o caso Pestana*. São Paulo: Publifolha, 2004.

_____. "Getúlio da paixão cearense (Villa-Lobos e o Estado Novo)". In: SQUEFF, Enio; WISNIK, José Miguel. *Música: o nacional e o popular na cultura brasileira*. São Paulo: Brasiliense, 1982, p. 129-182.

Entrevistas não publicadas

CAYMMI, Dorival. Entrevista concedida a Stella Caymmi. Rio de Janeiro, 6/11/1991.

_____. Entrevista concedida a Stella Caymmi. Rio de Janeiro, 29/2/1992.

_____. Entrevista concedida a Stella Caymmi. Rio de Janeiro, 3/3/1992.

_____. Entrevista concedida a Stella Caymmi. Rio das Ostras, 3/3/1992.

_____. Entrevista concedida a Stella Caymmi. Rio de Janeiro, 8/8/1992.

_____. Entrevista concedida a Stella Caymmi. Salvador, 8/8/1992.

_____. Entrevista concedida a Stella Caymmi. Rio de Janeiro, 5/10/1992.

_____. Entrevista concedida a Stella Caymmi. Rio de Janeiro, 9/11/1992.

_____. Entrevista concedida a Stella Caymmi. Rio de Janeiro, 23/6/1993.

_____. Entrevista concedida a Stella Caymmi. Rio de Janeiro, 12/9/1993.

_____. Entrevista concedida a Stella Caymmi. Rio de Janeiro, 29/3/1994.

_____. Entrevista concedida a Stella Caymmi. Rio de Janeiro, 16/5/1995.

_____. Entrevista concedida a Stella Caymmi. Pequeri (MG), 15/10/1995.

_____. Entrevista concedida a Stella Caymmi. Rio de Janeiro, 9/6/1996.

_____. Entrevista concedida a Stella Caymmi. Rio de Janeiro, 11/8/1996.

_____. Entrevista concedida a Stella Caymmi. Rio de Janeiro, 13/2/1997.

_____. Entrevista concedida a Stella Caymmi. Rio de Janeiro, 17/12/1998.

_____. Entrevista concedida a Stella Caymmi. Rio de Janeiro, 5/5/2000.

Referências de meio eletrônico

ANDRADE, Ivan Maciel. *Quatro mulheres fascinantes*. Disponível em http://www.apodi.info/index.php?option=com_content&task=view&id=1370&Itemid=1. Acesso em nov. 2009.

DALVA E HERIVELTO, UMA CANÇÃO DE AMOR. Rio de Janeiro: TV Globo, 4/1/2010 (estreia). Minissérie. Disponível em http://dalvaeherivelto.globo.com. Acesso em jan. 2010.

DICIONÁRIO CRAVO ALBIN DE MÚSICA POPULAR BRASILEIRA. Verbete "teatro de revista". Disponível em http://www.dicionariompb.com.br/teatro-de--revista/dados-artisticos. Acesso em fev. 2010.

DICIONÁRIO ELETRÔNICO HOUAISS DA LÍNGUA PORTUGUESA. Versão 1.0.5a. São Paulo: Objetiva, 2002. CD-ROM.

HORTIFRUTI. Campanha de carnaval com as músicas "O que é que a baiana tem?" e "Mamãe, eu quero". Disponível em http://www.hortifruti.com.br/blog/categorias/posts. Acesso em fev. 2010.

JORNAL INTERCOM. Seminário Samuel Wainer: Agenda. Disponível em http://www.intercom.org.br/boletim/a03n71/agenda_wainer.shtml. Acesso em nov. 2009.

JOUJOUX E BALANGANDÃS. *A canção contada*. Disponível em http://qualdelas.blogspot.com/2009/04/joujoux-e-balangandas.html. Acesso em fev. 2010.

MARCHINHAS DE CARNAVAL QUE FIZERAM HISTÓRIA NO RIO DE JANEIRO. *Arquivo N*. Comentário de Sérgio Cabral. Rio de Janeiro: GNT, 3/2/2000. Programa de TV. Disponível em http://globonews.globo.com/Jornalismo/GN/0,MUL1474258-17665-303,00.html. Acesso em fev. 2010.

MPB CIFRANTIGA. "Cristo nasceu na Bahia". Disponível em http://cifrantiga3.blogspot.com/2006/03/cristo-nasceu-na-bahia.html. Acesso em dez. 2009.

PEREZ, Maurício Dominguez. *Estado da Guanabara: gestão e estrutura administrativa do governo Carlos Lacerda*. Tese de doutorado. Rio de Janeiro: UFRJ — Instituto de Filosofia e Ciências Sociais, 2005. Disponível em www.cipedya.com/web/FileDownload.aspx?IDFile=162339. Acesso em dez. 2010.

THEATRO MUNICIPAL DO RIO DE JANEIRO. *História*. Disponível em http://www.theatromunicipal.rj.gov.br. Acesso em jan. 2010.

Faixas de LP/CD

CAYMMI, Dorival. "Noite de temporal". Dorival Caymmi (compositor e intérprete). In: *Caymmi Amor e mar*. Rio de Janeiro: Odeon, 2000, nº 530594 2, faixa 11 (CD, caixa com 7 CDs).

_____. "Promessa de pescador". Dorival Caymmi (compositor e intérprete). In: *Caymmi*. Rio de Janeiro: Odeon, 1972, faixa 1 (LP).

_____. "A preta do acarajé". Dorival Caymmi (compositor e intérprete). In: *Caymmi*. Rio de Janeiro: Odeon, 1972, faixa 9 (LP).

_____. "Roda pião". Dorival Caymmi (compositor e intérprete). In: *Eu vou pra Maracangalha*. Rio de Janeiro: Odeon, 1957, faixa 3 (LP).

_____. "Nunca mais". Dorival Caymmi (compositor e intérprete). In: *Sambas de Caymmi*. Rio de Janeiro: Odeon, 1955, faixa 3 (LP).

CAYMMI, Nana. "E eu sem Maria". Nana Caymmi (intérprete); Dorival Caymmi e Alcyr Pires Vermelho (compositores). In: *Nana Caymmi: O mar e o tempo*. Rio de Janeiro: Universal Music, 2002, faixa 13 (CD).

Agradecimentos

A Deus, por me permitir viver este momento.

À minha mãe Nana e aos meus avós Stella e Dorival, por terem me ensinado a amar a música e o rádio desde a infância. Chego a voltar no tempo com muita saudade e nos vejo em Maracangalha, escutando rádio de manhãzinha.

Às minhas sobrinhas Marina e Carolina pela "força".

Ao meu irmão João Gilberto, por estar sempre ao meu lado.

Ao meu orientador, professor Júlio Cesar Valladão Diniz, pela incansável disponibilidade, pela amizade, pelo carinho e pela generosidade intelectual.

A Jairo Severiano, por compartilhar generosamente seus extensos conhecimentos sobre rádio e Música Popular Brasileira.

À professora Heidrun Krieger Olinto, por sua alegria, pelo conhecimento e sua amizade.

Ao professor Frederico Augusto Liberalli de Góes, por sua simpatia e seu incentivo constante.

À professora Laura Padilha, por sua amizade calorosa.

Ao professor Eduardo Silva, por sua amizade, seu carinho e sua dedicação.

À professora Marília Rothier Cardoso, por sua atenção, seu carinho e sua generosidade.

À professora Ana Chiara, pela simpatia e pelo carinho.

À professora Eugenia Koeler pelo carinho, pela generosidade e inestimável ajuda na revisão do texto.

À professora Santuza Cambraia Naves (*in memoriam*) pela amizade, pelo carinho e pelos estímulos constantes.

Ao professor Karl Erik Schøllhammer, por toda sua dedicação amiga ao longo do doutorado e, sobretudo, pelo incentivo e apoio na missão de estudos em Rosário, Argentina, em 2008.

À professoras Márcia Lobianco Amorim e Angela F. Perricone Pastura, pela generosidade.

Às professoras Laura Milano e Sandra Contreras, pela atenção e pelo carinho a mim dedicados por ocasião da minha missão de estudos em Rosário.

Aos professores Ana Paula Kiffer, Edna Campos Pacheco-Fernandes e Roberto Correa, pelo carinho.

A Francisca Ferreira de Oliveira, pela extrema dedicação ao seu trabalho, sempre atenciosa e amiga, e à Digerlaine Tenório, pela atenção, eficiência e amizade.

Aos professores e funcionários do Departamento de Letras da PUC-Rio, pela acolhida atenciosa.

A Clarice Abdala (*in memoriam*) pela amizade, fé e ajuda inestimável sobre o rádio brasileiro. "Deus lhe dê em dobro", como diziam meus avós.

A Rose Esquenazi, pela enorme simpatia e generosidade em me receber em sua casa, indicar e partilhar importante bibliografia sobre o rádio no Brasil.

A Regina Paganotti, pela amizade e colaboração.

A professora Ligia Vassalo, pelo carinho, pela troca intelectual e pelos úteis conselhos.

A Renata Magdaleno, pela amizade e companheirismo durante nossa missão de estudos em Rosário.

Aos amigos e colaboradores da Civilização Brasileira (grupo Record): Luciana Villas-Boas, Andréia Amaral, Marina Vargas, Dênis Rubra, Alice Bicalho, Cecília Brandi, Guilherme Filippone, Leonardo Figueiredo e Fábio Martins, pelo talento, profissionalismo e generosidade na produção e divulgação deste livro.

A Belen Perez Muñiz e Cecília Ureta, pela amizade e generosa acolhida durante a missão de estudos na Argentina.

A Izabel Rolim, por sua amizade, competência, apoio e constância.

À minha conterrânea venezuelana Mariana Blanco, por sua amizade, fé e sabedoria.

Aos colegas da PUC-Rio Luciana Gattass, Paulo Gravina, Felipe Simas, Eduardo Roberto Severino, Angeli Rose do Nascimento, Josias Costa Jr. e Cleide Oliveira pela amizade, incentivo e contribuições para este trabalho. Aos amigos da copiadora TEMIC, em especial Tenório e Elias, pela competência, carinho e atenção.

Aos amigos queridos Rejane Guerra, Elisa Galeffi e José Enrique Barreiro, D. Lídia e Adriana Gomes, Hugo dos Santos Rojas, Beatrix Bloch e Monica Brunini.

Aos amigos dos grupos do Terço, Bíblia, Apostolado da Oração, das Igrejas da Ressurreição e Santa Cruz de Copacabana, da minha escola de comunidade do Movimento Comunhão e Libertação, pela força espiritual.

A Andrea de Moraes, padre José Roberto Develard, Cyl Farney da Silva, padre Álvaro José Assunção Inácio da Silva e Cremilda Alves de Marins Souza, pelo cuidado, carinho e atenção.

À FAPERJ e à PUC-Rio, pelos auxílios concedidos, sem os quais este trabalho não poderia ser concretizado.

Índice onomástico

Abramo, Décio, 31
Abreu, Brício de, 21, 232-234, 244
Abreu, José Maria de, 64n, 102
Abreu, Tuzé de, 123n, 183n, 199, 200
Abreu, Valdo de, 37, 38
Abreu, Zequinha de, 57, 65, 74
Aimoré (José Alves da Silva), 64
Albin, Ricardo Cravo, 19, 35, 78
Albuquerque, Fernando, 58
Alencar, Cristóvão de, 64n, 78, 95, 100
Alencar, Edigar de, 50
Alencar, José de, 69
Almeida, Antônio, 64n, 190n
Almeida, Aracy de, 33, 41, 149
Almeida, Henrique de, 96
Almeida, José Américo de, 95n, 235
Almeida, Laurindo de, 94, 137, 149, 179
Almeida, Mauro de, 50-52
Almirante (Henrique Foréis Domingues), 27, 31, 33, 39, 52, 54n, 64n, 74-76n, 81, 85, 92, 93, 114-120, 130, 131, 135, 157, 166, 205-207, 228n
Alvarenga, Murilo, 102
Alves, Ataulfo, 66n, 78, 96, 100-102, 115, 157, 213
Alves, Francisco (Chico Alves), 26, 31-35, 37, 42, 58, 60, 65, 67, 76n, 84-86, 103, 143, 150, 153, 154, 162, 209, 226n, 228n
Alves, Nelson, 65
Alvinho (Álvaro de Miranda Ribeiro), 74

Amado, Jorge, 15, 18, 21, 124, 181, 209, 210, 232-243, 245
Amaral, Azevedo, 233n, 234
Amaral, Lia, 215n
Amaral, Lucília Noronha Barroso do, 227
Amaral, Maria Adelaide, 152
Amaral, Miguel Barroso do, 227n
Amaral, Milton, 100
Amaral, Odete, 58
Amaral, Tarsila do, 217
Amaral, Zózimo Barroso do, 227n
Ameche, Don, 173
Americano, Luís, 40, 41, 64n, 149
Amorim, Maria, 160
Amorim, Otília, 59
Andrade, Carlos Drummond de, 242
Andrade, Mário de, 192-196, 217, 220
Andrade, Oswald de, 194, 217
Apollinaire, Guillaume, 186
Aranha, Osvaldo, 95
Araújo, Hiram, 47, 70
Araújo, Manezinho, 40, 41, 78
Arinos, Afonso, 218, 219
Armstrong, Louis, 245
Arruda, Genésio, 75
Assis, Machado de, 197, 198, 199n
Astaire, Fred, 165
Astolf, Ivo, 120n
Autori, Zacharias, 219n
Azevedo, Alinor, 77
Azevedo, Almeida, 67
Azevedo, Artur, 59
Azevedo, Leonel, 64n

Azevedo, Lúcio Mendonça, 85
Azevedo, M.A. de, 54n

Babaú (Waldomiro José da Rocha), 62
Babo, Lamartine, 31, 53-55, 59, 63, 66, 75, 76n, 81, 88, 92, 100, 109, 176, 190n, 214, 215, 222, 224, 228, 229, 231, 249
Bach, Johann Sabastian, 198, 201
Baiaco (Osvaldo Vasques), 60
Baiana, João da (João Machado Guedes), 65
Baiano (Manuel Pedro dos San.os), 31, 50, 58, 122
Baker, Josephine, 167, 186, 187
Bandeira, Manuel, 243n
Banjo, Zé do, 160
Barbalho, Gracio, 54n
Barbosa Júnior, 41, 76n, 160
Barbosa, Castro, 64n, 75, 115
Barbosa, Haroldo, 38, 149, 151
Barbosa, Jesy, 34, 64n
Barbosa, Luiz, 40, 41
Barbosa, Orestes, 39, 63n, 83, 101
Barbosa, Paulo, 76n, 78, 115, 176, 190n
Barbosa, Rui, 104
Barcelos, Manoel, 112
Barcelos, Rubem, 60
Barg, Leon, 157
Barros Filho, Theófilo de, 110, 111, 112, 113, 149
Barros, João Petra de, 64n
Barros, Josué de, 65
Barros, Luiz Alípio de, 253, 254
Barros, Máximo, 74
Barroso, Ary, 40-42, 54n, 59, 60, 63, 65, 66, 75, 76n, 92, 101n, 114-119, 128, 142-144n, 154, 156-160, 165, 166, 170, 171, 176, 184, 213, 222-226, 228, 229, 249
Barroso, Gustavo, 207
Bastos, Danilo, 21, 232
Bastos, Nilton, 60, 63, 84
Batatinha (Oscar da Penha), 30
Batista Júnior, 74
Batista, Dircinha, 74, 76n, 113, 115, 252

Batista, Henrique, 33
Batista, Linda, 78, 115
Batista, Marília, 42, 64n, 113
Batista, Wilson, 64, 101, 156
Beethoven, Ludwig van, 253
Bell, Alexander Graham, 22
Bendix, William, 173
Benedetti, Paulo, 74
Bernardes, Artur, 95
Bide (Alcebíades Barcelos), 60, 63, 72
Bilu, 113
Binatti, Lia, 59
Blaine, Vivian, 173
Boavista, Ilda, 215n
Bonfim, João, 31
Bopp, Raul, 195
Borba, Emilinha, 78
Borba, Osório, 234
Borer, Cecil de Macedo, 242
Borges, Augusto Vitoriano, 38
Bororó (Alberto de Castro Simoens da Silva), 64n
Bosco, Francisco, 62, 126, 185
Bosco, João, 143n
Bôscoli, Heber de, 42
Bosi, Alfredo, 152n
Botelho, Cândido, 160, 225, 226, 228, 229, 231
Braga, Francisco, 219n
Braga, Rubem, 234
Bragança, D. João de Orleans e, 230, 237
Braguinha (Carlos Alberto Ferreira Braga), 39, 53, 55, 63, 64n, 73-77, 88, 92, 96, 101, 102, 104, 114-119, 131, 140, 149, 176, 190
Brancura (Sílvio Fernandes), 60
Brandão, Darwin, 244
Braudel, Fernand, 256
Brito, Henrique, 74
Brown, Al, 186
Brown, Eduardo, 101, 113
Bruno, Lenita, 151
Buarque, Chico (Franciso Buarque de Holanda), 143n, 248
Burle, José Carlos, 77

Burle, Paulo, 77
Byington, Alberto, 77

Cabral, Aldo, 101n
Cabral, Sérgio, 19, 30-32, 37, 41, 50-53, 55, 61, 67, 70, 72, 82, 83, 85, 86, 92n, 95, 97, 116n, 142n, 143n, 158, 206, 228n, 255
Caetano, Pedro, 64n
Calazans, Milton, 195
Caldas, Sylvio, 33, 34, 37, 42, 64, 78, 95, 128, 149, 150, 159, 160, 162, 248
Caldeira, Jorge, 29
Calheiros, Augusto, 33, 64n
Callado, Antonio, 228
Camargo, Alzirinha, 74, 76n
Campos, Francisco, 90n
Campos, Paulo Mendes, 157, 201, 208, 244
Camus, Marcel, 243n
Canhoto (Américo Jacomino), 32, 57
Caninha (José Luís de Morais), 57
Cardoso Júnior, Abel, 5, 128, 153, 165, 187n, 209, 153, 165, 187, 209
Cardoso, Esmerino, 179
Cardoso, Leo, 128
Careca (Luís Nunes Sampaio), 57
Carioca, Zé (José do Patrocínio de Oliveira), 64
Carlos, Francisco, 245
Carmo, Manuel do, 31
Carneiro, Maried, 233n, 242
Carneiro, Pereira, conde, 77
Cartola (Agenor de Oliveira), 63n, 104
Carvalho, Abiah, 229
Carvalho, Helena Pinto de, 74
Carvalho, Joubert de, 63n, 164, 249
Carvalho, Nivaldo, 76n
Carvalho, Paulo Machado de, 42
Carvalho, Salu de, 40, 41
Carybé (Hector Julio Páride Bernabó), 124
Casado, Júlio, 30
Cascata, J. (Álvaro Nunes), 64n, 92n
Cascudo, Luís da Câmara, 67, 209, 210

Casé, Ademar, 36-39, 41, 83
Casé, Rafael, 38
Castelaneta, Amadeu, 231
Castro, Moacir Werneck de, 232, 240, 243n
Castro, Nonette de, 229
Castro, Olinda Leite de, 41
Castro, Ruy, 43, 116, 167n, 170, 187, 190n, 213
Castro, Volney de Barros, 27
Caymmi, Deraldo, 22
Caymmi, Dinahir, 70, 71
Caymmi, Dori, 16, 64n, 143n, 153n
Caymmi, Dorival, 11-22, 26, 27, 29, 33, 37, 42, 47, 56, 57, 61, 64-66, 70, 72, 73, 86, 87, 91- 93, 107-114, 116-119, 121-132, 134-140, 142-145, 147-151, 153-166, 168-187, 189, 190, 192, 194, 196, 199-211, 213, 216, 222, 224-229, 231-235, 237-257
Caymmi, Durval, 189, 236
Caymmi, Nana, 154, 255
Caymmi, Stella, *ver* Maris, Stella
Cearense, Catulo da Paixão, 31, 62, 113
Celestino, Pedro, 58
Celestino, Vicente, 58, 60, 65
Cendrars, Blaise, 186, 217
Cerqueira, Erick, 113
Chagas, Nilo, 152, 214n
Chagas, Pinheiro, 30
Chagas, Tertuliano, 214n
Chateaubriand, Assis (Chatô/Francisco de Assis Chateaubriand Bandeira de Melo), 45, 46, 110, 111, 113, 154, 155, 233n, 256
Chediak, Almir, 144n
China (Otávio Littleton da Rocha Vianna), 56
Chiquinho, Maestro, 40, 41
Ciata, tia (Hilária Batista de Almeida), 50, 51
Cid Almeida, Perry de, 244
Cimarosa, Domenico, 198
Cirino, Sebastião, 175n
Clifford, James, 186

Coelho, Elisa (Elisinha), 33, 37, 64n, 76n
Colman, Francisco, 104
Connelly, Marc, 164
Cordovil, Hervê, 40, 41, 64n, 76n
Cortes, Aracy (Zilda de Carvalho Espíndola), 58, 59, 65, 165, 226
Costa, J. Rui, 115, 163
Costa, Jaime, 76n
Couto, Armando, 76n
Cozzi, Oduwaldo, 130
Cristóbal, Júlio, 60
Cruz, Aníbal, 212
Cruz, Claudionor, 115
Cugat, Xavier, 66, 228n
Cunha, Antonio Flores da, 46
Cunha, Luiz Flores da, 46
Cunha, Vasco Leitão da, 225, 229

D. Pedro I, 67, 93
D. Pedro II, 22
Debret, Jean-Baptiste, 125, 230
Debussy, Claude, 149, 160
Decourt, Geraldo, 76n
Del Rio, Dolores, 165
Dell'Amico, Ogarita, 41
Denegri, Antônia, 59
Di Cavalcanti, Emiliano, 243n
Dias, Elba, 24
Dias, Zico, 31
Diniz, Júlio Cesar Valladão, 61n, 63
Disney, Walt, 66, 226n
Dodsworth, Henrique, 230
Donga (Ernesto dos Santos), 30, 41, 50-52, 57, 59, 65, 177
Downey, Wallace, 17, 33, 74, 76, 77, 114, 116-118, 129, 135, 163
Dr. Lyra, 29
Duarte, Francisco, 41
Dubin, Al, 176
Dunga (Valdemar de Abreu), 64n
Duque (Antonio Lopes de Amorim Diniz), 32, 175n
Dutra, Eurico Gaspar, 44, 102

Edison, Thomas Alva, 21, 22
Efegê, Jota, 70
Ernesto, Pedro, 68, 97

Faraj, Jorge, 64n
Farhat, Emil, 232
Faria, Acácio, 31
Faria, Carlos Alberto da Rocha, 170
Farias, Arnaldo, 77
Farney, Dick, 150
Feldman, Isaac, 112
Fenelon, Moacir, 77, 117, 118
Fernandes, Antônio, 34
Fernandes, Georges, 34
Fernandes, Jorge, 64n, 207
Fernandes, Lourenço. 199
Fernandes, Waldemar Iglésias, 154
Ferraretto, Luiz Artur, 26, 44, 46, 105, 206
Ferreira, Breno, 34
Ferreira, Edgar, 104
Ferreira, Evaldo, 76n
Ferreira, Hilário Jovino, 50, 51, 70n
Ferreira, Procópio, 74
Ferrinho, 31
Figner, Fred, 31
Fleming, John Ambrose, 23
Flora, Alma, 41
Fonseca, Emi, 237
Fonseca, Zezé, 40, 41
Fontenele, Jorge, 76n
Fontes, Lourival, 45, 46, 234
Forest, Lee, 23
Formenti, Gastão, 31, 33, 34, 58, 64n
Foster, Claiborne, 167
Fragoso, Ari (Gato Felix), 76n
Frankel, Isaak, 73
Frazão, Eratóstenes, 63n, 76n, 88, 224n
Freire Júnior, Francisco José, 53, 56, 59, 83, 84, 249
Freitas, José Francisco de, 53, 59
Freyre, Gilberto, 243n
Frias, Carlos, 112

Gadé (Osvaldo Chaves Ribeiro), 63n
Galdo, Maria Amélia Macedo, 30

Galhardo, Carlos, 42, 64n, 95, 115, 149, 162, 248
Gantois, Mãe Menininha do (Maria Escolástica da Conceição Nazaré), 125
Gaó (Odmar Amaral Gurgel), 64, 74
Garnier, Charles, 182n
Garoto (Aníbal Augusto Sardinha), 64, 94, 137, 149, 160, 176
Gattai, Zélia, 240
Gaúcho (Francisco de Paula Brandão Rangel), 40, 41, 64n, 76n
Gerardi, Alcides, 252
Ghipsman, Romeu, 151, 223
Gil, Gilberto, 121, 143n
Gilberto, Antônio, 96
Gilberto, João, 143n
Gilham, Art, 32
Giron, Luís Antônio, 65, 215, 222-226, 228n, 229, 231
Gluck, Christoph Willibald Ritter von, 198
Gnattali, Radamés, 64, 95, 151, 154, 195, 199, 202, 223, 227, 228
Góes, Fred, 61, 71, 127
Gomes, Aurélio, 60
Gomes, Carlos, 25, 76n
Gonçalez, Henrique, 96
Gonçalves, Nelson, 150
Gonçalves, Zilda, 176n
Gonzaga, Ademar, 76, 77n, 78, 221, 231
Gonzaga, Alice, 77n, 78, 229
Gonzaga, Chiquinha, 49
Graciano, Clóvis, 232, 237, 240, 241, 243, 244
Gramury (Raul Bruce), 40
Greneker, Claude P., 167n
Guimarães, Celso, 44, 151, 221
Guimarães, Djalma, 179
Guimarães, Rogério, 33, 64
Guinle, Carlos, 15, 18, 86, 87, 181, 244-248, 251, 253

Händel, Georg Friedrich, 201
Haydn, Joseph, 201

Helena, Heloísa, 76n
Henie, Sonja, 164, 165
Henrique, Waldemar, 207
Hertz, Heinrich Rudolf, 23
Hime, Janny, 229
Holanda, Sérgio Buarque de, 192n, 217, 219
Homem, Torres, 213

Iglesias, Luiz, 115, 226

Jakobson, Roman, 200n
Jararaca (José Luiz Calazans), 16, 64n, 74, 160, 177
João-de-Barro, ver Braguinha (Carlos Alberto Ferreira Braga)
Jobim, Tom, 169, 177, 248
Joca, 151
Joel (Joel de Almeida), 40, 41, 64n, 76n
Jolson, Al, 34
Jonjoca (João de Freitas Ferreira), 64n, 75
Jopert, Ecila, 41
Joppert, Maurício, 224n
Jorge, J. G. de Araújo, 221
Juno, Portelo, 128

Klein, Jacques, 244, 251-254
Kolman, Ignácio, 214n
Korte, Clara, 227
Kubler, George, 184

Labarthe, Ilka, 215n
Lacerda, Benedito, 33, 64, 75, 76n, 96, 101n, 115, 190n
Lacerda, Carlos, 21, 22, 40, 158, 232, 237-240, 243
Ladeira, César Rocha de Brito, 41-43, 76, 94, 109, 147, 149, 150, 152, 160-162, 164, 167
Lago, Antônio, 59
Lago, Mário, 64n, 78, 88, 91-92, 114-116, 118, 190
Lara, Zezé, 74
Leal, Isa Silveira, 246
Leal, Leopoldo Modesto, 230

Léger, Fernand, 186
Leitão, Arnaldo Câmara, 246
Lentini, Carlos, 151
Lima, Dermival Costa, 113
Lima, Hugo, 87, 244, 245
Lima, João de Mendonça, 230
Lima, Jorge de, 144n
Lima, Luís Costa, 199n
Lima, Rosinha Mendonça, 230
Lima, Sebastião, 96
Lins, Wilson, 148
Lira, Carlos, 143n
Lisboa, Rosalina Coelho, 46
Liszt, Franz, 76n
Lobo, Edu, 143n
Lobo, Fernando, 149, 159
Lobo, Haroldo, 55, 78, 103, 143n
Lopes, Nei, 49
Lopes, Saint-Clair, 42
Lorca, Frederico García, 200
Luís, Washington, 31, 34, 219
Luiz, J., 121, 126, 166
Lulu (Luiz de Barros), 73

Macedo, Álvaro Liberato de, 42
Macedo, Renato, 41
Macedo, Stefana (Estefânia) de, 33, 64n, 74
Macedo, Watson, 78
Machado, Aníbal, 234
Machado, Carlos, 159
Machado, Celina Heck, 215
Machado, Marcelo, 159
Machado, Valdir, 176n
Maeterlinck, Maurice, 167n
Magalhães, Agamenon, 46
Maia, Edmundo, 42
Malta, Octávio, 232, 234, 237-239, 243n
Manga, Carlos, 78
Mangione, Vicente, 88, 93, 145
Manhattan, Hélio, 216, 229
Marçal, Armando, 63n, 72
Marchewski, Jaime, 151
Marconi, Guglielmo, 23, 24, 46
Maria, Ângela, 159, 160

Maria, Antônio, 157, 158, 159
Mariah (Maria Clara de Araújo), 214n, 224
Mariani, Maria Clara, 99
Mariano, Olegário, 65
Marinho, Getúlio, 76n
Maris, Stella (Adelaide Tostes/Stella Caymmi), 17, 37, 64n, 93, 94, 124, 149, 150, 151, 153, 154, 155, 203, 226, 238, 242, 243n
Marques Júnior, Arlindo, 64n, 88, 190n, 224n
Marten, Léo, 75
Martinez, Carlos A., 76n
Martins, Eugênio, 113
Martins, Felisberto, 96, 100
Martins, Heriveltо, 64, 67, 102, 112, 128, 152, 156, 214n
Martins, Roberto, 66n, 78, 88, 101n, 102, 149, 190n, 228n
Marx, Groucho, 212
Mata, João da, 50, 51
Matos, Claudia, 52, 54, 58, 66n, 71, 86, 98, 101
Mauro, Humberto, 75
Mauro, José, 151
Max, Margarida, 59
Maxwell, James Clerk, 23
McHugh, Jimmy, 176
Medina, Carlos, 160
Meira (Jaime Florence), 64
Mello, Zuza Homem de, 19, 58, 65, 101n, 102, 137, 145, 150, 164
Melo, Olímpio de, 223
Melo, Sátiro de, 93-94
Melo, Valdemar, 151
Mendonça, Ana Rita, 187n
Meneses, Amilcar Dutra de, 89
Menezes, Carolina Cardoso de, 64, 94
Mesquita, Custódio, 63n, 76n
Mignone, Francisco, 199, 219n
Milliet, Sérgio, 244
Mina, João, 42
Mira, 31
Miranda, Alma da Cunha, 229
Miranda, Aurora, 64n, 66, 76n, 115

Miranda, Carmen, 16, 17, 33, 34, 37, 42, 58, 63, 66, 75, 76n, 81, 90, 93, 104, 109, 115-122, 126-131, 134-137, 140n, 143, 147, 148, 153, 160-176, 179, 180, 187, 189, 190, 209, 211-213, 228, 231, 248
Miranda, Celso Rocha, 246
Miranda, Luperce, 64, 179
Monteiro, Ciro, 113
Monteiro, Manoel, 76n
Moraes, Eduardo Jardim de, 217
Moraes, Vinicius de, 49
Morais, Eneida da Costa, 97
Moreira, Sonia Virgínia, 27n, 45, 206, 228n
Moreyra, Álvaro, 233n
Morize, Henrique (Henri Charles Morize), 24
Morton, Jelly-Roll, 245
Moses, Herbert, 46
Moura, Roberto Landell de, padre, 23
Mozart, Wolfgang Amadeus, 198, 201
Muniz, Fausto, 75
Murce, Dario, 41
Murce, Renato, 28, 33, 34, 40, 41, 44, 89
Murnau, F.W., 34

Nabuco, João, 126
Nascimento, Márcio, 42n
Nássara, Antônio, 39, 55, 63n, 75, 76n, 95, 100, 190n, 228n
Nasser, David, 64n, 148
Navarro, Ramon, 165
Naves, Santuza Cambraia, 20
Nazareth, Ernesto, 73, 157
Nery, Adalgisa, 234
Nesdan, Ubirajara, 96
Neto, Francisco, 32
Neto, Moraes, 157, 158
Neto, Silvino, 104, 151
Neto, Sivan Castelo (Ulisses Lelot Filho), 64n
Netto, Paulo (Paulo Trepadeira), 116n
Neves, Cândido das, 63n, 65
Nicollini, José, 31

Niemeyer, Oscar, 243n
Nobre, Olga, 41
Nonô (Romualdo Peixoto), 42, 64, 179
Nonô, tio, 123, 124, 125, 185
Novaes, Justino de Figueiredo, 59
Nunes, José, 59
Nunes, Mário, 232

Oliveira, Aloysio de, 116n, 119, 120n, 153n, 164-166, 168, 170, 172, 173, 175, 212
Oliveira, Amélia, 40, 41
Oliveira, Armando de Sales, 95
Oliveira, Artur de, 40
Oliveira, Bonfiglio de, 64n, 65
Oliveira, Dalva de, 67, 112, 152, 156, 214n
Oliveira, Darci de, 96
Oliveira, José Rodrigues de, 22, 26
Oliveira, Luís Rodrigues de, 22
Oliveira, Milton de, 55
Oliveira, Silas de, 104
Orfeu, 31
Oscarito (Oscar Lorenzo Jacinto de la Imaculada Concepción Teresa Diaz), 78
Osório, Afonso, 120n
Osório, Armando, 120n
Osório, Stênio, 120n
Otelo, Grande (Sebastião Bernardes de Souza Prata), 78

Pacheco, Assis, 59
Padeirinho (Osvaldo Vitalino de Oliveira), 104
Paiva, Vicente, 16, 76n, 129, 177, 212
Pandeiro, Jackson do, 104
Panicalli, Lírio, 195, 199
Paraguaçu, 31, 58, 65, 73
Passos, Edgar Marcelino dos, 60
Passos, Francisco Pereira, 182n
Patané, Eduardo, 151
Paulo, Mario, 76n
Peixoto, Cauby, 148
Peixoto, Luiz, 39, 60, 65, 66, 75, 95, 101, 128, 129, 144n, 154, 212

Pelé (Edson Arantes do Nascimento), 104
Penteado, Olívia, 217n
Peracchi, Leo, 151, 195, 199
Pereira, Astrogildo, 234
Pereira, Edgar, 110
Pereira, Geraldo, 64n
Pereira, Hélio Jordão, 120n
Pereira, Mara Costa, 207-208
Pereira, Pedro de Sá, 57, 59
Perez, Maurício Dominguez, 240
Perrone, Albênzio, 33, 37
Perrone, Luciano, 64, 228n
Pescuma, Arnaldo, 64n, 74, 76n
Pessoa, Epitácio, 25
Pessoa, João, 30
Peterpan (José Fernandes de Paula), 64n
Petrillo, João, 31
Pezzi, Francisco, 30
Picasso, Pablo, 186
Piedade, J., 144n
Pinto, Marino, 55, 64n, 103
Pitanga, José Brito, 109, 110
Pittigliani, Alberto, 253, 254
Pixinguinha (Alfredo da Rocha Viana Filho), 33, 56, 57, 59, 65, 73, 101, 149
Polidoro, J., 104
Pongetti, Aída, 216
Pongetti, Henrique, 75, 215, 216, 229
Ponte Preta, Stanislaw (Sérgio Porto), 87, 245
Pontes, Célia, 229
Pontes, Hugo, 229
Portinari, Cândido, 242
Porto, Humberto, 115, 128, 190n, 229
Porto, Marques, 60, 154
Powell, Baden, 49, 143n
Power, Tyrone, 166
Prado Junior, Caio, 242
Prado, Paulo, 217n
Prazeres, Heitor dos, 65, 76n, 77
Prestes, Luís Carlos, 240
Pretinho, Zé, 96

Queiroz, Rachel de, 234, 235
Querino, Manoel, 210

Rabelo, Ivone, 93, 94
Rada, Antonio, 60
Rameau, Emil, 173
Ramos, Graciliano, 234, 235
Ramos, Marcelino, 104
Ranchinho (Diésis dos Anjos Gaia), 102
Ratinho (Severino Rangel), 16, 64n, 74
Ravel, Maurice, 229
Raymond, Gene, 165
Rebelo, Marques (Eddy Dias da Cruz), 152, 243n
Rego, José Lins do, 234, 235
Rego, Pedro, 236
Reis, Manoel, 113
Reis, Mario, 58, 63, 65, 66n, 76n, 81, 214n, 223-226, 228, 231
Ribeiro, Alberto, 63n, 64n, 75, 77, 88, 92, 96, 102, 114-116, 149, 176, 190, 224n, 257
Ribeiro, Luiz Severiano, 78
Rice, Maxwell Jay, 167n
Rio Branco, barão do (José Maria da Silva Paranhos Júnior), 104
Risério, Antonio, 123n, 183n, 187, 194, 199, 200, 202
Rizzini, Francisco, 112
Roberti, Roberto, 64n, 88, 190, 224n
Roberto, Paulo, 42
Robledo, Nena, 149
Rocha, Caribé da, 101
Rocha, Marta, 104
Rodarte, O., 30
Rodrigues Filho, Mário, 69
Rodrigues, Manuel, 31
Rodrigues, Wasth, 219
Rogers, Ginger, 165
Rohan, Beaurepaire, 209
Rolla, Joaquim, 167
Roquette Pinto, Edgar, 24, 25, 28, 35, 36, 83, 105, 205
Roris, José de Sá, 88, 144n, 190n
Rosa, Noel, 35, 38-40, 42, 62-64, 66n, 74-77, 84, 100, 115, 150, 151, 154, 156, 227
Rosenburgo, Lourdes, 225, 230
Rossi, Mario, 64n

Rossini, Gioachino Antonio, 63
Roulien, Raul, 165
Rubim, Rosane, 233n, 242
Rui, Evaldo, 64n
Russell, S.K., 66n

Sá Filho, Antônio André de (André Filho), 63n, 66, 76, 128
Salgado, Álvaro, 101
Salgado, Plínio, 95
Sampaio, Mário Ferraz, 23n, 33, 93
Sampaio, Moreira, 59
Santiago, Osvaldo, 30, 31, 63n, 76n, 78, 88, 92, 94, 115, 144n, 190n, 252, 253, 255
Santoro, Dante, 64, 151
Santos Dumont, Alberto, 104
Santos, Alcino, 54n
Santos, Amador, 82
Santos, Carmen, 75
Santos, Ismênia dos, 41
Santos, Zaira de Oliveira, 41
Saroldi, Luiz Carlos, 27n, 45, 206, 228n
Schumann, Robert, 198
Senna, Saint Clair, 88
Sergi, Antonio, 137
Serra, Carlos, 32
Sevcenko, Nicolau, 191, 216-220
Severiano, Jairo, 19, 28, 30, 32, 48-50, 53-55, 57-60, 62, 63, 65, 66, 74, 77, 84, 95n, 96, 98n, 99, 101-103, 116, 137, 145, 150, 164, 198, 205, 224n, 226, 231, 245, 256
Sharp, Sidney, 76n
Shubert, Lee, 164, 165, 167, 171
Silva, Alexandre Dias da, 74n
Silva, Antenógenes, 40, 41, 64, 113, 152, 153
Silva, Constantino, 190n
Silva, Germano Lopes da, 50, 51
Silva, Helio, 94
Silva, Ismael, 51, 52, 60, 61, 63, 67, 84-86
Silva, João Batista da, 50
Silva, Lane, 104
Silva, Léa, 40, 41

Silva, Moreira da, 64n, 104
Silva, Orlando, 64n, 76, 115, 118, 228n, 248
Silva, Sinval, 64n, 170, 171
Silva, Valfrido, 63n, 75
Silva, Waldemar, 149
Silva, Walfrido, 179
Silveira, Léa Azeredo da, 215
Silvino, Paulo, 151
Sinhô (José Barbosa da Silva), 50, 51, 56, 57, 60
Soares, Macedo, 210
Sodré, Muniz, 86
Soledade, Paulo, 159
Souto, Eduardo, 30, 31, 53, 56, 57, 59, 157
Souto, Israel, 89
Souza, Cyro de, 102, 179n
Souza, Eneida Maria de, 187n
Souza, Tárik de, 56, 232
Souza, Xavier de, 224n
Splendore, Roberto, 31
Stillman, Al, 177, 178n
Strauss, Max, 139, 140

Tatit, Luiz, 163
Tavares, Hekel, 57, 60, 65
Tavares, Reynaldo C., 23n, 25, 28, 94
Távora, Jayme, 45
Teixeira, Afonso, 96
Teixeira, Cid, 176n
Teixeira, Newton, 64n, 117, 118
Teixeira, Patrício, 30, 33, 58, 65, 82, 177
Tinhorão, José Ramos, 44, 49, 59, 61
Tostes, Adelaide, *ver* Maris, Stella
Tostes, Cândido de Aguiar, 152
Tostes, Helena, 153
Tostes, Zulmira, 153
Trinta, Joãosinho, 216
Trompowski, Gilberto, 165, 227
Tuma, Nicolau, 41
Tupinambá, Marcelo, 57, 74
Tute (Artur de Souza Nascimento), 65, 149, 179
Tys, Hélio, 35

Vadeco (Osvaldo de Morais Eboli), 120n
Vadico (Osvaldo Gogliano), 64n
Valença, João, 53
Valença, Paulo, 75
Valença, Raul, 53
Valente, Assis, 64, 75, 76n, 109, 179
Valentim, Fernando, 227
Valladares, Benedito, 230
Vargas, Alzira, 223
Vargas, Darcy, 18, 101, 180, 182, 184, 211, 214, 215, 221-223, 225-227, 230, 232
Vargas, Getúlio, 11, 14, 15, 19, 28-30, 35, 37, 41, 46, 77, 81, 84, 89, 90, 94-97, 99, 102-104, 185, 191, 192n, 222, 226, 228n, 230, 251
Vasconcelos, Ary, 19
Vasconcelos, Cândido, 76n
Vasconcelos, Eulícia Esteves Vieira, 100
Veloso, Caetano, 121, 143n
Verger, Pierre, 243n
Veríssimo, Érico, 235, 243n
Vermelho, Alcyr Pires, 64n, 96, 101, 144n, 150, 151, 252, 253, 254, 255
Verona, Alda (Celeste Coelho Brandão), 41, 64n
Viana, Gastão, 75
Vianna, Hermano, 51, 52, 55, 68, 97, 186, 191, 205, 216, 217, 219
Vieira, Roque, 31
Vieira, Sílvio, 40, 41
Villa-Lobos, Heitor, 101, 192, 194-197, 199, 201, 202, 207, 226n
Villa-Lobos, Lucília Guimarães, 155
Vitale, Vicente, 88, 246
Vitor, A., 76n
Vivas, Bernardino, 59
Vogeler, Henrique, 31, 59, 60, 154

Wainer, Samuel, 232-235, 237-240
Walter, Fats, 245
Weytingh, Dulce, 76n
Wisnik, José Miguel, 192n, 196-199, 201, 220

Zilda, Zé da (José Gonçalves), 64n, 176n
Zlatopolsky, Anselmo, 32

*O texto deste livro foi composto em Sabon,
desenho tipográfico de Jan Tschichold de 1964
baseado nos estudos de Claude Garamond e
Jacques Sabon no século XVI, em corpo 11/15.
Para títulos e destaques, foi utilizada a tipografia
Frutiger, desenhada por Adrian Frutiger em 1975.*

*A impressão se deu sobre papel off-white pelo
Sistema Cameron da Divisão Gráfica
da Distribuidora Record.*